高等教育政策与管理研究丛书

主编：陈学飞　副主编：李春萍

初　编
第 **5** 册

教育政策议程设置过程研究

濮岚澜 著

花木兰文化出版社

国家图书馆出版品预行编目资料

教育政策议程设置过程研究／濮岚澜 著 -- 初版 -- 新北市：
花木兰文化出版社，2016〔民105〕
目 2+234 面；19×26 公分
（高等教育政策与管理研究丛书 初编 第5册）
ISBN 978-986-404-706-2（精装）
1. 教育政策 2. 教育行政
526.08   105012936

ISBN-978-986-404-706-2

9 789864 047062

高等教育政策与管理研究丛书
初编 第五册
ISBN：978-986-404-706-2

教育政策议程设置过程研究

作　　者	濮岚澜
主　　编	陈学飞
副 主 编	李春萍
总 编 辑	杜洁祥
副总编辑	杨嘉乐
编　　辑	许郁翎、王筑　美术编辑 陈逸婷
出　　版	花木兰文化出版社
社　　长	高小娟
联络地址	台湾 235 新北市中和区中安街七二号十三楼
	电话：02-2923-1455 ／ 传真：02-2923-1452
网　　址	http://www.huamulan.tw 信箱 hml810518@gmail.com
印　　刷	普罗文化出版广告事业
初　　版	2016 年 9 月
全书字数	220377 字
定　　价	初编 5 册（精装）台币 9,000 元

教育政策议程设置过程研究

濮岚澜 著

作者简介

濮岚澜，1998 年获清华大学工学学士学位，2001 年获清华大学管理学硕士学位，同年考入北京大学，主攻教育政策与公共管理研究方向，参与教育部人文社会科学重点基地重大立项课题"转型期我国高等教育政策制定的理论研究及案例分析"研究，于 2004 年获北京大学教育学博士学位。毕业后长期从事国际教育机构的一线管理与实践工作。现任耀中／耀华国际教育机构楚珩教育研究所高级研究员，从事幼儿园及中小学教育模式、课程、学校管理、教师培训等方面的研究与实践。

提　要

　　本书将教育政策变迁过程中从宏观社会压力到微观政策形式的转化过程，视之为一个议程设置过程，也就是"个体性社会现象如何转化为社会问题、社会问题又如何转化为社会政策问题并最终使具体制度形式发生改变的过程"。

　　本书以行动者网络为方法论，界定出一个由"精英－媒介－大众"三类结点及其之间信息通道所组成的政治传播互动网络作为分析框架，其核心要素有三：①行动者；②关系，核心是确定联系行动者的共同要素：信息；③活动，主要指各行动者对于信息的策略性使用及其对话语的塑造与控制。本书以流转公文、媒介报道等文本的内容分析、话语框架分析为主要策略，结合观察及相关人访谈，阐释"信息"在这一行动者网络中的流动、消长、再生产的过程及逻辑。三个案例共同构成了"议程设置过程"的连续图谱，折射出议程设置过程的三种典型：自上而下的议程设置、自下而上的议程建构及议程隐蔽过程。各案例还进一步分析了宏观社会情境与行动者微观实践的相互约束及形构，由此透视当代中国"国家－社会"关系及政策变迁的动力机制。本书基于三个案例的比较、归纳，总结出当代中国社会"精英－媒介－大众"角色的特征，努力从多案例分析中挖掘出当前中国教育政策议程设置过程的基本特征和特殊性，提供中国教育政策议程设置过程的一种阐释性原型，并从转译社会学视角提供了"议程设置过程"的另一种理论解读。

序　言

　　这是一套比较特殊的丛书，主要选择在高等教育领域年轻作者的著作。这不仅是因为青年是我们的未来，也是因为未来的大师可能会从他们之中生成。丛书的主题所以确定为高等教育政策与管理，是因为政策与管理对高等教育的正向或负向发展具有重要、甚至是决定性的意义。公共政策是执政党、政府系统有目的的产出，是对教育领域社会价值的权威性分配。中国不仅是高等教育大国，更是独特的教育政策大国和强国，执政党和政府年复一年，持续不断的以条列、规章、通知、意见、讲话、决议等等形式来规范高等院校的行为。高等教育管理很大程度上则是政治系统产出政策的执行。包括宏观的管理系统，如党的教育工作委员会及各级政府的教育行政部门；微观管理系统，如高等学校内部的各党政管理机构及其作为。

　　这些政策和管理行为，不仅影响到公众对高等教育的权利和选择，影响到教师、学生的表现和前途，以及学科、学校的发展变化，从长远来看，还关乎国家和民族的兴盛或衰败。

　　尽管高等教育政策和管理现象自从有了大学即已产生，但将其作为对象的学术研究却到 19 世纪和 20 世纪中叶才在美国率先出现。中国的现代大学产生于 19 世纪后半叶，但对高等教育政策和管理的研究迟至 20 世纪 80 年代才发端。虽然近些年学术研究已有不少进展，但研究队伍还狭小分散，应然性研究、解释性研究较多，真实的高等教育政策和管理状况的研究偏少，理论也大多搬用国外的著述。恰如美国学者柯伯斯在回顾美国教育政策研究的状况时所言："问题是与政策相关的基础研究太少。最为主要的是对教育政策进行更多的基础研究……如果不深化我们对政策过程的认识，提高和改进教育效果是无捷径可走的。仅仅对政策过程的认识程度不深这一弱点，就使我们远远缺乏那种可以对新政策一些变化做出英明预见的能力，缺乏那种自信地对某个建议付诸实施将会有何种成果做出预料的能力，缺乏对政策过程进行及时调整修正的能力"。（斯图亚特.S.纳格尔.政策研究百科全书，北京：科学技术文献出版社，1990:458）这里所言的基础研究，主要是指对于高等教育政策和管理实然状态的研究，探究其发生、发展、变化的过程、结果、原因、机理等等。

编辑本丛书的一个期望就是，凡是入选的著作，都能够在探索高等教育政策和管理的事实真相方面有新的发现，在探究方法方面较为严格规范，在理论分析和建构方面在前人的基础上有所创新。尽管这些著作大都聚焦于政策和管理过程中的某个问题，研究的结果可能只具有"局部"的、"片面"的深刻性，但只要方向正确，持续努力，总可以"积跬步以至千里,积小流以成江海"，逐步建构、丰富本领域的科学理论，为认识、理解、改善政策和管理过程提供有价值的视角和工具，成为相关领域学者、政策制定者、教育管理人员的良师和益友。

主编　陈学飞

导 言

改革开放以来，中国社会经历着重要的转型期，教育系统内部也同社会其他领域一样发生着诸多巨大的变迁。已往有关教育制度[1]与政策变迁的研究基本都持"社会复制"的隐含前设，其主张均聚焦于分析激发教育变革的社会压力因素，但对变革过程本身却言之甚少[2]。教育变迁的社会—政治理论认为：社会、经济压力并不会必然地导致教育系统的变迁，教育系统也并不总是被动地复制社会、经济系统的变化以应付其压力所提出的要求[3]。来源于社

---

1 對許多研究者來説，中文中的"制度變遷"這個概念一般用以指涉宏觀層面的制度的變遷，如諾斯在《經濟績效與制度變遷》一書中對該名詞的使用。以往關于教育體制改革的諸多研究基本都着眼于宏觀層次的"變遷"；還有些研究則着眼于描述人們微觀行爲在不同制度框架下的變化。但是在宏觀制度與微觀行爲之間的作用過程則語焉不詳。而本書將着眼于政策過程層次的剖析，"政策過程"這個概念介乎宏觀和微觀分析的中間，從宏觀上看，可以意味着長期性政策（領域）的變化；從微觀上看，也可以意味着決策過程中所表現出的行爲方式（模式）（見大岳秀夫.政策過程[M].北京：經濟日報出版社，1992：3-4）。本書將在中觀層面上對一些具體的政策安排和法規調整變化方面采用這個概念描述。無論是什麼層次上的概念用法在英文中都可以用"institutional change"表示，但"制度變遷"隨着制度學派在中國學術界的盛行已經具有了特定的對應概念，更側重于宏觀層面的含義，爲避免誤解，本書在中微觀層次上使用"政策變遷"一詞，"制度變遷"僅是宏觀層面上的特指.

2 "社会复制"理论的基本主张转引自 Briab Salter, Ted Tapper. Education, Politics and the State: the Theory and Practice of Educational Change[M]. London：Grant McIntype Limited，1981：26.

3 Briab Salter, Ted Tapper. Education, Politics and the State：the Theory and Practice of Educational Change[M]. London：Grant McIntype Limited，1981：7.

会情境（context）的动力因素只是教育制度形式变迁发生的必要而非充分条件。假如别的变迁条件不具备，变迁的潜力就可能不为人所知。任何一个教育变迁要得以实现（putative），除特定的社会历史动力因素外，尚需要功能（functions）、动员（mobilization）、内容（content）和意识形态影响等其它多种因素的支持[4]。那么，是谁、又是通过怎样的过程把宏观社会经济压力具体转化为教育政策变迁甚而制度变迁的功能？微观个人所面临的困境如何集结为国家性的问题压力，并最终推动国家力量推行新的教育制度形式？这些正是本书研究的逻辑起点。

在从宏观社会压力落实到微观制度形式变化的这一过程中，存在诸多复杂性及不确定性。首先，关注新议题的公共空间是有限的，并不是所有重要问题都能吸引相关群体注意，只有某一部分的问题在某个特殊时刻才会在某一个或某几个相关群体中产生显要性。其次，宏观背景与微观实践并不存在单一的因果对应关系，即使是面对同样的社会情境，对社会现象的不同认知，政策行动者互动作用的差异也很可能导向、转化为不同的政策形式[5]。再次，正如伦德科维斯特的研究通过决策精英的眼睛重现政策过程那样，只有通过决策精英的主观认识和判断，宏观背景才对政策形成发生作用[6]，决策精英是否能够在诸多社会问题中注意到特定的问题，以及决策精英对于社会问题的主观解读，都将极大地影响最后的政策取向或形式。

本书认为：上述从宏观社会压力到微观的具体制度形式变化的转化过程，可以视之为一个议程设置（agenda-setting）[7]的过程，也就是一个"个体

4　Briab Salter, Ted Tapper. Education, Politics and the State：the Theory and Practice of Educational Change[M]. London：Grant McIntype Limited，1981：50.

5　帕森斯在1995年的著作中举例阐述：如果我们都看到同一个议题，但对问题有不同的认识，就会产生不同的政策取向。他举了这样一个例子予以说明：如果我们的议题（issue）是——人们睡在大街上，对相应问题（problem）的认知是——无家可归，那么导致的政策很可能是——更多的房屋建设；而如果我们认为人们在街上睡觉是在流浪，那么政策就会是加强执法和警力。转引自 Michael Hill. The Policy Process in the Modern State（3rd.edition）[M]. Prentice Hall/Harvester Wheatsheaf，1997：115.

6　大岳秀夫.政策过程[M]. 北京：经济日报出版社，1992：127.

7　在理论上，议程设置研究一般涵盖了两个交互作用的过程：自下而上的"议程建构"和自上而下的"议程设定"。议程设定（agenda-setting）过程，是指政治精英通过这一过程借助大众传媒等媒介手段向公众传播各种议题的相对重要性，关注的是政治行动者在其政策意图的推动下如何借助媒介议程影响了公众议程；议

性社会现象如何转化为社会问题、社会问题又如何转化为社会政策问题并最终使具体制度形式发生改变的过程"。这一过程的核心就是"个人问题—社会问题—政策问题"的相互转化关系。议程设置研究的本质就是关于"议题／现象显著性"（issue salience）的研究——也就是研究行动者议程中各话题的相对重要性，关注显要性如何从一个议程向另一个议程转移[8]，也研究议题显著性随时间变化的趋势及行动者议程之间的关系。一个"现象"如何被"问题化"？问题要具有什么条件、通过什么机制才能被特定群体的注意力所选择？"问题化"的过程又是如何影响了最终的政策取向？客观事实转化为决策精英意识的动力及机制又是怎样？不同行动者议程之间存在何种关系？在中国情境中，上述"议程设置"的过程是否具有某些特殊性？这些正是本书所要探讨的中心问题。

　　本书以行动者网络为方法论，界定出一个特定的政治传播互动网络作为分析框架，其核心要素有三：① 行动者，主要是决策精英、媒介、大众及其内部分化群体（假如有）；② 关系，核心是确定联系行动者的共同要素：信息，它是客观事物内涵经过主观译解之产物在传播过程中的呈现；③活动，即起到选择、界定行动者及相互关系作用的事件和活动系列，主要指在"现象"被"问题化"的议程设置过程中，各行动者对于信息的策略性使用及其对话语的塑造与控制，本书中主要由"政策议程"、"媒介议程"、"公众议程"的三者关系间接予以体现。围绕这三要素得以构建一个由"精英—媒介—大众"三类结点及其之间各种信息通道所组成的社会网络。当前国内的

程建构（agenda-building）过程，指政治精英的政策议程通过该过程受到了各种因素的影响，主要包括媒介议程和公众议程的影响，研究的是公众议程和其他因素以及媒介议程如何影响了政策议程（参见罗杰斯，迪林. 议程设置的研究：现在它在何处，将走向何方[A]. 常昌富主编. 大众传播学：影响研究范式（1 版）[C]. 北京：中国社会科学出版社，2000：66）。本书认为：此处无论是自上而下的"议程设定"还是自下而上的"议程建构"都只是理论研究的理想型，都只描述了中国议程过程现实的不同侧面，而在未作实证研究前，本书不打算预设议程设置的方向性——事实上，中国议程过程的方向正是本书试图通过实证数据去考量的。因此，本书在不对议程方向作出严格区分的语境中，根据政策科学的习惯术语把两种取向的议程方式统称为"议程设置"；而在需要对议程过程作出方向区分的语境中，则分别使用"自上而下的议程设定"和"自下而上的议程建构"两个予以特殊说明的术语。

8　麦库姆斯·马克斯韦尔（Mccombs Maxwell）. 议程设置：大众媒介与舆论[M]. 郭镇之，徐培喜，译.北京大学出版社，2004：140.

议程设置研究无论从理论架构还是实证考察都几乎处于初步发展阶段。尤其是政策议程设置的研究，即使从国际范围内看，与对媒介议程和公众议程关系的研究相比，政策议程设置的调查研究在数量上也要少得多[9]。本书试图以流转公文、媒介报道等文本的内容分析及话语框架分析为主要策略，结合实地观察及政策相关人访谈，阐释"信息"在这一行动者网络中的流动、消长、再生产的过程及逻辑，探讨政策宏观背景与微观实践产生因果联系的作用机制，从实证性角度对政策议程、媒介议程及公众议程三大议程在当代中国的"实然关系"进行考察，更从已实施的三项教育政策案例追溯其政策议程设置的过程，为中国特殊社会情境下的议程设置过程提供一种阐释性原型。同时，把由三类行动者构建的这个局部网络同作为行动者历史前建构产物的、更广阔的社会情境联系在一起，分析社会情境对其包含的局部网络的约束性与相关性，反过来也探索作为局部网络的行动者如何通过互动而对整个行动者网络进行形构和生产，由此透视当代中国"国家—社会"关系及其制度变迁的动力机制。

多案例、嵌入式的全面案例研究方法

本书采取了一整套多案例、嵌入式的案例研究方法[10]。正如殷（Yin）所总结的那样，案例研究方法最适用以下这样的情形：对当今一系列事件提出"怎么样"或"为什么"类的问题，而调查者较少能控制甚至是无法控制这些事件[11]。本书是要在当前中国情境下对三个政策的议程设置过程进行实证性研究，要回答"精英—大众—媒介"在这一过程中呈现"怎样"关系及"为何"是这样关系的问题，研究者对各方行动者及其事件的发生没有控制力，目的是要说明包括外界环境在内的一些模糊、多样因素之间的因果关系，而

9　James W. Dearing, Everett M. Rogers. Agenda-Setting. 倪建平译. 复旦大学出版社，2009：114.

10　个案研究有主要有四种研究类型，第一个维度包括单一案例（single-case）和多重案例（multiple-case）研究；第二个维度基于所涉及的分析单位分类，区分为整体设计和嵌入设计（holistic and embedded design），整体设计涉及单个分析单元，嵌入设计涉及多个分析单元。然后两两对应形成一个 2*2 的矩阵。参见 Yin Robert K. Case Study Research: Design and Methods（2nd）[M]. Thousand Oaks：SAGE Publications，1994.

11　Yin Robert K. Case Study Research: Design and Methods（2nd）[M]. Thousand Oaks：SAGE Publications，1994.

且案例研究不一定总是要采用直接的细致的观察，这也符合本研究无法直接、细致观察议程设置全过程的条件限制。因此案例研究方法与本研究的性质和目的非常匹配。同时，由于研究关注的是"政策制定黑箱"内的运作机理，资料的完全性很难在一个案例中得到充分满足，时间维度的引入更影响了资料的完全性，使用多重案例研究的框架，则利于采用不同案例的对照和互相补充力求描绘出议程设置过程中丰富而微妙的逻辑。由单个案例归纳出理论逻辑，再作为暗含标准扩展到后续案例的比照中，这里基于的是案例研究理论"分析推广"（analytic generalization）功能，以区别于一般定量研究中使用的"统计推广"（statistic generalization）[12]。多重案例研究得到的证据通常被认为较强有力，研究被认为是较稳健（robust）的[13]。

　　这一多案例的整体结构由三个教育政策案例组成，作为主案例的中国国家助学贷款政策的议程设置过程，作为主案例之对照案例的学生伤害事故处理及 Q 省 Z 市某中学搬迁新区的议程设置过程。三者既存在差异又共同构成了"议程设置过程"这一有机整体的连续图谱。首先，三个案例折射出议程设置过程的三种互相区分的特殊典型：自上而下的议程设置、自下而上的议程建构，以及议程隐蔽过程；代表了议程启动者和议题演化推动者对信息进行塑造、控制的共性和差异[14]；呈现出行动者在多个议题组成部分中进行信息策略性生产的不同着眼重点；同时由于话语策略是行动者相机选择的结果[15]，因此三个案例中也体现出行动者在不同情境下使用话语策略的差异。其次，

---

12 多重案例研究很像多实验研究（multiple experiment）或多重调查（multiple surveys），在这种情形中，推广的方法是"分析推广"，在这种方法中，先前已有的理论被用作一个模板（template），用以比较个案研究的实证结果。如果两个或多个案例表明支持同一个理论，则可能要求推广。如果两个或多个案例支持同一个理论，而不支持一个看起来同样合理的、与之相抗的理论，那么经验的结果可以认为更有力。参见 Yin Robert K. Case Study Research: Design and Methods（2nd）[M]. Thousands Oaks：SAGE Publications，1994.

13 Herriott R.E, Firestone W.A. Multisite Qualitative Policy Research: Optimizing Description and Generalization. and Generalizability [J]. Educational Researcher，1983，12（2）：14-19.

14 为体现政策过程的微妙性和丰富性，本书在进行动力机制分析时人为区分了议程设置过程的两个不甚分明的阶段：启动阶段与推动演化阶段，探索行动者的网络位置及话语策略在两个阶段的变化及联系。

15 相机选择的提法主要是为了强调话语策略是行动者在特定网络联系制约下的情境化选择。

三个案例所代表的不同议程设置过程类型从本质而言又是相互联系的整体，共同构成一个相对完备的议程设置过程谱系；而且，在多案例描述、分析中，除体现案例差异性之外，还不断由后一案例的分析重现、拓展前一案例中得到的某些结论，呈现出层层推进的论述逻辑，进而从多个角度共同挖掘、归纳出议程设置过程的普遍本质。

本书的目的和结构安排

议程设置研究始于 1968 年美国的查普希尔研究（Chapel Hill Study），其后议程设置理论逐渐演变为一种适用于多种国际情景的全面理论[16]。但由于一种认为"典型的议程设置多发生于相对开放的政治系统"的观点，外国学者基本没有把议程设置研究的关注兴趣移向中国。而在中国本土，2008、2009年市场上才始见议程设置的较完整理论译著，同时议程设置的实证研究又需要大量、长期的数据支持，因此中国内地的议程设置研究无论从理论架构还是实证考察都几乎处于初步阶段，相关论著相对缺乏。同时，政策过程研究在中国约始于 1980 年代，由于语言文化等因素，国外研究者对中国政策过程的分析相当有限，而本土的、包括教育政策在内的已有公共政策研究多限于规范研究层次，注重研究（或介绍）外国学者建立的理论和模型，却疏于实证分析。这与研究数据的可得性有很大关系，当代中国政策制定高度的政府整合性和组织化一体性使得公共政策出台之前的过程常常成为一个"黑箱"。本书难得地从教育部档案馆获得了大量文件资源，同时包括了领道批示等部分加密文件，得以初探那个常常紧闭的"黑箱"。但也正因为对加密文件的使用，而使得本书亦只能在若干年后方予以解密公开。本书的研究目标是抽象出一个包括"公众议程—媒介议程—政策议程"三者在内的、非预设因果关系的描述性和解释性框架，用实证方式考察中国政策制定过程的关键环节之———议程设置过程，以信息在三个议程中的流动、消长及再生产的过程来透视"精英—媒介—大众"这一社会网络的互动联系，系统归纳出中国情境下议程设置的特点和机制，从而试图丰富学界对于这一"黑箱"领域的认识。

除导言外，全书分六章进行论述。

---

16 麦库姆斯·马克斯韦尔（Mccombs Maxwell）著.议程设置：大众媒介与舆论[M].郭镇之，徐培喜，译.北京大学出版社，2004：180.

第一章介绍议程设置理论及相关概念，以阐明议程设置与政策变迁的关系；接着利用"国家—社会"关系理论在议程设置的互动网络与制度的具体形式变化乃至制度变迁之间建立起关系；更进一步在"行动者网络"的认识论视角下把这一关系网络与变迁的关系机制进一步推进到更为长期的中国社会的变迁机制。综合前述由微观至宏观的理论阐释建立起本书的分析框架，对研究框架所使用的分析单元和关键要素进行了界定，对数据分析所使用的主要研究策略进行了阐释。

第二、三章阐述的是作为主要案例的国家助学贷款政策议程过程，它代表了由内部输入／创始议程、由决策精英领袖顶层主导推动议题演化的范例。第二章首先以倒叙的手法提出疑问：国家助学贷款议题在媒介中所体现的显著度与理论根据政策性质作出的预期不同，是什么力量排挤了其它重要政策议题而制造了该议题的媒介议程显著度？接着重点论述了导致议程从内部启动、议题演化由决策精英领袖从顶层推动的原因及作用逻辑。首先沿着"议题生命周期"描绘决策精英群体、外层决策精英群体及政策涉及团体的多方话语在不同阶段的消长及走向；其次，揭示信息渠道结构对议程启动方式的影响，探讨决策精英群体分割与大众群体分层而带来的行动者互动特点及其与议程内部启动方式的关系；再次，在"议题生命周期"中，展现了不同行动者基于不同利益地位的争议，通过对不同议题生命分期中批示话语框架的内容分析，再现了国家助学贷款政策议题演化这样一个"决策精英领袖主导约束框架下的中层离散权威组织决策"过程；最后分析了特定社会情境与本案例凸现出决策精英领袖主导议题演化特点的关系。

第三章重点论述议程启动后，决策精英如何为巩固议程而进行动员，涉及动员的途径、策略及背后的机理，这包含了理论模型中自上而下的"议程设定"过程又有所拓展。首先通过分析公文批示及对媒介文本进行的内容分析，揭示本案例中由决策精英主导的政策议程设置了媒介议程的实质；同时，也通过文本的内容分析揭示出在精英动员这一主流作用之外仍然存在着的"符号资源有约束的自主性"；最后描绘了国家助学贷款案例中所凸现的一套内部组织动员与外部舆论动员双轨并行的特殊的议程动员方式。为此第三章运用斯通（stone）关于象征符号与政策话语关系的系统化理论来阐释象征策略如何被运作来达到快捷影响多数、淡化个人意向及模糊局部目的的效果。

　　第四章阐述的是作为对照案例的学生伤害事故处理政策议程过程，它代表了由关键事件作为触发因素、由外部启动议题的自下而上的议程建构过程，重点是剖析公众议程、媒介议程以及其他因素如何影响了政策议程；同时它还涉及了"创新中间扩散"现象背后存在的"议程间设置"问题——议题在局部提上议程会大大增加其在其他局部提上议程的机会。首先，比较分析了由关键事件触发的该案例与由问题指标作为推动因素的国家助学贷款政策在议程过程上的差异；其次，通过报道的时间序列数据与真实生活因素的比较，揭示出媒介议程、公众议程和政策议程三者迂回而复杂的交互影响机制；再次，在第三章在利益立场产生话语分歧的基础上拓展了话语分歧的产生机制，进一步推导出话语分歧是不同知识立场、不同利益地位以复杂、迂回形式交叉作用的产物，而这一案例中话语策略的关注重点与国家助学贷款议题关注"解决方案"不同，重点是议题中"问题因果关系"的组成部分；然后，尝试分析本案例由外部启动议程、由中低层主导议题演进特点的产生机理，认为这种议程过程的不同与议题性质差异有很大关系，同时从专门知识、不确定信息的角度阐述了学生伤害事故处理政策议题采取中间创新扩散方式的原因和本质。第四章还在议题发展后期发现了媒介作为决策精英动员工具的相同功能，可以作为第三章进行原样复现[17]（a literal replication，指某个特定的现象在哪些条件下可能被发现）的一个呼应。另外，第四章论述了"大力推进素质教育"作为社会情境因素对议题提上议程的结构性影响。

---

17 Peter Szanton 的著作 Not Well Adviced （1981）是关于个案研究复现设计的一个很好的例子，回顾了很多大学和研究团体试图与城市官员合作的经验。该书以八个个案开始，显示出不同大学的团体在帮助这些城市时都失败了。这八个案例是有效的"原样复现"，能说服读者相信这是一个普遍的现象。然后作者提出了另外五个案例，其中大学以外的团体也失败了，因此失败并不是由学术组织的特质所造成的。此外，第三组案例则显示出大学的群体如何成功地帮助企业、工程公司以及市政府外的其他部门。最后一组的三个案例显示，少数可以帮助市政府的团体只会帮助产生新的想法，还会关心如何实施的问题，因此推导出一项主要的结论，就是，市政府在接受建议上可能有其独特的需求。此书中每一组案例都使用了"原样复现"原则，而跨组研究则说明了"理论复现"（a theoretical replication，指某个特定的现象在哪些条件下不可能被发现）的原则。这两种复现原则不论是应用在实验或是案例研究上，都必须与调查研究中普遍使用的抽样逻辑有所区别. 参见 Yin Robert K. Case Study Research: Design and Methods （2nd.edition）[M]. Thousand Oaks：SAGE Publications，1994：48.

第五章阐述的是同样作为对照案例的 Q 省 Z 市第某中学搬迁新区议程过程，它代表了理论界感到兴致昂然却又常常因无法介入现场而缺乏系统证据的一类特殊议程——议程隐蔽。首先，本章描述了由一个经济政策连带产生附属决策议题的过程，由于政策目标团体涉及文化主体，它集中体现了教育政策议题在"经济问题"和"社会问题"性质分类上的模糊性，而这正好是行动者以话语策略建立议题合法性、取得支持的入手点；其次，剖析了案例双方行动者的话语论辩，发现双方话语塑造的着眼点并不在于国家助学贷款案例中的"解决方案"，也不是学生伤害事故处理办法案例中的"问题因果关系"，而是议题中的"政策问题性质"（行动者认知中的效果）。第五章对于政策问题性质的思考是对前两个案例关于政策议题性质类型的一种拓展，研究发现政策问题内在性质的固定性只是相对的，在更多的场合下，行动者政治可以型塑问题（problems）的性质和政策议题被人们感知的途径；再次，本章论述了决策者如何利用既有的规章制度和对媒介等信息渠道的封闭控制来达到议程的隐蔽效果；最后在更广泛的"城市化"社会情境中探讨了"社会生境"对议题所赋予的无可置疑的合法性对隐匿话语的作用，它能够以一种隐性的逻辑作用于问题被"问题化"而走上议程的过程。

第六章首先对三个案例所呈现出来的议程设置要素的不同特征进行了比较。其次，基于三个案例所凸显出来的、中国转型社会中"精英—媒介—大众"三者复杂、迂回的关系，对极权社会理论中"精英—大众—媒介"的关系断言进行了一种审视和反思，描绘了议程设置的三大行动者"精英"、"大众"、"媒介"角色在中国转型社会情境中所呈现出来的独特性。接着努力从多案例分析的特定结果中挖掘出当前中国教育政策议程设置过程的基本特征和特殊性，提供关于中国"精英—大众—媒介"话语／信息互动关系的一个原型，以供更多的后续案例进行比照和修正。最后，从转译社会学"行动者网络"的视角，为政策议程设置过程的本质逻辑提供了另一种理论抽象与解读。

第一章　议程，政策与行动者网络

本章首先对始于 1968 年查普希尔研究的议程设置理论及其相关概念进行介绍，借以阐明议程设置与政策变迁的关系；接着利用"国家-社会"关系理论在议程设置的互动网络与制度的具体形式变化乃至制度变迁之间建立起关系；更进一步在"行动者网络"的认识论视角下把这一关系网络与变迁的关系机制进一步推进到更为长期的中国社会的变迁机制。综合前述由微观至宏观的理论阐释，本章归纳建立起整本书的研究分析框架，对研究框架所使用的分析单元和关键要素进行界定，对后文数据分析所使用的主要研究策略进行了阐释。

第一节　议程，议程设置与作为话语的政策

一、议题（issue）

议程设置研究的逻辑起点也是其最主要的内容，就是"议题"（issue）和"议程"（agenda）。肖（shaw）在 1977 年的研究中注意到"议题"与"事件"（event）的区别[1]，并把"事件"定义为："由时间、空间所限定的一件件独立发生的事情"，而"议题"则是"一系列有相关关系、能被归纳成一个更广类别的累计性消息集合。"因此，"事件"是"议题"的要素。一个议题通常由许多事件组成，它也可能是跨时存在的许多事件的有机集合。

1　Shaw D.L., S.E. McCombs （eds.）.The emergence of American Political Issue: The Agenda Setting Function of the Press[C]. St.Paul,Minn.：West，1977：7.

"议题"有着许多不同定义：瑞斯认为，议题（issue）是一系列在时间和空间上独立发生的但具有某种联系的事件[2]。科布等认为"'议题'是两个或更多可确认团体之间针对程序或实质问题而发生的冲突，这种冲突取决于角色和资源的配置情况[3]。或者是"一个吸引了大众媒介关注范围的社会问题，通常是相互冲突的"[4]。然而，议题不一定是相互冲突的，因为有些社会问题根本找不到相反意见，但它仍然是"议题"。"议题"也不应只被界定为媒介关注的一种存在。仅仅因为人们往往假定媒介议程是议程设置过程中的第一个环节，基于媒介的这一定义才具有其逻辑合理性。然而，如果并不假定议程的因果顺序，这一定义就变得相当有问题。

因此，对于"议题"最简单的定义也恰恰是最好的定义："在相关公众中引起了讨论的任何事件就是议题"[5]。"讨论"可能意味着冲突也可能不。另外，定义还需要界定讨论或者关注的可观察程度，因此加上"相关公众"的范围界定，这一名词并不代表每一个公众，而是与议程设置过程有关的群体。相关公众可能意味着大量人群，比如民意调查；也可能仅指媒介议程所考量的新闻工作者，或者政策议程所考量的政治家和行政官僚。因此，这一定义可适用于包含了三个主要议程的整个议程设置政治过程中的任何一个行动者。同时，本书还要借鉴兰（Lang & Lang）的定义中强调"作为议题的一组事件既相互独立又具有有机相关性"的论断，认为这对于跨时性议程研究具有指导意义。

议题和事件有两种关注重点：因果模式（causal）和处理模式（treatment）。因果模式聚焦于问题的起源，处理模式则聚焦于谁或者什么有权力解决问题。比如考虑一个性别歧视议题，因果模式会考虑人们被歧视的过程，而处理模式则会考虑可以做什么阻止歧视。无论是因果模式还是处理模式都会影响公众对于歧视问题的理解。因此把社会现实抽象为议题的理解将决定会发

2 Reese S. D., Danielian L. Intermedia influence and the drug issue: Cornering on cocaine[R]. In P. Shoemaker （Ed.）, Communication campaigns about drugs[M]. Hillsdale: Lawrence Erlbaum Associates，1989：312.

3 Cobb R.W., Elder C.D. Participation in American Politics: The Dynamics of Agenda-Building[M]. Boston: Allyn & Bacon，1972：82.

4 Dearing J. W., Rogers E. M. Agenda-Setting[M]. Thousand Oaks，CA.：Sage，1996：4.

5 Lang Gladys E., Lang Kurt. Watergate: An Exploration of the Agenda Building Process[A]. Mass Communication Review Yearbook2 [C]. Newbury Park, CA: Sage，1981:451.

展出什么类型的公共政策去解决问题[6]。

　　本书简化地把一个"议题"理解为"由某个特定现象所导致问题的性质＋对问题涉及现象的因果关系的理解＋解决方案设想"的有机整体，后文不同的案例会重点着眼议题的不同构成要素对议程设置过程中的话语争夺进行论述。

二、议程（agenda）

　　"议程"就是"按照相对重要程度等级排列所展示的一批公共话题"[7]；就是一系列现象、对现象因果关系的理解、符号、解决方案和其他公共社会现象引起公众及其政府官员注意力的相关要素[8]。因此，议程可以通过按照显著性排列的话题清单予以测量。通常基于回答"什么是最重要的问题"的公众舆论调查来测量公众议程，或者看媒介引用一个话题的频率来测量媒介议程，而政策议程则可能通过采取政策行动、预算份额和政府机构人员对于时间、注意力的分配量等来测量。议程设置研究，常按照因变量进行分类，也代表了三种研究传统，这样可把议程设置分为区别又相关的三个类别：媒介议程、公众议程和政策议程[9]。

A. 媒介议程（media agenda）

　　指一类媒介内容。罗杰斯和迪林把媒介议程定义为"媒介在某一时段按照重要程度所展示的一些话题或事件[10]。也就是媒介展示给公众的具有等级排列顺序的一些议题。只是在最近几年，"媒介议程究竟是如何设置的"才得到了调查研究，罗杰斯等考察显示关于此的专著不足 20 本。[11]

6　Iyengar Shanto, Adam Simon. News coverage of the Gulf crisis and public opinion[J]. Communication Research，1993,20（3）：365-383.

7　Dearing J. W., Rogers, E. M. Agenda-Setting[M]. Thousand Oaks, CA.：Sage, 1996：310. 中译本 James W. Dearing, Everett M. Rogers. Agenda-Setting. 倪建平译. 复旦大学出版社，2009：2.

8　Birkland Thomas A. An introduction to the policy process：theories, concepts, and models of public policy making[M]. Armonk, N.Y.：M.E. Sharpe，2001：106.

9　Rogers E. M., Dearing, J. W. Agenda-Setting Research: Where It Has Been, Where Is It Going?[A]. Communication Yearbook II[C]. Newbury Park, CA: Sage, 1988; 及 James W. Dearing, Everett M. Rogers. Agenda-Setting. 倪建平译. 复旦大学出版社，2009：6-7.

10　转引自 Reese S. Setting the media's agenda: A power balance perspective[A]. Communication Yearbook14 [C]. Newbury Park, CA：Sage，1991：312.

11　James W. Dearing, Everett M. Rogers. Agenda-Setting. 倪建平译. 复旦大学出版

B. 政策议程（policy agenda）

并不是每个学者在使用这一名词时指称同样的内涵，而在使用同一内涵时却使用了多样的名词，如"制度议程"、"政府议程"、"正式议程"等。本书中，政策议程是指科布等所指的"制度议程"或"正式议程"，是"由一个特定的制度决策制定主体所郑重考虑的按照其活跃性排序的一些特定问题（items）"[12]，即政策议程是由一些较具体可见的项目提议所组成的、等待决策者甚至考虑的一组议题。政策议程的目的是行动，但并不意味着政策议程的结果就是行动。决策者只是慎重考虑这些议题，他们可能把议题推向进一步的立法程序，也可能完全抛弃，还可能不对这些议题作出任何决定。构成政策议程的议题可分为旧议题和新议题，前者往往是规则性的常规议程，后者则是由特殊情况或事件引起的[13]。政策议程常常是媒介议程和公众议程活动和作用的结果[14]。研究社会运动的社会学家和研究政策制定的政治学家将政策议程设置加以概念化和操作化，使之比媒介议程或公众议程更显复杂性[15]。与对媒介议程和公众议程关系的研究相比，政策议程设置的调查研究在数量上要少得多[16]。

一般来说，政策议程通常指政府领导者、行政官僚的议程。但它也可用于指称议程之争[17]及议题演进（issue evolution）[18]。本书所使用的"政策议程"也包括了这后两种涵义。

社，2009：23-24.

12 Cobb R. W., ElderC.D. Participation in American Politics: The Dynamics of Agenda Building（2nd.edition）[M]. Baltimore: The John Hopkins University Press，1983：14.

13 林水波，张世贤.公共政策[M]. 五南图书出版公司，1988：117.

14 James W. Dearing, Everett M. Rogers. Agenda-Setting. 倪建平译. 复旦大学出版社，2009：100.

15 James W. Dearing, Everett M. Rogers. Agenda-Setting. 倪建平译. 复旦大学出版社，2009：101.

16 James W. Dearing, Everett M. Rogers. Agenda-Setting. 倪建平译. 复旦大学出版社，2009：114.

17 Semetko Holli, Jay Blumler, Michael Gurevitch, et al. The Formation of Campaign Agendas: A Comparative Analysis of Party and Media Roles in Recent American and British Elections[M]. Hillsdale，NJ： Erlbaum，1991.

18 Carmines Edward G., James A. Stimson. Issue Evolution: Race and the Transformation of American Politics. Princeton: Princeton University Press，1989.

C. 公众议程（public agenda）

科布等最早曾称之为"系统议程"，公众议程就是社会讨论一个公共问题的议程，它由一系列议题组成，这些议题通常是由政治共同体的成员所感知的，目的是吸引公共注意力，并使其纳入到现存政府机构立法权限所考虑的问题中[19]。更通俗一些讲，公众议程指的是一些按照公众认为的重要程度进行排序的议题，这些议题是由于某个社会问题／现象引发各种争议而产生的，而且这些争议已经引起社会大众的注意和兴趣，大多数的人均认为有采取某种行动的必要。但是公共议程的目的只是为了讨论，它未必提出可行的方案或解决问题的办法。

三、议程设置（agenda-setting）

议程设置过程是不同议题的倡议者为获取媒体专业人员、公众和政策制定精英的关注而不断展开的竞争[20]。它基本是指这样一个过程：通过这一过程使得某些公共议题变得比其它议题更重要；它是社会各种机构和行动者之间的一整套复杂互动关系的结果；这一过程由那些以信息搜集、故事讲述、论证和说服来推进其思想的行动者所占据，媒介只是其中的一个行动者[21]。议程设置研究的本质就是关于"议题／现象显著性"（issue salience）的研究——也就是研究行动者议程中各话题的相对重要性，也研究议题显著性随时间变化的趋势及行动者议程之间的关系，议程设置分析最基本的要旨就是找寻行动者议程之间的经验联系。

议程设置框架被认为是把"公众—媒介—政策制定者"多方行动者结合在一起的很好的框架，甚至还是唯一把媒介研究、公共舆论研究及公共政策分析结合在一个框架中的解释性结构[22]。议程设置研究迄今可分为五个阶段

---

19 Cobb R. W., Elder,C.D. Participation in American Politics: The Dynamics of Agenda Building（2nd.edition）[M]. Baltimore: The John Hopkins University Press，1983:85.

20 James W. Dearing, Everett M. Rogers. Agenda-Setting. 倪建平译. 复旦大学出版社，2009：1-2.

21 在以下论著中都对议程设置持以上定义：Baumgartner Frank R., Bryan D. Jones. Agenda and Instability in American Politics[M]. Chicago: University of Chicago Press,1993；Cobb R.W., Elder C.D. Participation in American Politics: The Dynamics of Agenda-Building[M]. Boston: Allyn, Bacon，1972；Kingdon J. W. The Policy Window, and Joining the Streams. Agendas, Alternatives, and Public Policy[M]. New York: Harper Collins College Publishers，1995.

22 Stuart N. Soroka. Agenda-Setting Dynamics in Canada[J]. UBC Press，2002：5.

23：最初阶段主要关注媒介议程对公众议程的影响。第二个阶段详细阐述了新闻媒介的这种影响，探讨了强化或者限制在公众中议程设置效果的各种偶发条件。第三阶段扩展了媒介议程的影响范围，将效果从对客体议程的关注扩展到对属性议程的理解，亦即对一些客体，大众媒体不仅要告诉我们想什么，而且要告诉怎么想，议题的某些属性得以强调。第四个阶段探讨了媒介议程的起源，也就是"谁设置了媒介议程"。第五个阶段初见于 20 世纪末，进而对议程设置过程的后果进行深入研究，铺垫／底色（priming）和框架（framing）理论都是对早期议程设置研究的重要延伸。

在政策科学中，议程设置过程一般被认为是政策周期中的第一阶段，是指"通过各种政治通道而产生的想法或者议题被提交给某一政治机构审议的过程"[24]，其重点在于"如何认定政策问题的内涵，及公共问题如何透过各种途径进入政府部门，成为决策者必须考虑制定政策的功能活动。"由于对参与缺少统领性的制度，议程设置成为整个政策周期中最非结构化的阶段。海斯等（Hays & Glick）认为：议程设置，就是把社会问题（social problem）转化为政治议题（political issues）及讨论计划（proposals），以引起政府行动的过程，逻辑上先于政策的采纳[25]。如果按照问题解决的基本逻辑看，这一过程就是提出问题、界定问题、识别问题的阶段[26]。但上述线性化的完整政策周期基本是一种理论的高度抽象，而在真实生活中，可能存在政策周期阶段颠倒、周期之间相互重叠等多种非线性现象，使得观察、界定一个完整的政策周期几乎是不可能的。因此本书认为："议程设置功能"在整个政策周期中的任何环节都可能出现，而"议程设置过程"指的是议程设置功能发生作用的多

23 麦库姆斯·马克斯韦尔（Mccombs Maxwell）著.议程设置：大众媒介与舆论[M]. 郭镇之，徐培喜，译. 北京大学出版社，2004：84，91，140-141，150.

24 杰伊.沙夫里茨，卡伦.莱恩，克里斯托弗.博里克[著]. 彭云望译. 公共政策经典[M]. 北京大学出版社，2008：122.

25 Hays Scott P., Henry R. Glick. The Role of Agenda Setting in Policy Innovation: An Event History Analysis of Living-Will Laws[J]. American Politics Quarterly, 1997, 25（3）：497-516.

26 公共政策领域最常用的一种简化公共政策制定过程的研究方法是把政策过程划分为一系列分离的阶段和子阶段，这些阶段序列被称为"政策循环周期"。尽管"政策循环周期"是一个界定多元、分歧丛生的概念，但在这一概念背后的操作原则其实都是问题解决式的应用性原则，尽管政策学家们很少清晰地对这一本质进行阐述。参见 Michael Howlett, M Ramesh. Studying Public Policy: Policy Cycles and Policy Subsystems[M]. Oxford University Press, 1995.

个微观过程的总和，其在时间上并非总是连续的。议程设置过程就是围绕诸个"议题"整体（"某个特定现象＋对现象因果关系的理解＋解决方案设想"的有机整体）进行博弈和分配的过程。以话语作为行动资源的行动者，将基于对特定情境的认知而选取议题的不同构成要素塑造有利于自己的话语，然而话语行为者并没有一套严密的计划方案，只是针对情境的变化调整行为方式，以实现有利于自身的结果，这反映了行为者的适应性理性，是一种行为者基于对不完全信息的了解而具有的理性，是一种有限理性[27]。

　　人们对议题所作的各种处理会在认知、标准化两个维度上赋予问题一些新的特征，因此议程设置过程也是一个制造议题的过程。科布和罗斯曾提出三种使问题增加新特征的操作要素：提出问题、论辩其缘由和进行声明[28]。议程设置模型提出的第一个问题是：问题要具有什么条件才能被选择。这就暗示：关注新议题的公共空间是有限的，并不是所有的重要问题都能吸引广大民众的注意。文献表明，分析"议题制造过程"有四大维度：问题的因果性和职责、公共关注的可辨识程度、所使用符号的力量、解决方案的可行性。但这些因素并不是先决和决定性的，问题内在性质对于议题纳入议程的作用也不容忽视[29]。本书将在后续的三个案例中利用上述"议题制造过程"的分析维度，以解析案例中所透露出来的中国教育政策议程设置过程的特点。文献中，"议程设置"和"公共问题建构"通常是联系在一起的，这一联系表明议程设置过程在本质上是一个"去限定"（deconfinement）和"宣扬化"（publicization）的过程[30]。

---

27 西蒙，赫伯特. 管理行为：管理组织决策过程的研究[M]. 杨砾，韩春立，徐立，译. 北京：北京经济学院出版社，1988.

28 Cobb R. W., Ross M. H. Cultural Strategies of Agenda Denial: Avoidance, Attack, and Redefinition[M]. University Press of Kansas，1997.

29 Cobb, 1983; Rochefort D.A , Cobb R.W. Problem definition: An emerging perspective [A]. The Politics of Problem Definition: Shaping the Agenda Setting[C], Lawrence: University Press of Kansas, 1994; Cobb, 1997; Hilgarter S., Bosk, C.L. The rise and fall of social problem: A public arenas model[J]. American Journal of Sociology, 1988, 94：53-78；Padioleau, J.G. L'Etat au concret. Paris. PUF, 1982; 转引自 Pierre-Benoit Joly, Claire MARRIS . Agenda-Setting and Controversies: A Comparative Approach to the Case of GMO's in France and the United States. European and American Perspectives on Regulating Genetically Engineered Food[R]. Workshop organized by INSEAD and Berkeley University of California, 2001.

30 Pierre-Benoit Joly, Claire MARRIS . Agenda-Setting and Controversies: A Comparative Approach to the Case of GMO's in France and the United States. European and American Perspectives on Regulating Genetically Engineered Food[R]. Workshop organized by INSEAD and Berkeley University of California，2001：5-6.

四、话语（discourse）

议程设置发展至第三阶段，研究者开始从客体议程进而关注属性议程，也就是关注议题的某些属性如何得到强调的过程；进入到 20 世纪末，研究者更进一步在铺垫、框架构建理论的导引下研究议程设置是如何影响受众"怎么想"的。本书不仅关注议题在不同议程上显要性变化的关系，还关注不同的行动者如何策略性地强调、突出议题的某种特定的阐释方式或属性，以影响其他行动者的意见方向甚至行动方向。在这议程设置的第二层面分析中，"话语"就是一个关键概念。

除了普及化的词义，本书所使用的"话语"概念，还有更深一层的意义。福柯（Foucault）对"话语"概念有如下解说："话语是由符号（sign）合成的，但其作用除了透过这些符号表达一些东西之意义外，还具有更深一层的意义，就是成为一股驱动人们去表达言论的动力，我们必须将这些动因揭示及描述出来"[31]。话语，除包含字词本身的意义及社会关系外，其重要性在于它构成了主体及权力的关系[32]。

韩里德对语言持的是一种"功能（functional）"观和"社会符号（sociosemiotic）"观。他认为，语言作为一种社会交往的符号工具，是一个由若干可供人选择的子系统组成的系统网络（system network），每一个子系统（如时态系统、人称系统）都可以通过表达某种语义来实现特定的社会交往功能。也就是说，人们使用语言的过程就是根据自己社会交往的需要在语言的系统网络里选择的过程，而选择之结果的具体体现就是人们使用的不同的语言形式。决定某一选择的力量不外乎有两种：一种是语言使用者之间已有的社会关系，另一种是语言使用者想要建立的社会关系。这也就意味着，一方面，我们创造话语和对话语进行解释都必然受到社会和意识形态的影响。另一方面，我们使用语言，是对社会习俗和意识形态的再现和强化，能帮助我们保持使已有的社会关系或者使新的社会关系合理化。真实世界中所发生的事件可以用不同的方式或不同的"过程"来表现。而具体为什么要选择其中一种"过程"，或者某一个"参加者"来表现一个事件是有着文化或政治上的意义的。

---

31 福柯.知识考古学[M].谢强，马月，译，北京：三联书店，1998：49.

32 关于组织话语如何塑造现实，见丹尼斯·K·姆贝.组织中的传播和权力：话语、意识形态和统治[M]. 陈德民等译.中国社会科学出版社，2000.

语言学家们长期以来都很关注如何通过对话语的分析找出其中所反映出的人际关系和社会群体之间的关系。罗杰·佛勒（Roger Fowler）和甘瑟·克里斯（Gunther Kress）就是最早把现代社会批评理论介绍到语言学界来的学者。他们认为："话语是有系统地组织起来的、反映某一社会集团的意义和价值观的话语。……这些社会集团限定、描述、并控制关于它自身什么是可以说的，什么是不可说的，不管是边缘的还是中心的"[33]。分析话语的结构，从而寻找一些突出的政治的和意识形态的特征，以此揭示话语是如何建构和再现权力（power）关系的。

五、政策

本书的研究客体是三个"教育政策案例"，以此为基础来探究其中的议程设置过程。那么何谓"政策"？关于政策的界定不仅多样，还存在矛盾。美国学者伊根.古巴（Egon G. Guba）就曾概括了关于政策的 8 种定义，并从四个维度——政策类型、政策的目标性、政策的行动性和政策的经验性来分析不同政策定义产生的不同影响[34]。"政策的真正定义是什么？"脱离具体情境问这样的问题是没有意义的。但对一个政策来说，并非所有的政策定义所产生的结果都是等价的。每种不同的定义对政策分析的过程和结果都会产生巨大的影响，一个政策分析者选择何种政策定义取决于分析的意图。政策研究者有义务指出他的分析所依循的是哪种定义[35]。

本书的主要目的是：分析议程设置过程中各行动者在文本和措辞（rhetoric）中所反映出来的意旨及权力结构，从而揭示从社会现实到政策议题的各种建构过程，研究方法上以文本的内容分析和框架分析为主体，因此主要是在"文本"和"话语"两个维度上使用"政策"概念。它可以用以指法律、行政法规、部门规章等多种形式的正式制度规范所体现的"文本"及"话语"涵义。

---

33 李玉霞.对两篇北约轰炸中国大使馆新闻报道的批评性话语分析.www.CDDC.net，2003.6.
34 参见伊根.古巴. 政策的定义对政策分析的性质和结果的影响. （美）教育领导，1984 年第 10 期：247-248；转引自袁振国. 教育政策学[M]. 江苏教育出版社，1998：139-142.
35 袁振国. 教育政策学[M]. 江苏教育出版社，1998：263-264.

A. 作为文本的政策

政策文本是政策过程中不同阶段的产物，意义重大，不容忽视。在政策发展过程中，无论从政策文本演变的内在脉络，还是放大至整个社会、探索其与外在情境的关系，都一再展示政策是过程而非固定不变的东西。此外，在互动过程中，由于能成为政策文本的字词语言皆通过高度选择性，经历不同利益集团的反对及增删之下而成，代表了政治妥协的结果。因此，对这些竞逐的脉络加以分析，能更清楚明瞭政策的形成过程。鲍尔指出，就政策文本而言，首先涉及赋予意义（encode）及译解（decode）两个概念[36]。因为政策文本代表了一系列复杂过程的产物，经过竞逐、妥协、具权威者的阐释及再阐释，所以不同人对政策的文本皆赋予了某些特定意义。另一方面，透过行动者对政策文本的译解，当中又涉及行动者的经验、技巧及政策的历史脉络等因素，所以不同行动者对政策的译解也是不断变化的，即使制定政策的人，亦不能完全控制政策文本所代表的意义，但他们会尽一切办法制造一个"正确"理解政策文意的环境，从而发挥其企图赋予政策文本的意义。综合鲍尔提出的观点，作为文本的政策，具有以下几项特征：首先，政策文本的内容并非必然是清晰完备的，文本的模糊在一定程度上表现出政策制定者立场的模糊；其次，政策文本所代表的意义时常转变，有时是反映了政策权力及动机的变化，有时则是在阐释政策方面制造空间，开放给行动者及回应者以赋予文本意义；再者，政策的重要性不但在于其所载文本包含了未来的行动，更在于人们无法预知行动者将如何解读；最后，不能忽视文本涉及一个重要概念——权力。政策通常是推动重新组合、再分配或使现存权力关系改变得一些改革，但权力是复杂而互动的，政策文本并不会轻易成功地改变原来的权力关系，结果只是更加剧了缘由权力关系的复杂互动[37]。

B. 作为话语的政策

能够行使权力的机构，除了国家科层架构外，民间社会中不同利益集团或个人组成的复杂网络，亦可介入政策话语中，甚至建构新的话语题旨。政策话语，具有将发言权再分配的效果，故其并不在乎人们说什么及想什么，因为只

---

36 Ball S.J. Education reform: a critical and post-structual approach[M]. Buckingham：OUP，1994.

37 余惠冰.香港教师工会的政策话语[D]. 教育政策研究哲学博士论文. 香港中文大学，2000.

有某些言论被赋予意义及具合法性权威[38]。在政策以类似立法的形式出现时，仍未完成对政策的建构。在政策话语过程中，由于对知识的掌握及实践都是竞逐出来的，因而能够了解谁在控制及影响政策文本的产生、改动，是极为重要的。须把政策建立时的特殊情境与政策话语联系在一起，从关联中才可辨别作为不同意图竞争结果的政策的内涵[39]。话语为理解政策的形成过程提供了一个特定的、贴切的途径，因为政策是关于实践的正式声明——事物可能及应该如何（应然状态）——它们依据并来自于关于世界的表述——事物实际如何（实然状态）。它们试图为诊断出来的问题提供理想的解决方案。政策使声明具有权威性，它们引起社会实践并使之合法化，它们赋予特定观点和利益群体以特权，它们是同等重要的权力／知识构造。关于教育政策的话语解释，并不是对事件详细而彻底的解释，但政策话语意味着大量理论和重要论点的论辩以及它们被清晰表达（articulation）的方式和效果，它们有着特定的构建方式、能够清晰表明各自的身份并对教育政策的各种可能性加以限制。话语通过一定方式能够自我生成、自我加强，并构成一个"被迫接受的现实"，与其所代表的事物相反却又真实发生的事情可能会因此开始消解[40]。

第二节　"国家—社会关系"理论模式与制度变迁

本书以政策议题列上议程及议题演化过程为个案着眼点，以此来认识当前中国社会如何由宏观经济社会压力转化为微观实践结果的机制。这可以放到一个更宽泛的国家—社会关系与制度变迁的大背景中，作为如何认识当前中国国家—社会关系及制度变迁动力机制的一种透视。正如《议程设置》一书中所述：研究议程设置主要研究社会变迁以及社会稳定[41]。

概括起来说，有三种主要观点影响新中国（特别是改革开放以来）国家与社会关系的研究："极权主义"（Totalitarianism）、"多元主义"（Pluralism）

---

38 Ball S.J. Education reform: a critical and post-structual approach[M]. Buckingham：OUP，1994.

39 余惠冰.香港教师工会的政策话语[D]. 教育政策研究哲学博士论文. 香港中文大学，2000.

40 鲍尔，斯蒂芬. 政治与教育政策制定——政策社会学探索[M]. 上海：华东师范大学出版社，2003：19-20，22.

41 James W. Dearing, Everett M. Rogers. Agenda-Setting. 倪建平译. 复旦大学出版社，2009：2.

和"国家—社会关系"（State-society relations）三种理论模式[42]，三种理论分别是对苏俄、美国和欧洲研究的历史性总结。

极权主义观点认为：在中国，国家对于社会而言，占据绝对的支配地位。它强调和关注的重点主要是国家正式制度、正式组织及其对整个社会的有效控制过程，因而正式的制度和程序、上层精英和官方意识形态的描述，就成了其分析和解释问题的最佳途径[43]。

多元主义理论则承认精英冲突（政治派别）的存在，意识到作为行动者的精英和民众的重要性，并且关注与正式制度相对应的非正式过程，关注从属群体的抵制对国家官员的限制。在这一视野中，注重国家结构和社会行动者行为之间的互动关系成为其主要特征[44]。

国家与社会的关系是近年来分析中国社会的重要视角，市民社会已成为研究中国国家与社会关系等论题的一个重要的分析框架或解释模式[45]。在国家—社会理论模式中，包括新传统主义（Neo-traditionalism）、公民社会理论（Civil society）、法团主义等理论。

"国家—社会关系"理论模式研究所反映出来的对于中国国家与社会关系的理解，大致有三种观点：一、认为国家和社会正在相互分离，即市民社会论者的观点；二、在国家和社会相互分离的同时，不能忽视国家的作用，即法团主义论者的观点；三、中国国家与社会的关系是复杂的，要解决这一问题，既要有长期的准备，有总体思路，又要立足现实，着眼当前，选择一种既从现实出发又有努力方向的解决办法（姑且将它称之为"复杂论者"的观点）。但无论是哪种观点，都警示了这样一个结论：由于"市民社会"的概念及由此产生出的一般性框架均源自西方的历史经验和西方人对国家和社会间关系的认识，以此考察中国改革开放 20 年来中国国家和市民社会（Civil

---

42 见 Perry E. Trends in the Study of Chinese Politics: State-Society Relations[J]. The China Quarterly, 1994, No.139; 转引自贺立平. 让渡空间与拓展空间——政府职能转变中的半官方社团研究[D]. 北京：北京大学社会学系博士论文，2001：5.

43 贺立平. 让渡空间与拓展空间——政府职能转变中的半官方社团研究[D]. 北京：北京大学社会学系博士论文，2001：6.

44 贺立平. 让渡空间与拓展空间——政府职能转变中的半官方社团研究[D]. 北京：北京大学社会学系博士论文，2001：6.

45 邓正来. 建构中国的市民社会[A].市民社会理论的研究[C]. 北京：中国政法大学出版社，2002：126.

Society）[46]二者的互动关系，所看到的往往只是一个非常模糊的国家—市民社会的结构[47]。而这种模糊的社会结构是什么本质？它是怎样"建构"出来的？它是否表明中国目前已经出现了国家与社会的分离？如果是，国家和社会分离到了什么程度？如果不是，这一模糊的社会结构又说明了什么？等等，都成为中国特定历史条件下的特殊问题。本书认为：市民社会并非只是一个制度性领域，它还是一个有结构的、由社会确立的意识形态，是一个在明确的制度和精英们自我意识到的利益之下和之上起作用的理解网络。要研究市民社会的这一主观维度，我们就一定要承认并集中关注一些特殊的符号性准则体系（symbolic codes）[48]，关注在多个案例中所体现出来的语义框架，分析其特点和塑造原因，就可能由此对中国国家—市民社会（Civil Society）互动这一模糊结构的本质、建构过程及意义进行更深入的探讨。

中国社会的制度变迁一直是当代中国研究的一个重要领域。这一领域的研究与国家—社会关系方面的研究密切相关。早期的极权主义范式重视对制度变迁中政治精英力量的研究，这种研究的理论假设是：在中国这样的共产主义国

---

46 Civil Society 有 3 种译法，即公民社会、民间社会和市民社会。其所指虽然有区别，但大体上是相同的。本文涉及处均称为"市民社会"。"市民社会"一词的确切含义难以捉摸。它常常被含糊地用来指同国家相分离的社会。邓正来认为中国市民社会乃是非官方的公域和私域的合成。私域在这里主要是指不受国家行政手段超常干预的经济领域；……非官方的公域是指在国家政治安排以外市民社会能对国家立法及决策产生影响的各种活动空间。例如：在电视、广播、报纸、刊物、书籍等传媒中表达意见和观点，在沙龙、讨论会和集会中零散地面对面交换意见等等、透过这些空间的活动，可以形成一种广泛承认的社会意见，即"公众舆论"。它不是由国家或政府来阐释的，但对它们的活动产生影响。本书主要是在"非官方公域"的意义上使用"市民社会"这一名词。参见邓正来. 建构中国的市民社会[A].市民社会理论的研究[C]. 北京：中国政法大学出版社，2002：10.

47 参见俞可平. 社会主义市民社会：一个崭新的研究课题[J]. 天津社会科学，1993（4）；谢维和.社会资源流动与社会分化：中国市民社会的客观基础[J]. 香港：中国社会科学季刊，1993(3)；朱士群.中国市民社会研究评述[J]. 社会学研究，1995（6）；唐士其. "市民社会"、现代国家以及中国的国家与社会的关系[J]. 北京大学学报（哲学社会科学版），1996（6）；邓正来.国家与社会：中国市民社会研究[M]，成都：四川人民出版社，1997；何增科. 市民社会：民主化的希望还是偶像[J]. 香港：中国社会科学季刊，1998 春季卷.

48 杰弗里.C.亚历山大，邓正来编. 国家与市民社会——一种社会理论的研究路径[M]. 中央编译出版社，2002：211.

家，由于政治权力高度集中在共产党甚至是个别领导人的手中，制度的安排和变革往往是由政治精英决定、从上至下发动的。因此，中国各领域内的制度变迁都是典型的"政府导向型"改革，它是以政府领导人指导思想变化和政府部门政策特征为基础的一个逐步展开和深入的人为设计的自上而下的发展过程。还有研究者针对"政治精英决策推动制度变迁"进行了一些更细分的研究[49]。

多元主义范式则把社会自身运动（既包括社会问题和社会危机所引发的社会冲突，也包括社会大众以自己的方式解决生存问题而实际形成的创议性行动）才是制度变迁的真正动力。因此社会现实本身就是改革发生和发展的原动力之所在；而政府领导人指导思想的变化以及政府部门政策的调整，则大多属于一种被动性质的反应[50]。

上述两类意见的侧重点显然不同：前者强调改革的政府主动行为特点，而后者则强调政府行为的被动性特色；如果说前者认定政府（特别是中央政府的领导人）的变化所带来的观念变化和政策方针的改变是改革发动的起点的话，那么后者所强调的就是社会自身运动才是改革的真正起点。尽管这些模式都对中国国家推动制度变迁的决策过程提供了重要的揭示和洞识，但它们要么似乎太过强调国家决策机构或决策人物或部分决策人物的主动性和预见性，而过低估计了这一过程所包括的随机性和流变性；要么对现实过于理想化，对制度框架对社会大众的制约估计不足。

国家—社会关系模式则在之后推动出现了"关系网络"范式等更丰富的制度变迁动力模式，这些模式正在成为当代中国研究的主流范式，这些研究反映出中国社会结构的复杂性，并开始关注中国社会中正式关系（制度）和非正式关系的融合。这一研究范式既有的发现是：当代中国社会制度变革的动力和方式与"民主制度"国家有着根本的不同。在典型的民主理论中，政府行为受到民意的制约，政府关于制度的安排和调整受制于社会。"社会"影响国家制度的一个最基本的机制就是"表达"，这也是社会成员在面对不利于自己的制度安排时所可能采取的最基本的一个策略。而公开的表达在这些社会中可以表现为多种形态，如利益团体的种种"游说"、"游行"、"抗

---

49 邓正来. 市民社会与国家知识治理制度的重构[A]. 市民社会理论的研究[C]. 北京：中国政法大学出版社，2002：223-224,253.

50 杰弗里.C.亚历山大，邓正来编. 国家与市民社会———一种社会理论的研究路径[M]. 中央编译出版社，2002：223-225.

议"甚至与政府的正面冲突行为、以及在媒介这一公共言论空间对公共问题
开展讨论等等。"表达"，作为一种人们在面对不利于自己的制度安排时所
采取的策略，一直被认为是民主制度国家所特有的。它发生的前提是国家与
社会存在明确的分野，且社会是独立于国家存在的，具有自主性[51]。因此，很
多人认为，在中国这样一个国家力量仍然无所不在的社会来说，它的社会成
员不具备表达的结构条件。对于一个依赖国家资源，在许多方面仍然受到国
家支配的社会成员来说，他就不具备公开表达的真正动力，而且，即使表达，
由于改变制度安排的主动权仍然掌握在国家的手里，这种表达很难对政府行
为产生真正的制约。因此，公开的社会表达在中国社会极为少见，个体的私
人性的表达则很难导致可观察的制度变迁。然而，一些研究者已经在某些特
殊的案例中（如"电信政策"和"医疗事故处理办法"），注意到一种与民主
社会具有某种相似特征的公开的"社会表达"似乎正在中国生成，而且这种
社会表达确实已经成为了约束和导致相应的制度和政策调整的决定性力量之
一。在这里，导致国家制度和政策进行相应调整的并不是研究者已经发现的
既有方式，如"变通"、"退出"和"逃避"，更不是由于决策者的自我反
省，而是一种新的方式。它不再表现为人们对现行制度的"暗度陈仓，偷梁
换柱"[52]，也不再表现为人们对制度的漠然和逃避，而是表现为一种更为积极
的态度，与国家（有关部门）发生正面关系和互动。

　　本书正是基于这些纷争中的"国家—社会"关系认知，选取了呈现国家
—社会关系不同状态的案例，以透视国家—社会关系不同形态背后的机制及
涵义。

第三节　行动者网络理论

　　"行动者网络"是本书的认识论和方法论基础，本书将用"行动者网
络"理论来对基于三个对照案例获得的研究结论进行进一步的抽象和归纳，
以期建立一个有关议程设置的完备性理论框架。

　　长期以来，社会学研究领域中始终存在着"个体主义方法论"与"整体

---

51 项飙. 逃避、联合与表达："'浙江村'的故事"[J]. 中国社会科学季刊，1998，
　　22（2）：91-111.

52 制度与结构变迁研究课题组. 作为制度运作何制度变迁方式的变通[J]. 香港: 中国
　　社会科学季刊，1997,21（冬季卷）：45-68.

主义方法论"的分歧：前者把个人看作社会进程分析的简单原子，集体则被当作个人活动通过聚集和合成作用产生的简单加合结果，因此从个人动机来解释现象；后者则强调社会现实的决定性因素应当在之前的社会现实中而不是在个人的意识形态中探究，集体既指强加给个人的外部限制，同时又是独立于个人表现之外的自身的存在。集体与个体对立的惯例，对社会科学思考部分与整体的共同生产构成了障碍，试图平复分歧的诸多努力以各种方法提出了挑战，这种提问方式被称为"建构主义"，这一挑战提出了社会学研究对象的转移：不是被当作分裂的实体的社会或个人，而是个人之间的关系（广义的，不仅仅是面对面的互动），以及它们制造出来的并支撑它们的客观化领域。本书所基于的行动者网络视角正是这一知识路径上的一种分析方法[53]。

网络（network）视角已被证明是阐述对象（objects，如人、群体、组织）之间关系数据的一种有效手段，这些对象由于一系列关系而联合在一起。福姆布朗把网络描述为"描述、分析一系列单元（unit）的有力工具，它明显聚焦的是相互关系"，它嵌入（embedded）在某个情境（context）中，情境既是约束也是自由度[54]。它基于的是这样一种社会学传统：试图调查、鉴别社会系统关系结构、模式的因与果[55][56]。社会网络（social network）组成的是过程性维度（processual dimentions），可由群体、个人在组织内外部所承担的社会行动（social activity）来进行界定："社会网络涉及通过在正式的外部／内部组织关系情境下创造及连接非正式的关系而对知识和信息进行搜索"[57]。社会网络是行动者（行动者可以是单个个人也可以是个体的集合体，如正式组织）与其他行动者之间互动所形成的整体结构[58]。

53 柯尔库夫,菲利普. 新社会学[M]. 北京：社会科学文献出版社，2000：8-13.

54 Fombrun C. Strategies for network research in Organisatons[J]. Academy of Management Review, 1982. 7（2）：280-291.

55 Marsden, P.V. , Lin, N. （Eds）. Social Structure and Network Analysis[M], Sage:London, 1982.

56 Scott J. Social network Analysis: A Handbook[M]. London Sage, 1991.

57 Robertson M, Scarborough. H, Swan J. Knowledge, Networking and Innovation: a Comparative Study of the Role of Inter- and Intra-organisational Networks in Innovation Processes[R]. the 13th EGOS Colloquium, Organisational Responses to Radical Environmental Changes. Budapest, 1997 July 3-5；转引自 Edwards,Tim. the Sociology of Translation：Technology Transfer & the Teaching Company Scheme[R]. Aston Business School, Aston University, Birmingham，2000：8.

58 周长城. 经济社会学. 北京：中国人民大学出版社，2003：96.

　　网络研究反应出两种不同的研究传统：关系传统和结构传统。关系传统下的网络分析聚焦于"构成网络的各个路径或分支如何确定网络种成员个人的派别和小团体"[59]。这是行动者的视角，"试图集合的是行动者如何操纵网络以达到特定目标的视野"[60]。而结构视角则追溯网络的结构特点如何影响了个人及组织的行为[61]。无论是哪一种视角，都在试图打破社会分析中决定论者（determinist）和主动论者（voluntarist）的哲学分歧，打破"整体主义方法论"和"个体主义方法论"的隔离。本研究所立基的行动者网络方法就是要尝试避免决定论认为网络具有内在本质特点的取向，认为网络是行动者互动所形成的动态整体结构；同时，补充和替代个体主义方法把个体视为独立单位、以个体的内在属性和规范特征解释个体行动的解释角度，因此个体的社会位置不是由其个体所占有的属性特征所规定，而是依据行动者之间的关系来确定的[62]。

　　由于本研究所关注的基本要素是信息／符号／话语，因此将借鉴巴黎学派"转译社会学"（sociology of translation）——又名"行动者网络理论"（Actor-Network Theory）[63]——的相应概念体系，认为寻找知识结构、权威关系和互动的社会解释就可能找到促进社会力量形构（configuration）[64]变革的关键[65]。这一理论最初产生于科学知识社会学／科学技术史的研究领域，而本书将在拓展意义上使用这一理论，把理论所阐述的对象从科研问题形成及科学研究者的行为，扩大到社会问题、媒介问题和政策问题的形成，扩大到论

59 Conway S. Informal Boundary-Spanning Links and Networks in successful Technological Innovation[D]. PhD Dissertation of Aston Business School，1994：73.

60 Van Poucke, W. Network Constraints on Social Action: Preliminaries for a Network Theory[J]. Social Networks，1980（2）：182.

61 Bott E. Family and Social Network[M], London:Tavistock，1971；Laumann, E.O. Bonds of Pluralism: the Form and Substance of Urban Society[M], New York: Wiley，1973；转引自 Edwards,Tim. the Sociology of Translation：Technology Transfer & the Teaching Company Scheme[R]. Aston Business School, Aston University, Birmingham，2000：8.

62 周长城. 经济社会学. 北京：中国人民大学出版社，2003：111-123.

63 曾晓强. 科学的人类学——考察科学活动的无缝之网[R]. 网络文章，2003.6.

64 这个词有些人译为"形态"，但作者认为这个词有动态的一面，有其功能性，而不仅仅是静止的"形态"，因此译为"形构"。

65 Briab Salter, Ted Tapper. Education, Politics and the State: The theory and practice of educational change[M]. Grant McIntype Limited: London, 1981：21

述具有不同知识、意图、利益、立场、权力的行动者——不仅是科学研究者——实施话语及行为"转译"的范畴，可能对议程设置过程产生影响的参与者都作为行动者网络中的行动者。

一个行动者网络就是一个行动者，其存在是由异质联盟构成的特定网络的形态（morphology）所形构（configure）的。这一网络不是外在于行动者的，它连接的并非一个个自主的、先定（pre-defined）的独立行动者。相反，用以描述行动者特定性的性质特点——包括利益、个性、力量等——都是由网络所塑形的。换句话说，网络不是行动者的情境，网络是行动者—世界[66]的内在内容和外在环境。行动者-世界并非外部世界中的先定的行动者的简单组合。这些行动者的利益、身份、角色、功能和位置都在新的行动者世界中加以重新界定。进一步说，行动者网络中的异质行动者在任何时间都在重新定义和改变它们自己。结果，一个行动者网络同时也是一个行动者，其行为同其实体身份（entities）联系在一起，而这些行为又在不断地形成网络。这一理论的重点部分在于：行动者是非先定、非自主的。因此，作为变量的个体行动者只有通过检视其与其它行动者的互动才能得到理解[67]。更值得注意的是，这个错综复杂的由个体和集体多元建构而成的网络，并不必然来自于明确的意志，它倾向于逃避在场的各种行动者的控制。网络的建构既指向以前的制造物（elaboration），又指向重组的进程，社会网络的建构总是以过去的前建构为出发点[68]。

同时，该理论强调：行动者-世界是通过"转译"过程而被建构的。也就是说：行动者网络是由行动者之间相互变动的关系所决定的。中介物把行动者网络和其它人联系起来，它绘制出特定的关系网络，观察者可以从中发现科学问题、技术目标和社会背景的历史。同时，中介物对特定社会和技术背景中的人、事可能有特定的作用和能力，如 Madeleine[69]和 Latour[70]在 1992 年

66 通常，行动者网络与行动者世界的概念在使用时可以互换。其细微差别见（Callon，1986： 19-34）。但本文在同等概念上使用二者。

67 Kristian H. Nielsen. Introducing a few methodological rules and some conceptual devices[R]. University of Aarhus，2000：4.

68 柯尔库夫·菲利普. 新社会学[M]. 北京：社会科学文献出版社，2000：14.

69 Madeleine Akrich. the De-Scription of Technical Objects[A]. Wiebe E. Bijker & John Law （eds.）. Shaping Technology/Building Society: Studies in Sociotechnical Change[C], Cambridge, MA: The MIT Press，1992：205-224.

70 Latour Bruno. Where are the Missing Masses? The Sociology of a Few Mundane

分别发表的研究。当两个或更多行动者网络因共享、生产、分配或消费特定的中介物而彼此联系在一起时，它们总是彼此塑造、改造[71]。本研究所聚焦的"中介物"主要是作为话语措辞的信息和知识。

行动者网络的协作和相互协调（mediation）在此被描述为"转译"的概念。"转译"只是行动者网络发生相互联系的许多方式中的一部分。其作用的路径是：首先，"转译"作用于用词的语言内涵（connotation），"转译"暗含着行动者网络把自己定位于作为其它人的发言人或者发言代表的角色。当然，任何"转译"都可以进行协商、讨论，甚至是驳斥。其次，"转译"作用于世界的物质内涵，它也可以迫使、责成别人或者别的事物改变原先的行动路径。"转译"可以控制其它行动者网络的行动，使别人遵从你的路径。当然，所有的"转译"与其先前的"转译"是紧密联系的，这也就是为什么不是每一个"转译"都可行的原因。不同的行动者都可能构造自己希望别人遵从的行动路径（obligatory passage points），而行动者网络的社会行动通常由这些不同行动路径所共同构成的地形图所限制。再次，"转译"是把上述的语言内涵与物质内涵结合起来，就是指在意义和物质上同时予以代替，也就是把行动网络、循环中间物加入到转化的链条中。总的来说，"转译"意指以某些人或某些事情的名义说话；它牵涉到驱动某些人或某些事情朝着一个特定方向去移动；它也意味着要一步一步朝着物质和意涵都被取代的方向前进。然而，"转译"这一概念，并未涉及行动者网络企图实现"转译"的途径。相反，它讨论了行动者网络彼此寻求"转译"的各种不同策略。转译的成功与否取决于转译者的转译能力和被转译者的抵抗力。

总体上，本研究立基"行动者建构结构并为结构所制约"的基本思想，这种网络分析范式可避免传统社会学研究中"结构"与"个体能动性"的二元分离，在一定程度上避免了已有议程设置研究忽视制度框架的缺陷；同时，运用互动者基本架构也有助于捕捉到政策过程的复杂性[72]。本书所持的"国家

Artifacts[A]. Wiebe E. Bijker, John Law （eds.）, Shaping Technology/Building Society: Studies in Sociotechnical Change[C], Cambridge, MA: The MIT Press, 1992：225-258.

71 Kristian H. Nielsen. Introducing a Few Methodological Rules and Some Conceptual Devices[R]. University of Aarhus，2000：9-10.

72 参见 Hall P. M. The consequences of qualitative analysis for sociological theory：Beyond the Micro Level[J]. Sociological Quarterly，1995（36）：397-423；及 Hall, P.

-社会关系"理论模式及有关中国社会制度变迁动力的"关系网络"认识范式，与"行动者网络"的认识论视角也是一脉相承的。

第四节　分析框架与主要研究策略

一、分析单元（Analysis Unit）及关键要素

本书的目标是借助政策议程、公众议程和媒介议程的互动厘清"大众—精英—媒介"三个基本单元之间的关系。大众、精英、媒介是本研究在"理想类型"（ideal type）意义下[73]的三个分析单元，而连接三个分析单元的关键分析要素是"信息"，从而建立一个包含"精英—大众—媒介"在内的政治传播互动过程的"理想类型"，使研究对象抽象化、简单化[74]。事实上，把各种复杂的因素简单化也是科学研究的基本原则。通过这一"理想类型"，能够建构一个相对简单的分析框架，使本书能够在有限的篇幅内，对信息传导及话语处理过程意义下的"精英—大众—媒介"关系进行有意义的理论概括。

A. 分析单元一"大众"（mass）

这是一个与"精英"相对的历史性概念，特指普通的、大多数社会成员的地位、身份及其在社会关系中的位置。威廉斯曾指出，"大众"主要是指

M., McGinty, P J. Policy as the transformation of intentions：Producing program from statute[J]. Sociological Quarterly，1997（38）:439-467.

73　"理想类型"是马克斯·韦伯（Marx Weber）提出的一种以理论建设为目的而建立的理论模式（见马克斯·韦伯. 社会科学方法论[M]. 韩水法等译. 北京：中央编译出版社，1999：39-70）。韦伯提出理想类型的初衷是："确立了文化科学某一种研究的视野。……为人们选择材料、寻求实在自身的因果或其他联系提供了一个图式"（马克斯·韦伯，1999：18）。在当代社会科学研究中，"理想类型"主要是一种抽象理论的概念结构（马克斯·韦伯，1999：16），用以反映社会现象的实质和根本，帮助研究者厘定理论的概念结构，确立理论研究的前提，从而帮助人们更好地了解和解释社会现象（马克斯·韦伯，1999：18）。

74　正如 Mitchell 在 1969 年所说的：由于对包括任一种性质连接在内的全面网络研究过于庞大，所以研究者需要确定要研究的是"全面性网络"（total network）的哪一个侧面，以便确定出一个特定的"局部网络"（partial network）转引自 Edwards Tim. the Sociology of Translation：Technology Transfer & the Teaching Company Scheme[R]. Aston Business School, Aston University, Birmingham，2000：11-12.

无产阶级，即"由工人阶级派生出大众行动"[75]。在威廉斯观点的基础上，可以把"大众"定义为由工业化生产方式创造出来的规模庞大、自由流动的城市平民和劳动者，包括了多数社会群体和社层。大众一般具有以下几个特征：①"流动性"。这是大众的存在状态。在一个复杂且高度精密的社会结构中，与日常生活的问题相协商的必要性，已经造就了"游牧式的主体性"（nomadic subjectivity），大众能够在这一社会结构的网络间穿梭往来，并根据当下的需要，重新调整自己的社会效忠从属关系，进入不同的大众层理。所有这些重组过程，都是在种种权力关系的结构中进行的。因为正是种种共享的对抗（shared antagonisms）造成了流动性，而流动性乃是复杂社会中大众的特征；②"原子化"。根据大众社会理论，工业化和城市化导致了"原子化"（atomization），使人与人之间缺乏较早期社会的那种相对紧密的联系，而是像物理或化学混合物中的原子一般[76]。在这个意义上，虽然大众包括了多数社会群体和社层，但其整体是庞杂无章的，彼此之间缺乏统一的观念和心理上的联系。基于这一认识，大众就是打破了传统社会结构关系的社会群体的杂乱组合[77]；③"同质性"。个性被消解的大众个体之间不再存在质的差别，从而使大众在整体上表现出明显的一致性或相似性[78]。德尔特加（Drtega Gasset）指出，大众是平均的人（the average man），彼此之间在欲望、思想和生活方式上没有太大的差别[79]。

　　然而严格来说，大众并不是一个固定的社会学范畴，甚至不能成为经验研究的对象，因为它并不以客观实体的形式存在。大众、大众的、大众力量是一组变动的效忠从属关系；相形之下，"大众的可感觉到的集体性"（people's felt collectivity），要比那些外部的社会学因素，如阶级、性别、午

75　威廉斯,雷蒙. 大众与社会[M]. 北京：北京大学出版社：376；转引自孙英春. 需要与认同——理解大众文化传播的一种系统视野[D]. 北京大学国际关系学院，2002：15.

76　Dominic Strinati, an Introduction to theories of Popular Culture[M]. London：Routledge，1995：6.

77　孙英春. 需要与认同——理解大众文化传播的一种系统视野[D]. 北京大学国际关系学院，2002：15.

78　邹广义. 当代中国大众文化论[M]. 辽宁：辽宁大学出版社，2000：42.

79　Drtega Gasset. the Coming of Masses[A]. Rosenberg B. & White, D. M.，（eds）. **Mass Culture**[C]. New York: Free Press, 1957：42；转引自孙英春. 需要与认同——理解大众文化传播的一种系统视野[D]. 北京大学国际关系学院，2002：15.

龄、种族、区域等，更适合于描述这些效忠从属关系。虽然诸如此类的效忠从属关系，可能与阶级或其他的社会范畴相符，但它们并不是必然如此，它们往往会抵触或忽视这些范畴。各种各样的大众层理是以语境和时间为基础的，而不是"结构性地"产生的[80]。本书中的"大众"不存在明确而固定的边界，它只是在与"精英"相对的概念上才成为群体，但这个群体是松散连接在一起的，缺乏正式的组织，边界弥散，随不同问题情境下的从属关系而变动；而其"同质性"也是相对于"精英"群体而言的，其内部并非无差异——而且本书还将在更微观层次上分析大众群体内部分歧对议程过程的影响——只是这种内部差异相比群间差异而言可以忽略而已。

B. 分析单元二"精英"（elite）

与大众相对的概念，主要是指居于社会各领域中具有多种身份和资源的的重要人物，包括知识分子和上层管理者[81]。但这一定义过于宽泛，对特定社会形态中的"精英"构成缺乏针对性，因此无法作为独立标准对特定案例经验研究的对象进行划界。

本书"精英"的定义其实与社会主义国家市场转型过程精英的形成问题——即转型前后精英的构成变化问题——密切相关。对此问题截然相反的两种回答，被撒列尼分别称之为"精英循环"理论和"精英再生产"理论。撒列尼等人所谓的"精英再生产理论"（theory elite reproduction）认为：就精英的主体而言，在改革前后并没有发生根本性的变化。只不过是由一种类型的精英转变为另一种类型的精英。"精英循环理论"（theory of elite circulation）则强调精英的断裂，在原来的非精英群体中形成了一批新的精英。市场转型中的精英形成问题涉及的就是不同类型资本之间的可转换性问题，以及在此基础上不同类型精英的可转换性问题。也就是，改革前精英所拥有的资本向改革后精英所需具有的资本的转换是否困难。撒列尼和特雷曼（Donald Treiman）等人认为，对于后共产主义社会中的精英形成来说，政治资本、经济资本和文化资本三者之间可转换性对其有着重要的影响。而中国市场转型过程中的"不落空"现象形成了同时拥有政治资本、经济资本和文化资本的

---

80 费斯克,约翰. 理解大众文化[M]. 王晓钰，宋伟杰译. 北京：中央编译出版社，2001：29-30.

81 郎友兴. 民主政治的塑造：政治精英与中国乡村民主[J]. 浙江学刊，2002（2）：105.

人群，甚至从本质而言，这个人群形成所伴随的已经不是严格意义上的"资本转换过程"，而是同一种总体性资本在不同领域展现的过程。总体性资本实际上是一种不分化的资本，总体性资本是以社会的高度不分化为基础的。由于这种同时拥有三种资本的人已经不是个别的现象，甚至不单单是一种类别，而是拥有了一定程度的自我认同，可将这样一批人称之为"总体性精英集团"，这个集团的原初资本是他们自己和父辈所掌握的政治或行政权力[82]。

本书使用"精英"概念指代的正是这样一个总体性的精英集团；既然当前中国并不存在明显的政治精英、经济精英与文化精英的分离，而且总体性精英集团的原始资本来源于政治和行政权力，因此可以简化地把视角集中于"政治精英"去考察"精英—大众—媒介"的互动关系，同时鉴于本书案例分析的是政策过程，"政治精英"在此主要表现为"决策精英"[83]。"决策精英"群体的同质性也是与大众比较相对而言的，后文将在更微观的层次上探讨精英群体内部分化对议程过程的影响。

C. 分析单元三"媒介"（media）

主流传播理论一般预设了社会的单质性，默认传媒与社会单一的同质；而在本书所采取的网络分析范式下，网络的基本构成要素是结点（nodes）和联系[84]，那么按照主流传播理论的预设，"媒介"只是联系而不能成为相对自主的结点。然而，根据安东尼奥·葛兰西的意识形态霸权理论，个体是被放置在社会之中，由意识形态所规定并给予力量和权力的，如果不从社会性的层面上思考问题，不可能厘清传播的过程及价值，必须在社会实践意义上考察传媒。主流传播理论这种把媒介行为从行动网络中割裂出来的技术化处理方式，使得传媒在社会中的定位无端地被夸大或缩小，不可能揭示媒介行为的社会本质。因此，本书中的"媒介"具有双重性，一方面它是一个与精英、大众同层次的行动主体，是网络中的一个结点（node），在后文的分析中将看到媒介在一定程度上具有自身的话语逻辑；另一方面它又是网络的一个联系，它在作为行动主体的决策精英与大众之间充当连接渠道和作用中介，是话语的传导通径。而且，本书将通过分析媒介文本而非媒介工作人员的具体

---

82 孙立平. 总体性资本与转型期精英形成[J]. 浙江学刊，2002（3）：102-104.

83 后文分析中均称"精英"为决策精英。

84 周长城. 经济社会学. 北京：中国人民大学出版社，2003：96.

行为和个体认知来探讨"媒介"在社会网络中的关系、位置及功能。"媒介"专门作为文本和话语意义上的行动者而予以限定。

同时，本书之所以使用"媒介"而非"大众媒体"的用语，其用意在于力图拓展西方语境中"大众媒介"的概念，其扩展意义主要在于本研究中的"媒介"不仅包括西方意义上的报纸、网络等"大众媒体"，还包括一种特殊类型的"媒介"——专业学术期刊及调查报告。并借此考察学者、知识分子在教育政策议程设置过程中是否可能具有特殊作用，专业期刊是否为人文社会科学知识分子提供了切入社会实践领域的契机，专业学术媒介是否可能成为葛兰西所谓"有机知识分子"的权力行使的途径。

D. 关键要素"信息"（information）

有学者把信息分为三个层次：一是自然层次的信息，它不依人的意识而存在；二是认识层次的信息，即被感知的第一层次的信息；三是社会层次的信息，即处于交流中的认识层次的信息[85]。本书所使用的"信息"主要在第三层次上使用，这个界定强调三方面含义的合成：客观事物运动、变化的内涵＋主体对这个内涵经识别后所得到的内容＋处于交流过程中，即"信息"是客观内涵经过主观译解之产物在传播、交流过程中的呈现。

这种合成理解秉承了符号互动论的基本理念。符号互动论重要代表人物托马斯（Thomas）在与兹纳涅茨基合著的《欧洲和美国的波兰农民》一书中曾强调了一个基本观点：只有把个人的主观态度和社会客观文化的价值综合起来考察，才能充分解释人的行为。在这一基本观点之下，信息传播就是主体与主体之间的"符号互动"，参与传播关系的个体对"信息"的定义，一方面要遵从所在社会的共同定义，另一方面又包含主体对信息的创造性译解；同时正由于个体创造性译解与既定符号世界或社会共同定义之间本质上存在的同构性，主体之间的沟通和理解才得以可能。

因此，信息具有"客观内涵"与"主观译解"的双重性也是由其作为交流过程中的一种呈现所决定的。维纳对信息的界定[86]区别了单向传播的"消

---

85 王宏鑫. 信息、情报、知识的本质与联系[J]. 信阳师范学院学报（哲学社会科学版），1994,14（2）：25.

86 维纳对信息的界定为："我们对外界进行调节并使我们的调节为外界所了解时而与外界交换来的东西。接受信息和使用信息的过程，就是我们对外界环境中的种种偶然性进行调节并在该环境中有效地生活着的过程"。参见 Wiener

息"和作为"与外界交换来的东西"的信息。林雄二郎在《信息化社会：硬件社会向软件社会的转变》中把信息解释为："伴随着可能性的选择指定作用的情况的告知。换言之，有关某个情况的告知，只有对某人的决策产生某种影响时，才构成信息。"，也强调了对交流过程而言，主体解读是信息构成的必然要素。韦弗将传播定义为"一个过程，通过这个过程，一个人的思想影响另一个人"[87]，从另一个角度说明了传播过程对信息的要求，即传播过程中的信息必须赋予一定的意义，是意义化了的符号，这样才能完成真正意义上的传播过程。托马斯所说的主体对"客观事实"进行"情境定义"的过程事实上就是人类"给予意义"的过程，也即"符号过程"。只有对人类意识功能在信息传播过程中的这种介入作用给予足够的重视，才有助于解释传播过程中不断遇到的一个事实：相同的信息内容对不同的接受主体可能产生完全不同的理解。

分析还涉及与"信息"相关又区别的概念"知识"，本书认为客观事实是知识和信息的共同根本源泉，而主体对于客观内涵的主观译解过程所凭借的正是主体利用既有知识进行加工处理而实现的，而信息经过再认识又可以产生新的知识，如此循环不已。

二、研究的基本分析框架

前文界定了本书研究框架的分析单元和关键要素，阐述了分析单元与议程设置理论的关系，利用"国家-社会"关系理论在议程设置的互动网络与制度的具体形式变化乃至制度变迁之间建立起关系，更进一步在"行动者网络"的认识论视角下把这一关系网络与变迁的关系机制推进到更为长期的中国社会的变迁机制。这种分析逻辑可总结图示为图 1-1。

框架的核心是由精英、媒介、大众三个基本行动者结点构成的互动网络，行动者共同构成网络同时又在网络的相互联系中得到界定，行动者的行为同其由网络界定的实体身份（entities）联系在一起，共同对政策话语产生形塑作用，而这些行为又在不断地形成网络、巩固或者改变行动者的实体身份。把

Nobert. The Human Use of Human Beings：Cybernetics and Society[M]. DaCapoPress，1988：17.

87 罗杰斯，·E.M. 传播学史——一种传记式的方法[M]. 殷小蓉译. 上海：上海译文出版社，2002.

各网络结点联系在一起的关键要素是信息。

三个行动者分别对应着三个议程，行动者的互动是通过三个议程的相互关系来体现的，信息恰好是概括社会中不同类型议程解释的共通元素。作为研究核心的这一局部的行动者网络也可以放在更广阔的背景下，折射出当代中国社会模糊的、可变动的"国家—社会"关系。同时，研究能够观察的只是一个个片断性的图景，但 A_n 时刻的图景片断都是建立在 A_{n-1}、A_{n-2} 等更早时点行动者网络的前建构基础之上的，行动者对于政策话语的形塑在较短时间内构成了政策变迁的轨迹，政策变迁又可能带来行动者网络联系的变化；在一个更长的历时视界内的变化则累积为制度变迁。在时间纵向维度上展现开来的议程过程也能够呈现出影响始终存在的条件。

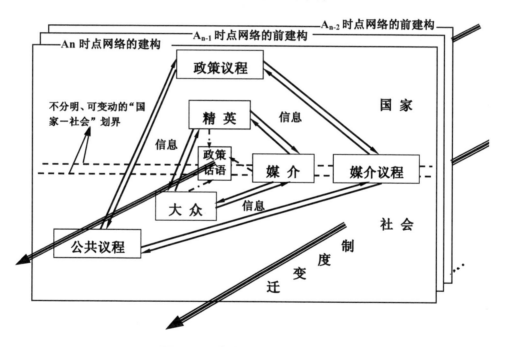

图 1-1 本书的基本分析框架

值得说明的是，一个行动者网络同时也是一个行动者，当分析视界从微观走向宏观时，一个微观、局部的行动者网络也可以整体呈现为一个行动者。本书在探讨精英、媒介、大众三群体的相互关系时，主要把三者视为行动者基本单元；而要深入三个群体内部探讨内部子群体互动对于三群体间关系的影响时，精英、媒介、大众又是三个内部可分的，具有特定形构方式的行动者网络。

三、作为主要数据的"文本"的研究策略：内容分析与框架 分析

本书案例主要以文档（document）和档案记载（archival records）作为分析材料，包括人大提案及回复、政协会议议案及回复、流转批示公文、会议记录、备忘录、公报、日程安排、公告、官方新闻稿等内部文本，还包括多媒体中文媒体库的报纸摘要及其文章等外部文本。文本数据的优势在于：稳定，可以反复阅读；可靠（unobtrusive），不是特地为案例研究而准备；准确，包括准确的姓名、参考资料和细节；范围广，时间跨度长，包括许多事件和丰富的情景。文本数据与项目开支、选举战、领导过程及其他重要事件的有关数据不同，它能够有助于揭示政治动机，它通常为从官方所作的宣称去透视其后面隐藏的政治事实奠定基础[88]。文本分析主要采取定量为主的内容分析[89]与质性为主的话语框架分析[90]相结合的数据分析策略。

传播是由信源和受传者两大部分组成，内容就是信息，是联系信源和受传者的桥梁。比起信源和受传者资料来说，信息资源更易获取。内容分析就是通过信息内容推测信源或者推测受传者的理解和反应等的目的、手段。内容分析的研究目标有二：一是揭示"说什么"，即信息内容；二是"如何说"，即传播技巧，而这两个目的在实际研究中又往往是密不可分的[91]。本研究使用内容分析方法主要是了解议题在政策议程及媒介议程中的时序分布状况，借以了解不同行动者参与程度的变化、重点话语框架的变化[92]。

---

88 Marcus E. Ethridge. The Political Research Experience: Readings and Analysis（3rd）[M]. New York: M.E.Sharpe Inc，2002：223.

89 事实上，关于内容分析（Content analysis）方法到底是质性还是定量分析，以及内容分析到底是限于分析字词表面意义还是深层含义都有相当多争论，争议可见 Holsti Ole R. Content Analysis for the Social Sciences and Humanities[M]. Mass.: Addison-Wesley Pub.Co，1969：5-14.本研究主要是在定量的意义上使用该方法，并主要用于分析文本的字面意义，文本深层含义的讨论由框架分析完成。

90 这里主要涉及的是媒介研究的"框架话语分析方法"，其在主旨上与话语分析有几分共通之处，话语分析方面的经典可参考梵·迪克. 话语·心理·社会[M]. 施旭，冯冰编译. 中华书局，1993. 这也是我国引进的第一部有关话语分析的专著。

91 戴元光，苗正民. 大众传播学的定量研究方法[M]. 上海交通大学出版社，2000.

92 部分媒介文本的内容分析编码得到了清华大学自动化系 2003 届博士毕业生马宁宇、机械系 2003 届博士毕业生张翼飞的大力帮助。

　　"框架分析方法"的基本含义就是从具体的语句语段总结概括出更上位、更抽象的主题意义及解释结构，其目的在于分析意义的建构，即议题是如何建构的，这进一步涉及到影响建构的各种关系及其互动关系的研究。框架（frame）的概念源自贝特森（Bateson），由戈夫曼（Goffman）引入文化社会学。后来再被引入到大众传播研究中，成为了质性研究的一个重要理论基础。戈夫曼认为框架是人们或组织对事件的主观解释与思考结构[93]。框架是个人在处理意义讯息时所倚赖的思考基模[94]，更是一种意义建构的活动[95]。其本质是符号工作者组织言说（包括口语、视觉、符号）的一种论述过程，长期以后形成一种固定的认知、解释与呈现型态，据以选择、强调、排除社会事件[96]；而不同的框架彼此之间会进行框架竞争，透过在公共场域（如新闻媒介）的论述以争取意义建构的独占性，而当某种框架被选取时，即反映了社会中某种主要的意义解释方式与其中所隐含的权力关系[97]。框架理论的核心内涵乃是一套语义论述策略，各利益团体或议程设定者，均可透过其不同符号言说之语义框架的策略使用，以进行框架竞争进而达到其建构社会真实或设定政策议程的目的[98]。

　　如果"框架"是指一套主观的解释结构，那要如何观察此一结构呢？"框架"的结构一般可分为三个层次，一为高层次结构，指对于每一事件主题的界定，如标题、导言或直接引句等；二为中层次结构；指包括主要事件、先前事件、历史、结果、影响、归因、评估等；三为低层次结构，指语言符号的使用，包括由字词等组合而成的修辞与风格，如句法结构与用字技巧等[99]。因此，框架的结构其实就是一种"语言与符号的论述"，可以经由分析低层次的语句命题及其所组成的高层意义，而取得此一论述言说的核心意义。框架分析基于低层次语句命题但分析了更上位、整体的意义的建构与诠释过

93 臧国仁. 新闻媒体与消息来源[M]. 三民书局，1999.

94 戴元光，苗正民. 大众传播学的定量研究方法[M]. 上海交通大学出版社，2000.

95 Gamson W. A., et al. Media images and the social construction of reality[J]. Annual Review of Sociology, 1992（18）：55-75.

96 Pan Z.（潘忠党）& Kosicki, G. M. Framing analysis: An approach to news discourse [J]. Political Communication，1993（10）：55-75.

97 Reese S. Setting the media's agenda: A power balance perspective[A]. Communication Yearbook14 [C]. Newbury Park, CA：Sage，1991.

98 臧国仁，钟蔚文. 框架概念与公共关系策略[J]. 广告学研究,1997（9）：99-130.

99 臧国仁. 新闻媒体与消息来源[M]. 三民书局，1999：34-44.

程，这实质正是话语分析的主旨。

本书使用框架分析方法的目的是揭示从文本中所体现的各行动者的措辞（rhetoric）与话语策略，透视这些话语形式后所可能隐藏的权力结构[100]。也就是借鉴语意科学及政策分析的相关方法，探讨语意框架与议程设置策略可能具有的关系，探索信息的策略性呈现形式与行动者社会网络之间的关系架构。

同时，本研究还对政策知情人及大众媒介工作者进行了深度访谈，了解行政体系及大众媒介的工作习惯和规范，了解具体政策出台的背景知识，以此作为文本资料的辅助，以便通过多渠道的资料来源进行互证。值得说明的是，尽管后文主要采取线性的时序顺序来描述案例，但这只是出于简化阐述逻辑的需要而对一个理想的信息流通过程各环节进行描述，而事实上"精英—大众—媒介"三个单元之间的关系非常复杂、迂回，不同环节的行动主体并不一定有直接关系，但他们提供的资料都反应了某个环节的主要特点，因此可藉由这些片段性的资料重组、描述一个完整的信息流通过程。实际中的议程设置过程可能是由各种松散连接的活动片断（phases and episodic activities）粗略组织在一起的，它们互相冲突、竞争并不断进行重述，其所代表的变革过程复杂、动态而本质不确定，并非如人们关于变革过程传统信念所认为的那样：按时序首尾相随的、可预测、可管理的线性阶段。

---

100 麥克洛斯基等曾通過措辭分析揭示知識建構過程中權力和利益關系的作用。見麥克洛斯基等. 社會科學的措辭[M]. 許寶強等編譯. 生活·讀書·新知三聯書店，牛津大學出版社，1997.

第二章 话语互动的内部创始与决策精英主导下的议题演进:国家助学贷款政策案例(一)

　　助学贷款,作为一种有偿的学生资助方式,其形成的历史并不久远[1],但其已成为世界高等教育成本回收的主要措施和学生财政资助的主要形式之一[2]。我国助学贷款历史的开端始于 20 世纪 80 年代,其首个政府性文件是 1986 年 7 月由国家教委和财政部联合颁布的《普通高等学校本、专科学生实行贷款制度的办法》(后简称《办法》)。但该办法存在规模小、手续繁琐、要在学生毕业前偿还等条件的限制,而 1994 年开始的高等教育并轨后的收费制度更使其滞后性凸现,因此从本质上讲,《办法》更多具有的是政策性意义,而非实际应用的意义。1999 年 5 月 13 日,中国人民银行、教育部、财政部出台《关于国家助学贷款的管理规定(试行)》(后简称《规定》),随后中国工商银行出台了《中国工商银行国家助学贷款试行办法》,这标志着中国助学贷款发展到一个可具体操作的阶段。本章主要探讨的国家助学贷款政策就是以《规定》为开始标志并在其后不断进行修订的一系列政策规定。

1　尽管在 1950 年代以前已出现一些规模不大的学生贷款计划,如 1913 年成立的丹麦私立的慈善性机构 Dansk Studiefond 提供的学生贷款,芬兰 1947 年的"大学学生贷款基金"、美国二战期间的"应急贷款计划"等;但学生贷款在国际上的形成主要还是以 1950 年代为标志。参见赵中建.高等学校的学生贷款——国际比较研究[M],成都:四川教育出版社,1996:7.

2　杨亚辉等.贫困学生怎么上大学?——中国高校学生贷款运行机制、案例分析及国际比较[R].北京大学"挑战杯"论文,2002.

我国助学贷款政策的出台与修订始终伴随着多方力量的博弈[3]，迅速成为了近年来我国教育制度变迁中的热点议题。学界已进行了数量繁多的研究并取得大量成果，其基本共识是：我国的助学贷款政策主要是在教育财政紧缩压力下为解决高等教育大众化过程尤其是收费政策执行中出现的"贫困生"问题而出台的[4]。然而，这些研究基本都有着"社会复制"的隐含前设，但对变革过程本身却言之甚少。事实上在从社会压力到具体制度形式变化的这一转化过程中，不同的政策行动者都竭力运用自己的"语义框架"来界定、构造公共议题，建构特定的政治意象（policy image）并引导民意的发展，创造有意图的舆论空间，力图导向不同的政策取向。议题的阐述框架体现为一个由不同行动者互动建构形成的话语网络。

具体到我国国家助学贷款政策，被学界认为是其出台主要导火索的"贫困生入学机会公平尤其是高校收费并轨改革以后的高等教育公平"议题是被什么行动者、以何种方式建构出来的？如果说的确是由贫困生微观个人所面临的困境上升为国家性的问题压力，而国家意志响应民意的直接结果就是作为新教育制度形式之一的——国家助学贷款，那么本书的疑问在于：国家助学贷款政策的目标受益群体为贫困学生及其家庭，这一群体在社会权力结构中拥有的只是相当有限的行动资源和话语权，其权利诉求是通过什么渠道、以何种方式被提出并聚结的？弱势群体的权利诉求被纳入政策视野，这无形

3　比如，《办法》规定：助学贷款资金来源于"由中国工商银行提供的学生低息贷款资金，列入国家信贷资金计划"，并规定"学生偿还贷款，只还贷款原额。按低利率计算的利息，由学校从国家核定的高等学校事业经费预算中支付"。但工商银行不愿承担这种赔本，因此在[1986]工银发字第 351 号文中规定："普通高校必须将主管部门核拨的经费划出一部分，存入中国工商银行学生奖贷基金帐户，贷款不得大于存款。贷款利率由工商银行给以优惠，暂定月息 2.5%（年息 3%），按季计收；学校存在工商银行的学生奖贷金，银行不计付利息"。这表明：实际贷款是从学校事业费中划拨的，银行把自己的风险转嫁给了学校（转引自房剑森.贷款制的理想与理想的贷款制——论我国高等教育贷学金制度的改革[J]. 上海高教研究，1995（3））。这从一个侧面表明：在我国助学贷款发展的第一阶段，在国家教育资源不足的情况下以金融手段扩大学生资助规模的政策意图，经多方力量的博弈，结果其实已偏离了政策制定者的设计初衷。

4　此处只分析国家助学贷款政策出台的直接引致原因，即以均等高等教育入学机会公平为目标；而不包括作为高等教育成本补偿／分担政策出台的直接动因、作为国家助学贷款政策间接动因的因素。

中给该政策的议题建构过程附加了一种逆向的自下而上的草根性。在社会总体权力结构仍保持至上而下的宰制性特征的中国，此过程更无疑显得意味丰富。当然，这种草根性可能是离散的、块茎状和游牧部落性的，即便能够在微观上形成某种整合性的民主机制，它也未必能够超越其有限的视界，故我们对此群体在总体上整合无序言论的能力事先并不作乌托邦式的想像；但追问此种草根性话语得以凸现的缘由，追问草根性话语、国家作为行动者的理性与具体制度变化之间的多重因果关系却有其独特价值。即使这一政策最后被证明完全是国家理性设计的结果，那么是什么因素促使"国家"关注了这一草根诉求而非其它？贫困生问题为何是在此时而非彼时被放置在国家政策的视野中？实证性地探求这些问题，对于深入理解我国政策制定者的行为取向、理解问题被纳入政策视野的内在逻辑仍有重要的参考意义。

本章将同时选择内部的决策流转公文和外部的媒介文本进行内容分析和框架分析，并据此对政策议程和媒介议程进行比较，对这场政策变迁中国家（精英）、社会（大众）所可能承担的角色进行考察。分析还将参照对个别政策内部人的访谈，利用资料的三角互证试图再现这一政策议题的演化过程。

分析所基于的假设前提在于：流转公文和媒介文本是行动者话语登台、互动的表现载体，流转公文主要体现的是精英内部的符号互动及其精英话语的可能来源，而媒介文本则主要是体现精英与大众符号互动的舞台。因为从知识生产过程的角度而言，媒介正是知识流通与消费的窗口，同时也是知识生产走向的一种呈现。在一定意义上说，国家治理社会所依凭的最为重要的制度性安排之一即是对知识生产和传播的治理。任何一个国家的权威集团进行政治社会化的过程，从根本上说，就是要创设一种知识治理制度：目的一方面是使那些能够体现自己意图或合乎自己意图的政治埋念主宰知识的生产者和生产场所，进而透过特定的制度性安排而把这样的生产者在这样的生产场所中生产出来的具有一定取向的知识向社会大众进行传播；另一方面则是通过各种正式或非正式的制度安排遏止不利于自身统治之合法性[5]基础的知识生产者的生产活动，阻止

5　本文将在后文分析中多次使用"合法性"及"合法化"的概念。"合法性"表示的是与特定规范一致的客观属性。最通俗地讲，合法性是对被统治者与统治者关系的评价，它是政治权力和其遵从者证明自身合法性的过程，是对政治权力的认可，这种认可建立在一系列条件基础之上，合法性理念是通过它与赞同、规范网络和法律三个概念的关系给出定义的：被统治者的首肯是合法性的第一个要求；第二个需求涉及社会价值观念和社会认同；第三个需求与法律的性质和作用相关

各种有害于支配性政治理念的知识在社会大众中传播和散布[6]。因此，无论是完全自由的媒介还是受管制的媒介，均是政治行动者权力结构、意图与大众间相互关系的体现。本章通过对比不同类别文本上的话语符号，分析其议题隐没或议题凸现的走向及作用机制，考察其中隐含的话语框架，以窥国家助学贷款政策出台过程中各方行动者的行为及相互关系。

另外，大岳秀夫曾提出一个精英—大众互动模型，该模型假定，精英群体对（与大众的择优相独立的）一定的基本价值有一致意见，精英内部并非没有对立，但对立被限定在狭窄的框架内，政策是由精英的主动权和专家式标准决定的[7]；同时，大众也被视为同一群体的组成部分[8]。本章分析首先在第一层次上借鉴上述精英—大众互动模型，把"精英"、"大众"分别视为整体的抽象，通过简化以凸现强调长期的、连续的结构要素的重要性。这种简化也比较符合中国社会的现实，尽管中央集权的精英主义结构在市场化改革进程中已有所松动，但精英和大众作为两个群体，其内部的分歧程度还是远远小于群体间的分化，以此假定作为结构性概述并不脱离现实；然而，抽象在便于揭示结构性的同时也可能掩没了内部所可能存在的流变性，因此在第二层次的分析里，将进一步深入精英群体和大众内部，描述精英内部和大众内部可能存在的分化，并讨论作为精英、大众间互动通路之一的媒介在其中的地位和作用，对决定决策精英、大众、媒体及其内部分化子群体在话语互动网络中定位、生效的影响因素进行追问，以在结构化的阐述中体现出政策议程设置过程的偶然流变性。

联——尽管合法性不应被简化为法律(参见让-马克.夸克.合法性与政治[M].中央编译出版社，2002：1-2)。"合法化"表示的是与特定规范建立联系的主观能动过程，是在"合法性"缺失或者可能被否定的情况下对"合法性"的维护和建构，是为达到"合法性"共识的努力。只有在不自动具备"合法性"的条件下才需要"合法化"，其运作是在社会价值分化、没有单一普遍规范情况下，有关各方在异中求同的对话过程，在复杂的行为之上必须有一种表述，以便在各方之间达成某种共识，因此，"合法化"是一个引申秩序、重构秩序的过程。转引自高丙中.社会团体的合法性问题[J].中国社会科学，2000（2）.

6　邓正来.市民社会与国家知识治理制度的重构[A].市民社会理论的研究[C].北京：中国政法大学出版社，2002：238.

7　Dye Thomas R. Understanding Public Policy[M]（9th ed.）. Upper Saddle River, N.J.：Prentice Hall，1998.

8　大岳秀夫.政策过程[M].北京：经济日报出版社，1992：101-102.

第一节　媒介议程设置：符号源对高教政策议题的取舍逻辑

曾有学者尝试进行理论推演，从政策的性质与各种议程设定者和媒体间的策略互动关系来了解媒体对政策议题报道的取舍。陈敦源、韩智先即依据政策学者威尔逊（Wilson）的论点，以政策"成本与利益"的"集中与分散"程度，将政策类型分为四类：利益团体法案（政策利益集中少数人、政策成本集中少数人）、企业政治法案（政策利益分散全民、政策成本集中少数人）、客户政治法案（政策利益集中少数人，政策成本分散全民）、多数政治法案（政策利益分散全民、政策成本分散全民）[9]。并以此分类模式，就组织成本与媒体效应的角度，来推论这四类政策与媒体议程设定的关系，认为各类政策媒体报道率会有以下三种情形出现：

1. 因为成本利益的差异，承受成本的少数有较强的动机。因此"利益团体法案"的报道率高于"客户政治法案"、"企业政治法案"报道率高于"多数政治法案"；

2. 因为媒体控制的原因，成本集中的少数希望闹越大越好，利益集中的少数则希望报导越少越好。因此报道率最高的应该是"企业政治法案"，最低的应该是"客户政治法案"；

3. 因为组织成本的原因，少数比多数容易集结。因此"多数政治法案"的报道率会低于"利益团体法案"。[10]

因此媒体对政策的报道率排序一般为：企业政治法案〉利益团体法案〉多数政治法案〉客户政治法案。

本章汇集了 1999-2002 年由全国人大、中共中央、国务院、中央教育行政部门发布的关于高等教育的主要法规政策性文件[11]，并整理分析了人民日报报

9　威尔逊的政策分类方法可见 Birkland Thomas A. An introduction to the policy process : theories, concepts, and models of public policy making[M]. Armonk, N.Y.：M.E. Sharpe，2001：142-145.

10　陈敦源，韩智先. 是谁告诉人民他们要什么？媒体、民意与公共议程设定. 研考双月刊，2000, 24（1）：19-31；转引自蔡炯青，黄琼仪. 公共政策议题的议程设定研究——以"台北市垃圾费随袋征收"政策为例[R]. 台北：中华传播学会年会，2002.6.

11　1999-2002 中国重大高等教育政策清单参考了"中国教育政策制度变迁课题"整理的"1978-2001 年国家高等教育重要政策法规变化简表"资料，教育部谭方正、教育部张英、北京大学教育学院林小英、蔡磊砢、濮岚澜、程化琴、茶世俊、包

系[12]对这些法规政策的报道情况，报道频率统计如表 2-1 所示。

表 2-1 媒体报道 1999-2002 重大高等教育政策的情况[注1, 注2, 注3, 注4]

发布时间	政策主题	频　次
	办学体制	
1999 年 5 月	《中华人民共和国高等教育法》实施	20
1999 年 6 月	***全面推进素质教育***	***85***
2000 年 6 月	民办学校党建	1
2001 年 7 月	全国教育事业第十个五年计划	3
2001 年 12 月	高等学校试办示范性软件学院	4
2002 年 5 月	民办高等教育机构招生	1
	管理体制　（报道 0）	
	教学改革	
2000 年 1 月	新世纪高等教育教学改革	16
2001 年 2 月	高等教育学历证书电子注册管理	1
2001 年 3 月	普通高等学校大学生心理健康教育工作	7
2001 年 8 月	加强高等学校本科教学工作	8
2002 年 2 月	高等学校学生公寓管理	7
2002 年 2 月	高校开展现代远程教育试点	4
2002 年 4 月	国家奖学金	37
2002 年 7 月	高校建立国家生命科学与技术人才培养基地	6
2002 年 7 月	高校毕业生图像信息采集工作	2
2002 年 7 月	工商管理硕士专业学位研究生等入学考试科目调整	1
2002 年 8 月	高等学校学生公寓管理	1

　　海芹、张国兵（按整理内容排列为序）参与整理了简表。

12 人民日报报系包括报纸：人民日报、人民日报海外版、环球时报、江南时报、讽刺与幽默、健康时报、华东新闻、华南新闻、国际金融报、市场报、中国汽车报、京华时报。

内部管理		
2000 年 1 月	高等学校后勤社会化改革	5
2001 年 5 月	**教师资格认定与资格证书**	**87**
2001 年 8 月	**教师资格认定与资格证书**	**87**
2001 年 9 月	学校食品卫生安全管理	5
2001 年 12 月	高校后勤社会化改革	5
2002 年 2 月	高校后勤社会化改革	5
2002 年 2 月	高等学校学生公寓管理	1
2002 年 6 月	**教师资格认定与资格证书**	**87**
2002 年 7 月	高校建立国家生命科学与技术人才培养基地	8
2002 年 9 月	学校食品卫生安全管理	5
投资体制		
1999 年 5 月	面向 21 世纪教育振兴行动计划	115
1999 年 6 月	加强高校资助经济困难学生	2
1999 年 8 月	**助学贷款**	**1012**
1999 年 9 月	**助学贷款**	**1012**
2001 年 6 月	高校招生收费	2
2001 年 6 月	**教育乱收费**	**48**
2001 年 7 月	**助学贷款**	**1012**
2001 年 7 月	**助学贷款**	**1012**
2001 年 12 月	高等学校招生收费	2
2002 年 4 月	国家奖学金	37
2002 年 5 月	**助学贷款**	**1012**
2002 年 6 月	**助学贷款**	**1012**
招生考试留学就业体制		
1999 年 9 月	规范高校毕业生招聘工作	1
2000 年 1 月	高校毕业生就业工作	49
2000 年 1 月	高等学校接受外国留学生	2

2000 年 4 月	高校招生	17
2000 年 4 月	普通高考"3+X"科目设置改革	50
2000 年 11 月	从香港、澳门、台湾人士中招收研究生	2
2001 年 1 月	高校毕业生就业工作	49
2001 年 2 月	高校招收保送生工作	7
2001 年 2 月	全国高等学校招生网上录取	5
2001 年 3 月 30 日	高校招生工作	17
2001 年 4 月	全国研究生录取工作	1
2001 年 4 月	普通高等教育招生	17
2001 年 6 月 18 日	硕士研究生英语入学考试改变	6
2002 年 1 月 18 日	高校招生工作	17
2002 年 4 月 22 日	全国研究生录取	1
2002 年 5 月 17 日	硕士研究生入学考试科目改变	3
2002 年 7 月 30 日	工商管理硕士专业学位研究生等入学考试科目改变	1
2002 年 9 月 18 日	硕士学位研究生招生工作	32
2002 年 9 月 28 日	从香港、澳门、台湾人士中招收研究生	2

注 1：该表汇集了 1999-2002 年由全国人大、中共中央、国务院、中央教育行政部门发布的关于高等教育主要法规政策性文件，为集中论述焦点，该表中只列出报道频次不为 0 的条目，总表可参见附录一；

注 2：报道频次是由政策相关关键词从人民日报报系检索系统直接检索得出的毛报道率，未减去由于发通稿或转载而造成同一文章同时在不同报纸发表的重复数字；

注 3：同一主题的不同政策法规被归为一组，报道频次是一组政策法规的报道总数；

注 4：媒体报道检索时间范围为 1999 年 1 月 1 日-2002 年 12 月 31 日。（作者整理）

　　本文依照威尔逊（Wilson）分类架构选择了三组报道频次较高且分属不同性质类别的法规政策："教师资格认定与资格证书"（属利益团体法案）、"治理教育乱收费（属企业政治法案）"和"全面推进素质教育"（属多数政治法案），就新闻媒体报导数量，与"助学贷款"（属客户政治法案）进行比较：

表2-2　威尔逊（Wilson）政策分类下的教育政策报道频次对比

成　本＼利　益	利益集中少数人	利益分散多数人
成本集中少数人	**利益团体法案** 教师资格认定与资格证书 87 则次	**企业政治法案** 治理教育乱收费 48 则次
成本分散多数人	**客户政治法案** 助学贷款 1012 则次	**多数政治法案** 全面推进素质教育 85 则次

从表2-2的比较结果却发现，作为客户政治法案代表的"助学贷款"的相关报道数量，并没有比其他三类政策法案少，且报道率还远远高于其他政策法规。这显示，媒介确实设定了"助学贷款"这项政策议题的显著性。但是其它的政策议题不重要吗？是什么力量促使媒介特别着重"助学贷款"这项政策议题，甚至排挤了其它重要的政策议题？这隐约透露着特定议程设定者（可能是政府、利益团体、公众或者媒介）的着墨痕迹。正如学者科布和罗斯[13]指出的，具有目的导向的政治人物或团体，可能运用各项资源将对自己有利的议题，藉由媒介推上公共议程，或是将对自己有害的议题，藉由媒介加以忽略、压抑、驳斥或是转移焦点。从这种意义而言，媒介就是民众形成政策偏好与政治人物政策意志之间的对话管道，从议程设定的功能上来说，媒介不只是一种专业，也是一种权力管道。而民意一般是浮动与懒惰的，需外在力量的刺激、型塑与整合才成气候，而导引民意的关键就是掌握民意形成的议程设定权，谁掌握了这个权力，谁就掌握了政策结果的决定权[14]。因此，下文将回到议题演化的时间序列，引用"议题生命周期"的概念，试图还原国家助学贷款政策的发展过程，并且对媒介及内部档案公文进行内容分析和脉络对比，由此探讨：谁可能是国家助学贷款政策议题的设置者和建构者？他们在整个议题演化过程中分别起到了什么作用？彼此的角色如何随着议题的演化而变化？

13　Cobb R. W., Ross, M. H. Cultural Strategies of Agenda Denial: Avoidance, Attack, and Redefinition[M]. University Press of Kansas，1997.

14　蔡炯青，黄琼仪. 公共政策议题的议程设定研究——以"台北市垃圾费随袋征收"政策为例[R]. 台北：中华传播学会年会，2002.6.

第二节 议题生命周期：话语互动中推进的国家助学贷款政策

议程设置研究是一种"过程"研究，如果能试着从政策议题的发展脉络中，分析拥有议程设置权力者的互动情形，就有助厘清"决策精英—媒体—公众"之间的关联性。政策学者科布和俄尔德曾指出：议题的形成与政策的制定乃是一连续性的过程，观察的重点应该包含在一段时间之内，才能看到社会中相关团体所共同重视并试图解决的议题，如何经过互动而终能立法执行[15]。"时间"与"互动"是探讨一项政策议题所不可忽略的要素。本章所选取的国家助学贷款政策代表学生资助制度一个结构变化的关键性时刻（ key moment），但这一变化往往建立在一个长期的、更加微妙的文化过程基础之上，分析需要一个较长期的过程作为背景。因此本文引入了议题生命周期这个时序维度，作为研究分析的整体线索。

大部份的公共议题都有类似产品生命周期的发展过程，许多政策学者将不同的生命周期区分成不同的阶段。安东尼.唐斯 1972 年提出了"议题关注周期"模型，认为议题关注周期由五个步骤组成：（1）前问题阶段：某种不可遏制的社会状况已经存在，但还没有引起公众关注；（2）问题惊现与热情高涨阶段：某一戏剧性事件刺激了公众的注意力，并伴随着解决问题的狂热兴趣；（3）困难与变革成本认知阶段：公众逐渐认识到完成预期变革的难度；（4）热情逐渐消退阶段：人们变得气馁或厌烦或注意力被新的议题所吸引；（5）后问题阶段（尽管问题没有得到最终解决，但已经被排除在国家议程之外[16]。汉斯沃斯（Hainsworth）将议题的生命周期分成四个阶段[17]：（1）源起阶段——议题最先出现的时候，此时组织与其公众之间开始产生认知及期望之差距，冲突开始，壁垒渐分；（2）调节扩大阶段——组织与其公众间开始就冲突事件谈判协调，由于媒体报导，此冲突事件被加以扩大，议题还未进入立

15 Cobb R. W., Elder,C.D. Participation in American Politics: The Dynamics of Agenda Building（2nd.edition）[M]. Baltimore: The John Hopkins University Press，1983.

16 Anthony Downs. Up and Down with Ecology: The "Issue Attention Cycle". The public Interest, 1972 summer （No.28）：38-50；译文见杰伊.沙夫里茨，卡伦.莱恩，克里斯托弗.博里克[著]. 彭云望译. 公共政策经典[M]. 北京大学出版社，2008：133-144.

17 Hainsworth B. E. Issues Management: an Overview[J]. Public Relations Review，1990：3-5.

法阶段，政府或相关人员也还未考虑对此议题加以规范，此时媒体之报导虽有扩大冲突之效，但媒体报导仅是间歇性的，并没有大量之报导；（3）组织阶段——冲突继续扩大，冲突双方皆已聚集相当势力，以与对方抗拒。尤其是与组织对立的公众，在第二阶段时期，还未真正组织起来，但在此阶段已经组织起来，并可采取集体的行动，此冲突已达最高点，媒体开始大量报导该议题；（4）解决阶段——议题已经进入立法或制定法规、政策程序，解决的方式已定，这时若想做任何改变，几乎是不可能，而且耗费时间与金钱。

另外，学者克莱堡和韦伯特（Crabble & Vibbert）所认为的议题生命周期不同[18]：（1）潜伏期——冲突还未出现，壁垒也未分明，只是某些个人或群体对此议题有兴趣，开始思考或对此议题做些事情，如果没有足够的人或团体对此议题有兴趣，并做一些行动，此议题也可能从此消失，不再继续发展；（2）临近期——议题继续发展，愈来愈多人看到议题的潜力，并接受它的潜力。此时，壁垒虽未分明，冲突亦未出现，但可以大概看出两方人或团体，在此阶段，议题还未吸引立法机关或官员之注意；（3）流传期——议题已经发展成为大家关心之话题，是谈话及关心的重点，媒体也开始注意此议题，并有间歇性报导，冲突已经出现，壁垒也已清楚；（4）关键期——此时双方的冲突继续升高，双方集结了相当的势力，并有集体的行动，不断向对方施压，也不断地影响议题，希望议题的解决方式对自己有利。此时，双方并要求立法机关制订相关之法令规范，以解决该问题；（5）睡眠期——议题经过双方的冲突对抗，该议题已得到解决，所谓解决可能是经由谈判、协调，或采取某些行动来解决，此时双方对问题解决的方式还算满意，问题似乎解决，议题也消失了，但并不表示议题永不再现。

前述生命周期理论中，克莱堡和韦伯特的议题生命周期没有把法规政策的制定包括在内，似乎议题发展的结果不一定要导致法规或政策的制定，较不适用于探讨公共议题发展成公共政策的过程。安东尼的议题生命周期着眼于政策过程提出，相当具有借鉴意义，但基于其所考察案例的特殊性，其认为议题显著性的增加均由戏剧化事件激发，这不免窄化了议程的触发机制。汉斯沃斯的议题生命周期较能呈现议题与公共政策相互影响的过程，不过对于议题的开端略过不谈，且对议题的解决太过乐观。同时，这三种议题周期

---

18 Crabble R. E., Vibbert, S. L. Managing Issues and Influencing Public Policy[J]. Public Relations Review，1985，11（2）：3-16.

模型都只是理论的抽象，基于完全的理性设计及问题的民主决议思路，而现实很少存在完全的政策周期划分，而往往呈现为多个政策周期的循环和嵌套，所以"议程设置"功能在整个政策周期的任何环节都可能出现，而"议程设置过程"指议程设置功能产生作用的多个微观过程的总和。

比如作为本章案例的中国国家助学贷款政策，从 1999 年 5 月出台国家助学贷款政策并开始试点，至 2000 年 8 月在全国全面推开，最后到 2002 年 2 月出台"四定三考核"制度，它实际上已经四易其稿。而此项政策的动议还可以追溯到 1992 年原国家教委提议实行"双轨制"招生制度到 1997 年高等学校全面收费并轨的整个"双轨→单轨"转变过程，体现出一个逐步放松、逐步扩大范围、逐步从商业性贷款设计到政策性贷款设计思路的转变（尽管官方始终将其定位于商业性贷款，但实际上越来越具有政策性贷款特征）[19]。这后面隐含的正是议题（"某个特定现象 + 对现象因果关系的理解 + 对解决方案的设想"的有机整体）重点的逐渐转移，议题并未如理想模型所描述的那样发生明确的消失和产生，而只是出现内涵的逐步转换，因此需要对前述两种议题周期模型进行分期细化才有助于分析此微妙的演化过程。更值得说明的是，前述模型都描述的是在"国家—社会"存在明显分野的西方国家里议程创设过程中的议题演化过程，其对每个分期的界定和典型现象描述都可能并不符合中国这样的威权社会。因此，此处界定议题生命周期分期点的主要依据是政策变更的关键事件，尝试整合、修正前述议题生命周期的理论概念，以"潜伏／临近期——试验／启动期——流传／扩大期——关键期——矛盾渐缓期——议题入眠期"的六阶段生命周期，来分析国家助学贷款政策的议程设置过程，考察此过程中可能的"议题设置者"的竞争、博弈情形，并重新对各个议题生命分期的典型描述进行修订。

一、潜伏／临近期：领导动议，酝酿筹划（1996-1999.4）[20]

中国助学贷款政策议题并不是 1990 年代后才突生的产物，其潜伏的动因要追溯到 1980 年代后中国所进行的高等教育投资体制改革。中国自 1980 年

---

19 马经. 助学贷款国际比较与中国实践[M]. 北京：中国金融出版社，2003：151.

20 此处把 1996 年作为潜伏／临近期的开端，是因为在这一年中，国家助学贷款议题正式被决策精英领袖所考虑，也就是 1996 年才有明显迹象被列入正式议程。但追溯事情的动因却往往需要向前追溯更长的时间，以便更清晰地描绘出相应的社会情境氛围。

代开始的经济体制改革在改革传统高度集中的体制弊端的同时，也客观地面对着国民收入分配格局的变化。尽管政府一再强调增加教育投资，但占国民收入份额已明显下降的政府财政，再也无力单独支撑规模日益扩大的高等教育事业。与此同时，国家支持教育的思想也发生了转变，1960 年代人力资本理论的出现促成了世界性增加高等教育投资的热潮，对学生的无偿资助在扩大；而 1980 年代人们却发现高等教育与经济发展的关系并没有直接的函数关系，有人还提出高等教育的最大收益者是个人，支持对高等教育大量投资的思想受到怀疑。这样一来，原有的教育补偿模式在思想基础和财政现实上都越来越难以继续下去[21]。中国 1980 年代开始的这次改革的主旨在于改变单纯由国家财政支持高等教育的投资模式，并逐步引入市场经济机制[22]，对高等教育的投资日益趋向于依赖私人进行成本补偿，从而缓和国家财政压力与未得到满足的巨大高等教育需求之间的矛盾。

伴随教育投资体制改革，大学生资助政策也发生了相应的变化，由"普遍发放助学金"[23]到"减少助学金，设立奖学金，招收自费生"[24]，再到"终止助学金，建立三类奖学金，设立贷学金"[25, 26]。1987 年开始实行的贷学金其实就是学生贷款的一个雏形。国发[1986]72 号文曾规定：学生贷款资金来源是"由中国工商银行提供的学生低息贷款资金，列入国家信贷资金计划……由学校从国家核定的高等学校事业经费预算中支付贴息"[27]，从中可看出贷学金的原始设计思想跟 1999 年开始的中国国家助学贷款政策颇有相似之处，都

---

21 赵中建. 试论我国高校学生资助制度的改革[J]. 电力高等教育，1994（4）.

22 李文利，魏新. 高等教育规模的扩大与合理的学费水平[J]. 教育发展研究，2000（3）.

23 实行时间为 1952-1982，跨越 30 年。

24 改革的标志是 1983 年 7 月 11 日由教育部、财政部联合发出的《关于颁发〈普通高等学校本、专科学生人民助学金暂行办法〉和〈普通高等学校本、专科学生人民奖学金试行办法〉的通知》。

25 改革的重要文献是 1986 年《国务院批转国家教育委员会、财政部关于改革现行普通高等院校人民助学金制度报告的通知》和 1987 年《国家教育委员会、财政部关于重新印发〈普通高等学校本、专科学生实行贷款制度的办法〉的通知》。

26 张民选. 理想与抉择——大学生资助政策的国际比较[M]. 人民教育出版社，1999：366，382-383.

27 房剑森. 贷款制的理想与理想的贷款制——论我国高等教育贷学金制度的改革[J]. 上海高教研究，1995（3）.

选择的是"商业贷款＋政策优惠"的基本模式。但在接下来的文件中，各部门力量的协调结果却逐步改变了其原始的设计思想。在 1986 年 9 月 4 日原国家教委给各大高校发的明传电报（明传电报（86）教电 1295 号）中指出："鉴于学生贷款具体文件尚需要与有关部门进一步研究，为使助学金改革试点工作顺利进行，商财政部同意，各试点院校在新生中试行贷款制度所需经费暂由学校奖贷基金垫支，待文件下发后再按规定归垫。"而这一鉴于开学时间迫近而采取的应急式方案却成为 1987 年贷学金政策的实质思想。由于工行认为学生贷款风险过高，因此制定了苛刻的放贷条件，在[1986]工银发字第 351 号文中规定："普通高校必须将主管部门核拨的经费划出一部分，存入中国工商银行学生奖贷基金帐户，贷款不得大于存款。贷款利率由工商银行给以优惠，暂定月息 2.5%（年息 3%），按季计收；学校存在工商银行的学生奖贷金，银行不计付利息"，银行把自己的风险转嫁给了学校[28]。尤其是对工行收取利息问题，试点院校普遍反映强烈，认为学生贷款资金是学校提供的原助学金数额，贷款的审批、发放、催还等全部工作都由学校负责，因此银行收取贷款利息极不合理。经国家教委与工行商谈，工行的意见是由学校直接向学生发放贷款，不以工商银行的名义提供贷款，改为由国家向学生提供贷款[29]。因此，在 1987 年 7 月由原国家教委、财政部联合发出的《关于发布〈普通高等学校本、专科学生实行奖学金制度的办法〉和〈普通高等学校本、专科学生实行贷款制度的办法〉的通知》中，学生贷款的资金来源实质已是学校从事业费中划拨出的、按原助学金标准计算的奖贷基金，同时由学校负责贷款的发放和催还等全部管理工作。至此，贷学金纳入商业贷款的原始设计思想已演化为完全不同的模式。这也从结构上决定了国家助学贷款政策出台前贷学金制度的内在缺陷：发放规模小、政策宗旨与偿还规定之间存在冲突及借贷关系不明确[30]。

国家助学贷款议题从提上政策议程的第一次机会面前隐没而去，形势的发展却又悄悄地酝酿起议题再一次在议程中的凸现，最关键的社会情境转机

---

28 房剑森. 贷款制的理想与理想的贷款制——论我国高等教育贷学金制度的改革[J]. 上海高教研究，1995（3）.

29 国家教委关于在本科普通高等学校学生中全面实行奖学金和学生贷款制度的报告. 计划财务司档案.1987. vol.1. 永久. 关于奖贷学金问题的办法、通知卷.

30 赵中建.高等学校的学生贷款——国际比较研究[M]，成都：四川教育出版社，1996（2）：12.

就是"高等教育成本补偿／高等学校缴费上学"政策在中国的推行。1989 年
8 月 22 日，原国家教委、物价局、财政部联合发出《普通高等学校收取学杂
费和住宿费的规定》，自此中国开始了学生缴费上大学的历史[31]。进入 1990 年
代后高等教育成本补偿的改革力度更是逐年加大，学费水平不断提高。鉴于
"公费—自费"双轨制中出现的诸多弊端，1992 年国家教委提议实行"单轨
制"招生制度；1993 年，在东南大学和上海外国语学院开始试点收费并轨的
改革，之后越来越多的高等院校的招生制度逐渐开始实行并轨，即实现由"双
轨制"向"单轨制"的转变[32]。1997 年全国范围内的高等学校普遍"并轨"，
高等教育开始全面实行收费[33]。与此同时，高等学校的学费大幅度上涨。

诚然，对高等教育进行成本补偿的政策无论在理论上还是现实上都具有
相当的合理性，而且从长期来看，成本分担政策将改变免费教育中由中低收
入家庭资助高收入家庭的状况，促进社会和教育机会公平，提高低收入家庭
子女的入学率。但是如果成本补偿缺乏必要有效的配套措施，在一定时期内
中国仍会因成本补偿而面临着尖锐的高等教育机会均等挑战。调查显示：家
庭经济贫困、生活在边远地区以及少数民族地区的人口，对学生及其家庭所
负担成本的政策方面的任何变化的反映是最敏感的。对高等教育进行成本补
偿将不可避免地挫伤这一部分人接受高等教育的积极性[34]。在强调私人对高等
教育进行成本补偿的同时，对支付能力低的收入群体接受高等教育机会的考
虑不容忽视，高等教育收费政策使贫困生规模扩大、学生贫困的程度也加重，
高校贫困生问题日益凸现[35]。尽管中央政府在高校收费改革之后的几年里不断
给予高校经济困难学生以支持，但主要采取的都是一事一议的一次性拨款或

31　杨亚辉. 高等学校学生贷款发放及其回收机制研究[D]. 北京大学硕士学位论文.
　　北京大学教育学院，2003.

32　杨亚辉等.贫困学生怎么上大学？——中国高校学生贷款运行机制、案例分析及国
　　际比较[R]. 北京大学"挑战杯"论文，2002.

33　丁小浩. 对中国高等院校不同家庭收入学生群体的调查报告[J]. 清华大学教育研
　　究，2000（2）.

34　Landorf Hilary. Higher Education Policy in International Perspective[R]. Summary
　　Report. Alliance For International Higher Education Policy Studies Seminar，2002.6.

35　有人对若干高校的相关调查统计表明，在大部分高校中，获得贷款资助的学生比
　　例一般都在 10%左右，比例最低的仅为 3%，每位学生贷款额基本在一学年 200
　　元以下。转引自张民选，李荣安.高等教育机会均等与大学生资助政策变迁及新的
　　挑战[J]. 高等教育（人大复印资料），1998（2）.

者中央给精神、学校定实施方案的方式，主要由学校承担主要资助责任，措施随意性强，很多时候资助力度就取决于各个学校的财力，远未形成制度化、规范化的资助方式[36]。1992 年中国逐步过渡到市场经济体制后，许多生活相关商品的价格放开，也使学校财力困境雪上加霜[37]。仅仅依靠已存的奖学金、贷学金、助学金、勤工助学、学费减免等资助方式，都因覆盖面不够、额度不足而对解决高校贫困生问题杯水车薪，中央财政也捉襟见肘，不可能完全贴补高校经济困难学生所需经费的缺口。

1995 年 4 月 26 日，全国政协八届三次会议第 0174 号提案"尽快建立贷学金制度案"、第 1026 号提案"对特困生的补助要有切实保证措施案"、第 1033 号提案"解决贫困学生就学问题的几点意见案"、第 1320 号提案"建议改革委属师范院校教育经费的拨款办法案"、第 1624 号提案"要求加大优惠师范生力度案"、第 1633 号提案"加强对大学贫困学生生活资助的建议案"都从不同的侧面反映了高校中的贫困生问题及资助方式的困境。比如 1033 号提案中反映："1994 年秋季开学后，湖南常德、张家界等地有部分家庭困难学生弃学、辍学，常德市 1994 年已有 120 名大中专新生因缴不起学费而弃学。1995 年由于物价等因素，生活困难的学生人数会增加，特困、贫困生近 10%。如何解决这一矛盾，已成为群众议论的话题。"其中有大部分提案都建议要制定新的助学贷款制度，第 0174 号提案更进一步详细建议："由政府拨款为主、社会捐赠为辅建立全国性助学贷款，原则上该贷款应无息或低息，或由政府贴息，要制定全国性的助学贷款管理办法，并由银行进行管理操作（如工行或建行），各高校与教育行政部门予以配合。"当时对这一提案的答复是："我委已就这一问题进行了研究，并在一些地区召开座谈会听取意见。

---

36 如：1993 年 7 月 26 日关于对高等学校生活特别困难学生进行资助的通知（教财[1993]51 号）、1993 年 9 月 10 日关于（向财政部）申请解决中央民族学院学生生活困难问题的函（教财[1993]65 号）、1995 年 1 月 5 日关于中央部委院校学生生活补助经费使用建议的函（教财 [1995] 2 号）等公文文本都突出体现了一事一议资助高校贫困生的方式；而 1993 年 8 月 27 日关于进一步做好高等学校勤工助学工作意见的通知（教财 [1993] 62 号），1995 年 4 月 10 日关于对普通高等学校经济困难学生减免学杂费有关事项的通知（教财 [1995] 30 号）等则表现出由学校主要承担资助职责的思想。

37 如 1993 年 4 月 17 日关于拟请解决南开大学、天津大学粮价补贴问题的函（教财 [1993] 29 号）中反映的情况。

这一问题牵涉到财政部、中国人民银行等部门，需要进一步协调。"（教办[1995]69 号）。可看出当时的决策部门已经开始关注高校经济困难学生资助方式的创新问题，只是还暂时缺少合适的技术条件和细致化的解决方案。

1996 年时任副总理的李岚清访问英国，当时伦敦金融界的领导人向李岚清副总理介绍他们的金融业务，其中的一项就是向学生提供助学贷款。这引起了李岚清副总理的很大兴趣："如果能在我国开展这项业务，我们就不用再担心贫困学生上不起大学了。英国的私人金融机构能办到的事，我们的国有金融机构为什么不能办呢？回国后，我向朱镕基和国务院其他领导同志介绍了这方面的情况，大家都认为这是个好办法。随后我又请国家科技教育领导小组办公室牵头，由教育部、中国人民银行、财政部等有关部门参加，组成考察组赴英国考察。"[38]。1997 年底根据国务院领导同志指示，国务院办公厅、人民银行、教育部组团赴英考察，提出开办助学专项贷款意见，并专题向国务院进行汇报。1998 年，国务院领导在江景波委员关于《建立科学合理的高校收费标准，完善多元化的贫困生资助体系的建议》上批示："国家教委，国家计委：非义务教育收费并轨改革已接近完成，也已有不少经验，应尽快研究规范办法（包括助学、奖学、特困生补助等一整套办法），使之走上法制和健康运行轨道。"这一批示尚未把助学贷款作为一个重点，可能的原因是当时还处于对问题解决途径的可行性及实施条件问题进行考察的时期，即使是决策精英领袖[39]促成了势力强劲的政治流，但仍然要在一定程度上受到技术条件等政策流的制约。至此，似乎可以说钦顿（Kingdon）[40]所谓的"政策流"正是 1987 年贷学金政策与 1999 年国家助学贷款政策呈现为不同路径模式的主要原因。然而，本章后面的分析将在一定程度上说明，尽管强调"可行性"常常是中国渐进性决策模式中放在第一位的考虑标准，但政策技术的可行性判定并不如科学主义思想所宣称的那么铁板一块，其中仍有很大变数，也就是说在有限范围内，钦顿所说的"政治流"能够影响"政策流"，二者并不如其所说是完全独立往前运行的。

总之，在议题的潜伏／临近期，尽管之前曾屡次出现过国家助学贷款政

---

38 李岚清. 李岚清教育访谈录[M]. 北京：人民教育出版社，2003：116-118.

39 关于"决策精英领袖"概念的详细内涵将在本章后面的分析讨论中进一步阐明。

40 Kingdon J. W. The Policy Window, and Joining the Streams. Agendas, Alternatives, and Public Policy[M]. New York: Harper Collins College Publishers，1995.

策议题列上议程的可能性，但最后还是在决策精英领袖的关注和动议下，社会问题、相应的解决方案、技术条件才产生了耦合（coupling）[41]，国家助学贷款议题因此再次获得了列上议程的机会，也就是钦顿所称的"'政策窗'（Policy Window）再次开启"。

二、试验／启动期：独家承办，提供担保（1999.5-1999.12）

这是国家助学贷款政策初次出台进行组织准备和试运行的时期。

经中国人们银行、教育部、财政部等部门共同研究，于 1999 年 5 月 13 日出台《关于国家助学贷款的管理规定（试行）》（后简称《规定》）；国务院办公厅于 1999 年 6 月 17 日转发《中国人们银行等部门关于国家助学贷款的管理规定（试行）通知》（国办发[1999]58 号）；1999 年 9 月 7 日根据《规定》制定《中国工商银行国家助学贷款实行办法》，并从 1999 年 9 月 1 日开始在北京、上海、天津、重庆、武汉、沈阳、西安、南京等市若干高校试行[42][43][44]。

此时期政策的设计思想主要表现为"商业运作，以担保条款及学校、助贷中心的连带责任转移贷款风险"，其主体内容为[45,46]：

A. 明确国家助学贷款属于商业性贷款，纳入正常的贷款管理。但学生所借贷款由财政贴息 50%；

B. 指定中国工商银行独家承办国家助学贷款，由其负责制定国家助学贷款的具体管理办法，负责管理国家助学贷款的审批、发放和回收等项工作；

C. 贷款范围为中华人民共和国（不含香港、澳门特别行政区、台湾地区）高等学校中经济确实困难的全日制本、专科学生，支持费用包括在校期间学费和日常生活费，从 1999 年 9 月 1 日开始在北京、上海、天津、重庆、武汉、沈阳、西安、南京八城市若干

41 Kingdon J. W. The Policy Window, and Joining the Streams. Agendas, Alternatives, and Public Policy[M]. New York: Harper Collins College Publishers，1995.

42 徐东华，沈红. 学生贷款偿还制度研究[J]. 教育与经济，2000（2）：44-47.

43 马经. 助学贷款国际比较与中国实践[M]. 北京：中国金融出版社，2003：152.

44 全国助学贷款部际协调小组，全国学生贷款管理中心. 国家助学贷款工作学习材料汇编[C]，2002.4：68-74.

45 杨亚辉等.贫困学生怎么上大学？——中国高校学生贷款运行机制、案例分析及国际比较[R]. 北京大学"挑战杯"论文，2002.

46 马经. 助学贷款国际比较与中国实践[M]. 北京：中国金融出版社，2003.

高校试行；

D. 贷款条件严格，必须有经办银行认可的担保，担保人应与经办银行订立担保合同；

E. 学校负有连带还款责任：对确实无法提出担保、家庭经济特别困难的学生可以申请特困生贷款。特困生贷款到期无法收回部分，由提出建议的学校和助学贷款管理中心分别偿还60％和40％，学校所需偿还资金从学校学费收支中列支，助贷中心所需偿还资金从财政贴息中专项列支；

F. 贷款期限由经办银行根据每个学生申请分别具体确定，学生所借贷款本息必须在毕业后四年内还清；

G. 贷款的管理：由中国人民银行、教育部、财政部和中国工商银行组成全国助学贷款部际协调小组。教育部设立全国学生贷款管理中心，为部际协调小组的日常办事机构。各省、自治区、直辖市设立相应的协调组织和管理中心。学校指定专门机构管理本校国家助学贷款工作。

从主要条款可看出，尽管贷款的原始设计思想是一般商业性贷款，但风险已通过担保条款得到转嫁，对于无需担保的特困生贷款，也通过学校偿还60％，学生贷款管理中心偿还 40％的条款转嫁掉了。所有这些都体现出商业银行作为助学贷款市场供方的理性，也是商业银行作为市场主体保护自身利益的话语在政策文本中的体现。同时，由于商业银行实际掌握了制定国家助学贷款实施细则的权力，也就决定了国家助学贷款从形式到实质的商业运作模式[47]。也就是说，商业银行通过对于实施规则话语权的控制，把学校、贫困生及家庭等其他政策行动者的话语都隐没和阻隔在外，对后者而言，则只能被动接受，以"逃避"、"变通"表示对于被隐没话语和被隐没权利的沉默反抗。在这一时期的政策文本中，关于高校贫困生需求本质的话语被遮蔽：他们基本没有能力提供担保；或者即使可以提供担保，但由于其往往来自边远地区，又必须在学校所在地办理贷款手续，因此在技术上存在巨大障碍，贫困生采取的对抗方式只能是"放弃"和"逃避"。反映学校要求的话语也被压制：学校作为无需担保的特困生贷款的第二责任人，不是贷款的受益人

---

47 杨亚辉等.贫困学生怎么上大学？——中国高校学生贷款运行机制、案例分析及国际比较[R]. 北京大学"挑战杯"论文，2002.

却被规定要承担贷款风险，因此校方也持排斥态度，并以"变通"[48]方式不积极协助银行工作。结果就是：面对扩招和学费上涨情况下汹涌而来的对助学贷款的强大需求，到 1999 年底国家助学贷款余额却只有 400 多万元。各方话语不能取得共识，各方的需求也不能在市场上会合构成有效需求，因此该阶段议题更多具有的是象征意义。

三、流传／扩大期：放松担保，取消补偿（2000.1-2000.7）

这是中国国家助学贷款政策的调整时期。

2000 年 2 月 1 日，国务院办公室转发《中国人民银行等部门关于助学贷款管理的若干意见的通知》（后简称《若干意见》）（国办发[2000]6 号，《关于助学贷款管理的若干意见》出台于 1999 年 12 月 23 日），此通知主要对前一阶段助学贷款体系、条件和相关责任条款都进行了修正。

其政策的主要设计思想是"通过政府调控，以解决试验／启动期中信贷市场失灵、推而不动的问题"，其主体内容为：

A. 发展替代产品，以替代产品扩大贷款对象：将助学贷款分为国家助学贷款和一般性商业贷款。对于后者，各商业银行、城市信用社、农村信用社等均可办理，只是财政不贴息；国家助学贷款的发放对象不变，新的替代性产品——一般商业性贷款则承担了扩大贷款对象的职责，面对所有接受非义务教育的学生、直系亲属或法定监护人；学生可选择申请担保和信用两种方式的助学贷款；

B. 放松国家助学贷款的贷款条件，变担保贷款为信用贷款（原特困生贷款和贫困生贷款的分野消失），而一般商业性贷款采取担保贷款形式；

---

48 孙立平等在《作为制度运作和制度变迁方式的变通》一文中对"变通"这种中国市场转型过程中的独特机制进行了系统的探讨。变通既不是一种完全正式的制度运作方式，也不是一种完全非正式的制度运作方式，而是介乎于正式的运作方式与非正式持续进行的运作。进行变通的主体都是在制度中拥有合法地位的正式机构，或者是地方政府，或者是政府中的有关部门，或者是延伸着政权的社会控制和管理功能的企业以及其他单位。变通的最微妙之处在于它对原制度的似是而非全是。也就是说，从表面上来看，它所遵循的原则及试图实现的目标是与原制度一致的，但变通后的目标就其更深刻的内涵来看则很与原制度目标不尽相同甚至根本背道而驰。转引自孙立平. 迈向对市场转型实践过程的分析[R]. 北京大学2002 年社会理论高级研讨班阅读资料，2002：9-10.

C. 取消学校和助学贷款管理中心共同承担特困生贷款的连带补偿责任，但金融机构要和学校签订银校协议，明确双方在助学贷款申请、办理、回收等方面的义务和责任，学校必须向申请信用贷款的学生提供贷款介绍人（学校负责助学贷款的部门）和见证人（与借款人关系密切的自然人）

D. 利率和偿还期限的管制放松：助学贷款利率可在中国人民银行规定范围内适当给予优惠，贷款到期后可办理展期；

E. 对贷款违约行为，金融单位将定期以学校为单位，对违约借款人及其担保人、介绍人、见证人予以曝光，依法追究违约借款人的法律责任。

这阶段政策取消了学校的偿贷连带责任，变学校的经济责任为信誉责任，可以说是根据试验／启动期政策行动者反馈从而顾及学校话语的一种考虑。之所以学校的话语会吸引决策精英的一定考虑，是由其在助学贷款政策实施这一行动者网络中所处的特殊位置决定的。学校是最贴近借贷人——高校贫困生信息的人，要使银行和借贷人建立起沟通联系，建立借贷人基本信息以从技术上降低信贷风险，或者及时向借贷人传达政策和信贷信息，都必须依靠学校在信息提供中的关键作用，这种位置和功能上的特有性和独占性给予了学校权力，正因为背后隐藏的权力才使其所主张的话语具有被凸现的可能，并且学校还将试图进一步扩大其话语被凸现的空间，以更多地实现自己的权利、更多地让渡自己的义务。因此，在试验／启动阶段学校由于需要承担偿还风险而不愿配合工作，在流传／扩大阶段仍然因为名誉风险而不愿意当介绍人和见证人，继续以"变通"表示抗拒，从而成为助学贷款仍然推而不动的一个原因。

政策文本同时也在很大程度上考虑了高校贫困生的话语要求，在试点地区增加了贷款品种，其中国家助学贷款变担保贷款为信用贷款，体现了贫困生要求降低助学贷款门槛的声音。同时，也考虑了非试点地区要求扩大助学贷款供给的呼声，由于当时国家助学贷款只由工商银行在八个城市试点运行，且除了贴息外贷款条件并不优越，而其实在全国都存在越来越突出的高校学费引发的教育公平问题，进一步发展国家助学贷款的替代产品———一般商业性助学贷款———不失为一种方法，而一般商业性助学贷款可以满足全国各地学生对助学贷款的需求，可以说正逐步考虑到试点八城市以外可提供担保的学生的声音和需求，同时至少在形式上向非试点地区提供了一份解决方案、一个国家正着手解决问题的象征，尽管不一定完全符合非试点地区要求，但可暂时起到安抚民意的效果。当然，从总体上说，此阶段政策文本中体现的仍是对非试点地区所偏好话语的非常有条件、有限制性的考虑。而划分国家助学贷款和一般商业性助学贷款，也从形式上体现出对商业银行利益话语的关注和安抚，以"提供新金融产品"的诱惑话语希望给予商业银行以激励。

四、关键期：扩大范围，放宽条件，确定核销（2000.8-2001.6）

这是助学贷款政策从试点走向全面推开的阶段。

为进一步推动助学贷款工作，2000 年 5 月 9 日，财政部向中国工商银行等九所银行及各省、自治区、直辖市、计划单列市财政厅（局）、财政部驻各省、自治区、直辖市、计划单列市财政监察专员办事处印发了《助学贷款呆坏帐损失核销的规定》（财金[2000]158 号）[49]。2000 年 8 月 26 日，国务院办公厅转发《中国人民银行等部门关于助学贷款管理的补充意见的通知》（国办发明电（2000）27 号，后简称《补充意见》)，中国人民银行同时印发《中国人民银行助学贷款管理办法》。

其政策设计的主要思想是"尽力进行范围推广"，内容主题为：

A. 国家助学贷款由 8 个试点城市扩大到全国范围，各商业银行必须在 2000 年 9 月 1 日前开办此项业务；

B. 经办银行由中国工商银行扩大到四大国有独资银行，但每个学校只能选择一个对口银行；

C. 贷款对象由全日制本、专科生扩大至研究生；

D. 启动对地方所属普通高等学校开办由各级财政贴息的国家助学贷款工作，贴息比例和总额由地方财政决定，不限经办银行（2000 年及以前入学学生的助学贷款贴息，仍由中央财政负责）；

E. 取消"对不履行职责的介绍人、见证人公布姓名"的连带责任；

F. 简化申请助学贷款的条件和手续，取消《中国人民银行等部门关

---

49 由于此规定主要是财政部面向银行体系内部的，对公众议程的变动几乎没有太明显的影响，而议题分期是综合考虑政策议程和公众议程运动变迁关键点的结果（尽管此处主要考虑政策议程过程，以便作为对照基准），因此议题关键期的起始点确定为 2000 年 8 月而非 5 月。

于助学贷款管理的若干意见的通知》中允许贷款银行对借款人附加条件的条款，信用助学贷款合同的必要条款不再必须包括借款人直系亲属和家庭的相关信息；

G. 助学贷款发生呆坏帐，分别由商业银行总行核实后，按实际发生额在所得税前按规定核销。

从上述主要条款可看出，此阶段政策文本最占优的话语框架是"在尽可能大的范围和人群中推广国家助学贷款政策"。为此，它试图尽可能弱化在前期试点中所凸显出来的商业银行的不满声音，或者限制这种声音扩散的范围，其隐含的表达就是"前期试点非常成功，因此将进一步向全国、向更广的人群推广"，而其背后所遇到的学校（介绍人）及见证人的不同意见，尤其是商业银行对于信贷风险的担忧都被轻描淡写地带过。比如条款 F 中"简化助学贷款的申请手续、信用助学贷款合同的必要条款不再必须包括借款人直系亲属和家庭的相关信息"的规定明显是对贫困生声音的考虑[50]，并且还通过取消《若干意见》中商业银行对于制定借贷人条件附加条款的话语控制权，进一步缩小和控制了商业银行在实施政策中的自由空间。而在信息不完全、不确定性条件下，由于政策文本所代表的契约是非完备的，实施者的解释实际上也成为政策制定的延续，因此对于实施阶段中实施者解释权的限制也是决策精英领袖控制政策制定过程话语争夺的一个延续。

该政策文本同时把地方所属院校助学贷款的贴息责任下放地方政府，却允许地方政府在贴息比例和总额方面具有完全的话语控制权，这体现了决策精英"抓大放小"的话语偏向，也是把"管不了"的领域进行权力让渡所不得不作出的让步。而这也隐含着在以后的政策实施中出现地方政府不努力的必然性，部分地方院校尤其是贫困地区地方院校的需求声音始终处于微弱甚至是被屏蔽的状态。

五、矛盾渐缓期：四定、三考核（2001.7-2002.12）

针对商业银行对办理助学贷款顾虑多、部分高校对国家助学贷款工作缺乏热情等问题，2001 年 6 月 22 日，全国国家助学贷款工作会议在北京召开。

---

50 当然，出现在决策精英领袖的偏好优先序列中的为何是作为弱势群体的贫困生的声音，而非相对强势的商业银行话语，这在后面会进一步解释。

会议主要内容是学习领会江泽民总书记"三个代表"的重要思想和党中央、国务院的批示精神，研究进一步落实有关助学贷款政策和全面推动国家助学贷款工作。会上，李岚清对全国国家助学贷款工作会议作出重要批示：

> "开展国家助学贷款工作，扶困助学，体现了江总书记'三个代表'的重要思想，是实施科教兴国战略，加速人才培养的一项大政策，是在社会主义市场经济体制下，帮助经济困难青年完成学业的有效措施，此项工作开展两年以来，已取得了初步成绩。希望各地政府、金融、教育、财政部门和高等学校密切配合，继续大力推进。同时，还要及时研究解决工作中出现的新问题，不断完善办法，加强教育，防范风险，方便贷款，使这项工作健康、持续开展下去。"

在这里，国家助学贷款政策已不仅仅是一个单纯、简单的金融产品，而是被上升为中国共产党新时期指导精神"三个代表"思想的载体，是实施科教兴国战略、加速人才培养的重大举措，是社会主义优越性的体现，也就是说，在决策精英话语中，国家助学贷款政策已被赋予了与国家未来、社会发展命运紧密相连的重大象征意义，这种象征意义一方面表示了中央政府对于此问题的关注，同时还赋予了行政干预此政策实施的合法性。毕竟在市场经济改革之后的中国，受新自由主义经济思想的逐步影响，政府过多干预金融常处于被质疑的位置，李岚清在回忆国家助学贷款政策推行过程中遇到的困难时就曾说：

> "虽然中国人民银行和四大国有商业银行的上层领导认识到了开展这项贷款业务的重大意义，也是积极推动的，但是下面有些业务干部却认为，原来的国家专业银行已改制为国有商业银行，开展什么业务（用他们的术语叫做推出'金融产品'）应由银行自主决定，政府不应干预。"[51]

既然决策精英话语中已把国家助学贷款不仅仅界定为一项金融业务，而是界定为关系社会主义制度优越性和国家命运的重大举措，那么通过党、政体系的组织制度约束力对商业银行施加压力就是合理合法的。"在社会主义市场经济体制下"的界定则进一步强调了以国有商业银行办理国家助学贷款业务的手段合理性，同时也暗含了社会主义市场经济体制与其他制度下市场经济体制相比而必然存在"中国特色"的意味。

---

51 李岚清. 李岚清教育访谈录[M]. 北京：人民教育出版社，2003：116-118.

　　国家科教领导小组办公室、中国人民银行、财政部、教育部等助学贷款相关各关键部门的有关领导也均在此次会上作了讲话，这其实是金融、财政、教育三大系统的一次公开表态和对话，各方的立场和论述都在此次公开的舞台上会合。时任国家科教领导小组办公室副主任的廖晓淇发言指出：

> 　　"助学贷款工作是深化高等教育改革、加快高等教育发展的必然要求，它不仅保证高校收费制度改革的顺利进行，还有利于增强学生的责任感；它是保证教育机会平等、维护社会稳定的重要举措；它还是建立符合社会主义市场经济要求的个人信用体系的积极探索。总之，一定要从教育事业改革、发展、稳定的大局出发，从实施科教兴国战略、促进经济和社会全面发展的高度着眼，来认识助学贷款工作的重要意义。"[52]。

　　关于国家助学贷款政策的出台意义仍主要定位于促进经济和社会全面发展的高度，并在抽象意义上附加了"保证高校收费制度改革顺利进行、增强学生责任感、保证教育机会平等、维护社会稳定及建立个人信用体系"等多方面更具体的意义，丰富了助学贷款社会价值的层次和内涵。

　　廖晓淇讲话还认为助学贷款推行出现推行难等问题的原因首先在于："思想认识不到位，有些银行和财政部门对国家助学贷款的重大意义缺乏足够的认识"，其次是"有关方面分工协作的体制不够顺畅，部门之间看法不尽一致，向上反映问题多，主动研究解决问题不够，考虑本单位利益多，配合协作不够"，最后才是"防范贷款风险的机制不够健全"[53]。把思想认识方面的原因解释放在比信贷风险权重更高的位置，这更类似于行政规章而非商业组织的归因方式。而这样的问题归因，也就隐含着相应的解决思路：推进国家助学贷款政策需要加强宣传和行政监督。

　　时任人民银行副行长的肖钢在会上发言指出："开办国家助学贷款业务有利于推动我国教育事业发展；……有利于拓展消费信贷领域，进一步扩大内需；……有利于培养学生的自立自强精神；……是银行拓展业务领域、培育潜在客户和利润增长点的机遇。"[54]国家助学贷款政策的意义被拓展为政治

52　廖晓淇. 总结经验，完善办法，进一步做好国家助学贷款工作[R]. 在全国国家助学贷款工作会议上的发言，2001.6.22.

53　廖晓淇. 总结经验，完善办法，进一步做好国家助学贷款工作[R]. 在全国国家助学贷款工作会议上的发言，2001.6.22.

54　肖钢. 进一步推进国家助学贷款业务的健康发展[R]. 在全国国家助学贷款工作会

意义和长远商业意义结合的产物。助学贷款推行受阻的原因除了被归因为"社会信用环境不佳增加信贷风险"、"开办此项业务办理成本高、收益小，学生在校期间不支付利息，银行还要垫付有关税费"等商业企业的立场，还强调了"去年（2000 年）国家助学贷款政策出台时间紧，来不及学习领会有关文件要求，有的甚至还没传达到基层"这样的偶然因素，及"实行一校一行，造成开办早的银行负担重、业务集中、使学生等待时间较长，而开办业务晚的银行一时又未有签约学校"这样的客观因素。这种问题因果阐述方式对推进国家助学贷款的解决措施在"加强思想认识学习"的基础上还提出了补充思路：以助学贷款呆坏帐核销、免征营业税、加快个人信用系统建设等方式从制度上减少商业银行运作成本、降低信贷风险；同时取消"一校一行"，以促进商业竞争和贴近消费者的多样化形式促进商业银行提高服务质量和工作效率。

时任教育部副部长的张保庆在会上谈及如何认识国家助学贷款政策的重要性时，还专门论述了高等教育发展战略中收费改革和经济困难学生资助两项工作的整体性，认为"国家助学贷款政策是由我国具体国情和社会制度决定的必然选择，是党和国家大力支持高等教育以体现广大人民利益的政治要求，利用金融手段解决经济困难学生问题是长远意义上最有效的办法"，同时专门论述了"奖、贷、助、补、减"作为一整套高校经济困难学生的资助体系，其各个组成部分的形式及相互关系，尤其是国家助学贷款在其中的作用、地位，这种联系式的论述框架强调了国家助学贷款政策牵一发动全身的关键现实意义所在，并体现出国家助学贷款政策是中国大学生资助制度新制度创新的更深层次价值。而其对于政策实施所遇困难的原因解释是："开办时间短，缺乏经验；全面推开的政策文件下发时间紧迫，来不及消化和部署"，而"更主要的还是认识和态度问题"，"对于国家助学贷款政策这一新生事物，社会各方面够需要一个认识的过程，相应的宣传教育也不够深入广泛"，"认识不到位，思想不重视，行动不积极是主要矛盾。"[55]。这种国家助学贷款的整体效益观及思想认识不到位的归因方式也引向了其认定的相应解决方案思路——"思想重视、行政监督、加大宣传"，具体举措是："一是思想上要重视，把全面落实

议上的发言，2001.6.22.

55 张保庆.统一思想，提高认识，狠抓落实，努力做好国家助学贷款工作[R]. 在全国国家助学贷款会议上的总结讲话，2001.6.22.

国家助学贷款（而非一般助学贷款）作为 2001 年的工作重点；二是在 2001 年年底以前不再出台新政策而专心抓政策贯彻，以层层落实责任、切实加强督察的行政敦促方式狠抓落实；三是各高校主要领导要亲自抓国家助学贷款工作的落实，如果哪个高校对工作不认真、不到位而致使工作不实的，将追究高校领导的责任；四是各地认真落实配套措施；五是经办银行转变作风；六是加大对国家助学贷款工作的监督检查力度；七是继续加强教育，加大宣传力度；八是加强调查研究。"[56]

时任财政部副部长的张佑才在讲话中，重点关注的则是"贷款进度慢和发展不平衡"的主要问题，认为"有关部门、地方重视不够，抓得不紧"是造成这些问题的主要原因，因此其解决问题的思路重点也相应落脚于："各级财政部门要积极配合银行、教育主管部门认真落实国家助学贷款财政贴息资金，各级财政部门要加强贴息资金的使用监督，提高资金使用效益"。[57]

2002 年 2 月 9 日再次召开全国国家助学贷款工作电视电话会议，人民银行行长、教育部、财政部部长都在会上发表讲话，这是金融、财政、教育三大系统的再次公开表态，其中提出的各方话语框架事实上已成为三大系统对外宣言的统一口径。会上，时任教育部部长的陈至立阐述了国家助学贷款工作的重要性和紧迫性："开展国家助学贷款，是实施科教兴国战略，确保我国高等教育持续发展、健康发展的一项重大措施；它符合广大人民群众的根本利益，是我国社会主义制度优越性的具体表现；是社会主义市场经济体制下助学方式的一种新探索。"[58]。时任中国人民银行行长的戴相龙也在其讲话中强调："民族兴衰，系于教育，实施'科教兴国'战略，要求教育必须先行。……国家助学贷款政策是各家银行支持教育发展、贯彻科教兴国战略的一个重要任务。……我们必须以支持教育发展为己任，按照'三个代表'的要求，以实际行动完成党中央、国务院交给我们的光荣任务"[59]。

这种行政表态式的发言，与我们经常在影视作品上看见的"为承担政治

56 张保庆.统一思想，提高认识，狠抓落实，努力做好国家助学贷款工作[R]. 在全国国家助学贷款会议上的总结讲话，2001.6.22.

57 张佑才. 财政部副部长张佑才同志在国家助学贷款工作会议上的讲话[R]，2001.6.22.

58 陈至立. 提高认识，狠抓落实，努力推进国家助学贷款工作的广泛开展[R]. 在全国国家助学贷款工作电视电话会议上的讲话，2002.2.9.

59 戴相龙. 采取有效措施，进一步推进国家助学贷款业务发展[R]. 在全国国家助学贷款工作电视电话会议上的讲话，2002.2.9.

任务而举行庄严誓师大会"的场景有着很强的仪式相似性；而2001年6月会议中的诸多发言对于助学贷款推行难的归因都重点着眼于：基层认识不到位、思想不重视、监督检查力度不够，这两次会议从外形到其中主要思想的实质内涵都体现出浓厚的行政控制色彩，暗含着国家助学贷款政策的实质已逐步由商业运作向着行政控制推行的政策性贷款进行转移。

两次会议直接促动中国人民银行、教育部、财政部和国家税务总局等有关部委，分别于2001年7月27日和2002年2月7日制定出台了《关于进一步推进国家助学贷款业务发展的通知》（银发[2001]245号，后简称《推进通知》)）和《关于切实推进国家助学贷款工作有关问题的通知》（银发[2002]38号，后简称《切实推进通知》)，进一步明确了助学贷款业务相关政策和操作管理办法。

其政策设计的主要思想是"行政考核监督推进，加强金融风险防范"，主体内容为：

A. 进一步明确国家助学贷款是无担保贷款，消除基层经办人员顾虑，规定只要基层机构和信贷人员规范操作，对形成的呆坏帐，不追究经办机构和经办人员的责任；

B. 增加商业银行的激励机制，免征国家助学贷款利息收入营业税，对国家助学贷款业务单立台帐，单设科目，单独统计，单独核算和考核；

C. 四定：定学校、定范围，圈定国家助学贷款的适用学校、贷款对象和费用范围；定额度，申请贷款的学生比例原则上不超过全日制在校生的20%，每人每学年贷款数额不最高不超过6000元，但各地区具体比例由省级教育部门、银行、财政部门确定，由教育行政部门和申请贷款学校测算各校的贷款需求额度；定银行，以银校协议确定银行和申贷学校的对口关系，一校一行[60]；

D. 三考核：按月考核经办银行国家助学贷款的申请人数和申请金额，考核已审批贷款人数和贷款合同金额，考核实际发放贷款人数和发放金额；

---

60 在《推进通知》中曾基于增加助贷办理的便捷性和促进商业银行的竞争性，规定取消"一校一行"的规定，允许一校多行开办国家助学贷款业务，一所高等学校可根据国有独资商业银行的服务质量自主选择一家或多家（也可更换）国有独资商业银行承办国家助学贷款业务。

E. 各高校建立领导责任制，发现工作不落实的高校，要追究有关领导责任。

F. 调整财政贴息方式，取消原由地方财政确定地方所属普通高校贴息比例的规定，规定地方所属普通高校由地方财政贴息50%，中央财政对中西部地区所需贴息资金通过转移支付给予适当补偿；

G. 实行灵活的还本付息方式，借款学生在校期间欠交利息不计复利；

H. 提出学校和商业银行配合所建立国家助学贷款学生的个人信用档案，首先是高校在校生换发第二代公民身份证，各用人单位和银行、海关、出入境管理等单位在录用、发展新金融业务、出入境验放等业务时，应查验银行、教育系统的有关信息作为一项重要依据；

I. 加强国家助学贷款政策和知识的宣传，各高校要在《招生简章》和录取通知中加入有关国家助学贷款政策的内容，要利用当地各种新闻媒体广泛宣传国家助学贷款政策。

可以看到：前两次会议中各相关部委领导人在讲话中所强调的话语框架，都在此次政策文本中体现为具体的条款和办法。首先，再次强调对商业银行实施助学贷款呆坏帐核销及免征利息税的优惠，以建立个人信用系统降低信贷风险，回应2000年6月会议上人民银行对于助学贷款推行难的解释归因；其次，要利用新闻媒体广泛加强国家助学贷款政策和知识的宣传，体现了对于两次会议中屡次提出的"思想不到位，要加强思想学习"的主旨；而学校开始建立领导责任制，地方政府贴息额度的自由控制权被取消，尤其是"四定三考核"的规定更体现出浓重的行政监督和行政控制的色彩，至此，国家助学贷款政策几乎已经全盘脱离了商业运作的原始设想，而基本落回政策性贷款的本质形态。

六、议题入眠期：决策精英领袖关注重点转移（2003.1-2003.12）

这是国家助学贷款议题的讨论强度逐渐降低的时期，有时议题的生命延续期跨越时间较长，即使是成为日常运作工作的一部分，也可能会常规性、仪式性地被提及，但其内涵却已经不涉及议题本质思想的大幅变化，这就意味着议题逐渐进入一个相对稳定的均衡状态。称作"议题入眠期"而非理论中的"议题蛰伏期"，是因为议题讨论强度减缓的延续时间还不足够长，因此这里只能描述减缓的趋势和过程，而非真正的蛰伏状态。

2002 年 11 月，中国共产党第十五届中央委员会第七次全体会议于 2002 年 11 月 3 日至 5 日在北京举行，原作为国家助学贷款强力推进者的李岚清副总理在换届选举中卸任。在 2003 年 3 月 17 日召开的十届全国人大一次会议第七次全体会议上，原教育部部长陈至立当选国务委员，周济接任中国教育部部长。新一代领导人对于解决农村相关问题有着非常突出的关注，精英领袖团体的偏好往往具有整体偏向性，它会体现于不同领域的政策内涵中。因此教育部的关注热点也会相应有所调整。胡锦涛总书记、温家宝总理多次指示要求坚决治理教育乱收费，中央纪委第二次全会和国务院廉政工作会议都明确把治理教育乱收费，作为 2003 年纠风工作的重点来抓[61][62]。有被访者称，周济部长上任后最热心着手的一件事就是整顿教育乱收费，而这其中的重中之重是中小学教育乱收费问题。原教育部部长陈至立在一次讲话中已明确阐明了整顿中小学教育乱收费问题的主旨："为切实减轻农民负担"，因此自 2000 年开始，经国务院批准，教育部、国家计委、财政部每年都下发专门通知，要求各地严格收费审批程序，稳定收费标准，加强监督检查，禁止一切乱收费现象；2001 年，经国务院批准，三部委联合发出通知，在贫困地区农村中小学试行"一费制"；2002 年 2 月，三部委再次发出通知，调整了"一费制"的收费标准，进一步明确了有关政策；2002 年 5 月，国家计委、财政部、教育部又联合下发了《关于建立教育收费公示制度的通知》，规定对学校收费要实行公示制度，加强收费的透明度[63]。从这里可看出，中小学教育收费治理在很大程度上与理顺义务教育管理、解决农村义务教育困境等热点问题是紧密相关，甚至是浑然一体的。

尽管早在 1995 年，原国家教委就已在《1995 年工作要点》中，明确把治理中小学乱收费问题列为六项重点工作之一来抓，提出"五不准"规定，并作为 1995 年及今后较长一段时间内治理中小学乱收费工作的阶段性目标，但中小学教育乱收费问题始终处于"年年抓，年年成效不大"的状态。如果说

---

61 中國教育報記者. 周濟在教育部黨組學習貫徹吳官正同志在教育部調研重要講話精神時強調一定要使治理教育亂收費工作取得明顯成效[N]. 中國教育報. 2003.8.29.

62 在 2004 年 3 月 12 日作者在清华大学公共管理学院参加的一次小型学术会谈，时任中纪委驻教育部纪检组组长田淑兰也提及：治理教育乱收费是现在放在第一位的教育大事.

63 中國教育報記者. 陳至立強調堅決糾正一切亂收費行為[N]. 中國教育報. 2002.9.7.

教育收费所产生的社会问题可以分别从"规范收入"和"合理分配支出"进行分类的话，国家助学贷款政策属于后者，整顿教育乱收费则属于前者范畴。尽管决策精英自教育收费改革开始一直是两手一起抓，但是不同的时期仍有相应的侧重点。在以国家助学贷款政策为重点的资助体系基本建立、制度逐步理顺的 2001 年，国家也开始着手加大教育收费规范力度：2001 年 1 月 5 日，教育部在广州召开全国教育系统纪检监察工作会议，将治理和规范教育收费列为全年工作的重中之重；2001 年 2 月 23 日，经国务院同意，教育部、国家计委、财政部又发出了《关于坚决治理农村中小学乱收费问题的通知》和《关于高等学校招生收费工作有关问题的通知》[64]；到 2003 年，教育部更大幅度加强了整顿教育乱收费问题的力度，把此项工作作为"加强教育系统党风廉政和行风建设"的重要举措[65]。这种对于整顿教育乱收费工作的特别重视不能不说是在一定程度上受到了精英领袖团体整体偏好的影响。其次，国家计委在 2002 年公布了 2002 上半年价格举报情况，在 5 种成为社会举报热点的收费当中，教育收费首当其冲[66]，这种外部环境上的改变也促使决策精英产生关注重点的略微转换。再次，国家助学贷款政策的话语争夺及制度完善也在 2003 年达到一个相对稳定的状态，其已逐步从一个制度创新演变为日常工作，这也从客观上允许决策精英把一部分注意力转移到新的问题上去。

第三节 议程设置者的话语场及作为意义之战的政策

一、议程的内部输入／启动

西方关于"议程设置"过程最早的重要理论阐述在 1970 年代早期建立，主要讨论的是大众参与与精英决策之间的关系问题[67]。最典型的阐述则主要是通过"议程创始者"和"问题扩散程度"作为基本维度构造出的几种概念性理想类型，以此说明"创始者"在两种基本议程类型：正式议程与公众议程

---

64 中國教育報記者. 2001 亮點：教育收費，規範力度不斷加大[N]. 中國教育報. 2001.12.25.

65 中國教育報記者. 教育部 2003 年工作要點[N]. 中國教育報. 2003.1.2.

66 中國教育報記者. 群言堂：教育收費啥時不再成舉報熱點[N]. 中國教育報. 2002.4.24.

67 Cobb R. W., Charles D. Elder. the Politics of Agenda-Building[J]. Journal of Politics，1971,33（4）: 892-915.

之间的作用路线[68]。由丁在现代民主社会中，存在两种相互制约的权力系统，一种是政府代表的公共权力系统，一种是由不同层次的公众代表的社会权力系统，这两种力量是代表"议程创始者"的两个典型端点，因而可以其作为"创始者"坐标轴的两极；同时以问题扩散程度（以公众支持程度表征）为另一轴，由此可得出四种典型的"议程设定"理想模型及其运行路线（如图2-1）[69]。

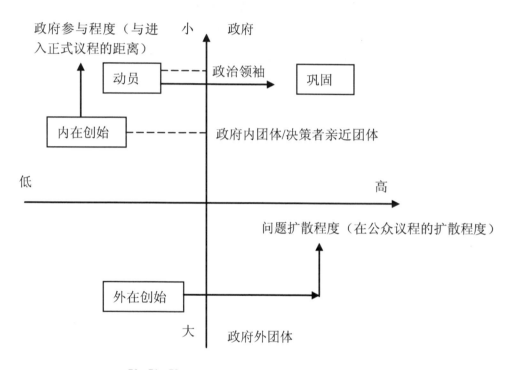

注：此图由作者根据[70，71，72]的相关资料总结绘制

图 2-1 政策议程设定阶段的理想类型及运行路线

68 科布和俄尔德把议程分为两种基本类型：正式议程（也称制度议程或政府议程）与公众议程（也称系统议程）。前者指那些已经明显准备付诸行动或者是决策机构已重点考虑的事件；后者则指已由大众或专业团体考虑和关心的事件。见 Kingdon J.W. Agendas, Alternatives, and Public Policies[M]. Brown：Boston: Little，1994.

69 May Peter J. Reconsidering Policy Design: Policies and Publics[J]. Journal of Public Policy，1991.11（2）：1047.

70 林水波，张世贤.公共政策[M]. 五南图书出版公司，1988.

71 Lester James P., Stewart, Joseph JR. Public Policy: An Evolutionary Approach[M]. Minneapolis: West Publishing Company, 1996.

72 Michael Howlett, M Ramesh. Studying Public Policy: Policy Cycles and Policy Subsystems[M]. Oxford University Press, 1995.

　　理想模型所揭示的一个基本规律是：如果政府外团体尤其是普通民众想让自己的声音和动议被列上议程，就必须尽量在公众议程不断放大这种声音、制造影响；否则就只能是政府内团体或者决策精英自发动议的结果。在西方社会，普通民众放大声音的最常规途径是借助公共媒体，否则草根性的话语往往都处于游离、独白、私人化的状态。然而，在国家助学贷款的这个案例中，可以发现在助学贷款政策议题被列上政策议程前，并不存在明显的由普通民众制造影响、放大声音的证据。考虑到这一案例中政策目标群体的特殊性在于：此政策的直接受益者主要是高校贫困生及其家庭，作为贫困阶层，他们虽然人数众多，但分散无组织，很难形成集体行动，几乎没有影响力，成为奥尔森所描述的"'被遗忘的集团'——忍气吞声的集团"[73]。那么不借助大众媒介，贫困阶层的草根声音又是如何进入决策精英层的呢？

　　图 2-2 显示了中国咨询库（chinainfobank）中文媒体库（1）、（2）对于"助学贷款"、"高校收费"、"高校贫困生"三个相关主题报道时序的对比图。该媒体库汇集了多种级别多种载体形式的中文媒体信息，可近似作为中国媒介话语总走向的表现载体。

　　从图中脉络发现：在从 1992 年原国家教委提议实行"双轨制"招生制度到 1997 年全面并轨的整个"双轨→单轨"的转变过程中，媒介对于高校收费问题和贫困生问题的反应相对而言都比较平淡，并不存在由"高校收费"和"高校贫困生"问题的公开讨论引发"助学贷款"讨论的证据；恰恰是由于国家助学贷款政策文本的发布同时把媒介的注意力引向了三个相关主题，使关于高校收费所引发负面效应问题的讨论从零散、游离、私人化的状态，转向了大规模的公开表达。

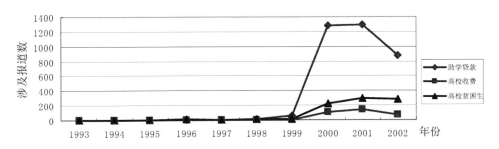

图 2-2　中国资讯库中文媒体库对相关不同主题的报道频率对比

73 奥尔森·曼瑟尔. 集体行动的逻辑[M]. 上海：上海三联书店与上海人民出版社，
　　1995.

这意味着，即使在国家助学贷款政策出台前，高校贫困生话题曾被大众所讨论，但由于行政层级体系仍是社会上下层信息沟通的主要途径[74]，因而这种讨论往往被私人化、离散化，即使能进入决策精英视野也是相当偶然和随意的，贫困生话语触发政策议程的主要途径很可能并不是通过外部输入／创始的。如果认为国家助学贷款政策主要是内部输入／创始的结果，那么需要回答的问题就是：在此进行议程创始的内部群体是谁？该群体出于什么主旨而提出动议？

二、精英群体分割、大众群体分层与议题吸引决策精英注意的途径

可以通过考察国家助学贷款议题潜伏／临近期及之前时间内决策精英领袖作出回应和批示的公文文本[75]，来分析究竟是什么内部群体在设置议程中起到了作用。考察这一类型文本对于分析议程设置过程有几个好处：第一，这类文本是官方档案的一部分，具有很强的可得性；第二，这类文本已由精英领袖作出回应，表明它们确实是影响了精英领袖的认知和注意力分配，尽管可能有很多文本都曾参与过言论表达，但这些讨论并非都能进入精英领袖视野，或者即使进入也不能肯定其是否确实对精英领袖产生影响，"精英批示"在此作为一种相当好的鉴别标志把这类文本从大量的言论文本中区分出来。

表2-3　国家助学贷款政策议题在潜伏／临近期及之前有关公文的主题分布

主题分类	频　次	百分比
地方政府、高校、教育部以资助贫困生为由申请财政增加经费拨款	4	12.5%
提案、议案要求以扩大自费生规模等解决教育经费不足问题	3	9.4%
财政以资助贫困生为由向高校拨款	8	25%
教育部敦促高校发挥主动性资助贫困生	2	6.25%
收费标准控制及收费改革政策平稳过渡	9	28.1%
提案、议案要求关注资助高校贫困生	6	18.8%

74 中国传统上一直具有较强的威权社会特征，行政体系曾对顶层精英控制社会起到全知全能的作用，即使是市场化改革使行政控制有所松动，但行政控制力仍在社会经济生活中占据重要的影响位置，金字塔形的社会结构仍主要借助行政组织作为信息、资源流动的途径和通道，也就是说高校贫困生信息反映给精英领袖的一般途径是通过学校，由学校代表再经过行政渠道一层层上行。

75 此处所研究的公文文本均来自教育部档案馆，涵盖了1986年到1994年4月之间档案教育经费卷里有关收费制度改革和经济困难学生资助方面的所有公文。

从表2-3可看出几种主要力量发生互动的几个特征：一是针对收费标准的争论多：各地方、各高校都表明经费短缺的困境，认为当时的学费水平过低，要求提高学费标准，而教育部给予的批复中则屡次要求把学费水平及学费增长速度都控制在比较低的水平上，以免影响高校稳定和社会稳定；二是地方教育行政部门、高校、教育部以"学校负担过重无法很好解决高校经济困难学生问题"为由，向中央财政要求增加拨款的申请多，中央财政以资助高校经济困难学生为由进行拨款的次数更多；三是提案、议案对高校经济困难学生问题的关注多，但同时提出的要以扩大自费生规模等方式增加教育经费的方案则无疑会进一步加剧前一问题。从中呈现出来的尴尬景况就是：中央财政对大幅度增加教育经费缺乏可扩展的余地，但又顾虑过于激进地推进高校收费改革会导致社会不稳定，因此对于高校增收途径严加控制，同时由于沉重的财政压力还尽量把资助经济困难学生的责任向下让渡；教育系统处于"钢丝财政"的极限状态，而希望能更快提高收费标准的要求又不能获准，因此解决经济困难学生的能力非常有限，于是就屡屡向中央要钱。总体而言就是，中央政府"想甩包袱又担心产生不稳定因素"，教育系统则宣称"无能力接包袱，不把包袱送回就易导致不稳定因素"。因此"谁承担费用"的包袱就演变为决策精英领袖和外层决策精英之间以一事一议形式进行讨价还价的空间，频度极高的拨款申请及增加拨款，极大地困扰着中央政府，而高校收费改革也因此遇到了很大的障碍，无法达到中央政府所预期的发展速度。从这里可看出，在中国这样的威权社会中，尽管决策精英群体在与大众区分的意义上可作为价值一致的群体，但其内部实际也存在着分割和争执。决策精英本身可视为这样的分化结构：最核心是决策精英领袖群体（如这里的中央政府），再外一圈才是若干存在利益分割的外层决策精英群体（如这里涉及的教育部、高校的声音体现则主要是通过利用行政体系由教育部集中代言的）。正是决策精英内部所发生的"甩包袱—退包袱"矛盾才直接触动了决策精英领袖寻找新解决方案和新制度创新的动议。

但是，进行创新的紧迫性到底有多强、在何种程度上可以进行创新等问题，在决策精英群体那里仍充满了不确定性和模糊性。因此，包括决策精英领袖在内的决策精英群体自上而下地主动策划、实施了多个相关调查和信息搜集工作（如表2-4）。

表2-4　各议题生命分期中自上而下启动的调查及信息搜集工作（举例）

议题生命分期	调查或信息搜集工作	提供部门	主要涉及内容
潜伏／临近期	关于教育保险、教育储蓄及助学贷款等利用金融手段发展教育问题的调查	人民银行、教育部、财政部	实施教育保险、教育储蓄及助学贷款的可行性
	委属高校学生资助政策专项调查	教育部	原高校经济困难学生资助体系的运行状况
试验／启动期	关于切实做好扩大高中和高等教育阶段招生工作意见的报告	—	提供了有关非义务教育收费制度改革推进状况与资助贫困生问题的发展程度、实施助学贷款的地方基础条件等多方面信息
	关于云、贵、川、渝实施助学贷款情况的调研报告	—	
关键期	关于京津宁三市开展国家助学贷款情况的调研报告	—	有关助学贷款实施反馈、助学贷款对改善高校经济困难学生的效果等方面的大量信息
	关于最近对部分地区高等学校收费及资助经济困难学生工作检查情况的报》	教育部	
	一些地方群众对今年高校提高收费标准的反映	中办秘书局	
	关于国家助学贷款工作情况的报告	教育部	
	关于国家助学贷款工作进展情况的报告	教育部	
	关于国家助学贷款工作进展的情况和建议	国家科教办	
矛盾渐缓期	北京大学助学贷款落实情况的报告	—	提供了实施典型的详细经验和信息、群众的意见反馈及助学贷款进展情况
	国家助学贷款工作简报	—	
	关于助学贷款宣传工作情况报告	教育部	
	群众反映	国家信访局	
	关于广东省助学贷款情况的报告	国办秘书三局	
	关于助学贷款业务的开展情况及政策建议	中国人民银行（金融简报）	
	关于2001年国家助学贷款工作进展情况报告	教育部	

注：资料来源：全国助学贷款部际协调小组，全国学生贷款管理中心. 中央、国务
　　院和有关部门领导同志对国家助学贷款工作的重要批示（1998.1-2002.3）[C]，
　　2002.4.

各外层决策精英群体还利用行政渠道要求其所属基层部门进行日常的信息上报工作，进行简报编辑工作后提供给决策精英领袖。这些内部启动的调查研究和信息搜集工作成为决策精英群体了解下情的一个重要途径，"内部调查报告"、"内部信息简报"等类似形式的文本也就成为了中国决策精英群体获取信息的一个"特色渠道"。

对于因外部较强不确定性而以"做中学（learning by doing）"作为应对策略的决策精英群体而言，这些内部策划、启动的调查研究及由外层决策精英日常简报工作所建立的信息剪辑，正是基于组织学习的意图而主动建立的上下信息渠道，下情上达在此并非理论所强调的从下往上"推"的过程，而主要依靠的是从上往下的"拉动效应"。

另外，还必须注意议案、提案在促使议题提上议程中所起的重要作用，这说明中国的大众群体内部实际也是分层的。尹鸿认为：如何借助于对本土文化的分析和思考，使外来的媒介／文化研究的概念和方法获得本土的合理性成为当下媒介文化研究必须面对的挑战。中国的"大众"远比西方文化研究中"大众"所包含的意义要复杂，人民、大众、受众在中国的媒介文化研究中必须重新审慎地定义和使用[76]。在国家助学贷款政策这一案例中，中国"大众"概念的分割性和复杂性已有所体现。从制度设计而言，尽管人大代表、政协委员属于人民大众的一部分，但其却是大众最接近决策精英群体的部分，在此可称之为"内部大众"，与普通高校贫困生及家庭所属的"外部大众"相区别。前者具有的是制度性、常规性的发言权，这种在法定时间提供的话语空间，使其发出的声音被制度赋予了比普通草根声音高得多的权重。

从上述分析看，使国家助学贷款政策议题提上正式议程的内部启动因素是：决策精英群体内部分化力量的推动、契合及内部大众的输入。而无论是前者借助科层结构的上下信息沟通渠道、决策精英主动策划的调查研究，还是后者由参政议政正规渠道所赋予的发言机会，其信息通道都是被正式规章

---

76 尹鸿. 媒介文化研究：知识分子的发言场域[R]. 媒介文化研究网站，2003.6.

制度所规定、所提供的。草根声音借助大众媒体扩大影响并未在政策议程的设定中起到显著作用。

可以利用"信息处理和有限理性"的理论来对此作出更深层的解释。有限理性是西蒙（H. Simon）在1950年代首创的概念，其基本思想是：人们信息加工的能力是有限的，因此人们没有能力同时考虑所面临的所有选择，无法总是在决策中实现效率最大化。而在有限理性中考虑"利益"要素的影响非常重要，利益考虑意味着信息的使用不再如理想决策模式那样被假设为中立，而是策略的，政治过程的信息不对称导致了人们策略地使用信息。《在厂商的行为理论》中，塞特和马奇还提出一个观点：在组织决策过程中，时间和注意力都是重要的稀缺资源，这一命题是有限理性思路的一个自然延伸。与人们面临的复杂环境相比，导致人们加工信息能力局限性的一个重要因素是人们的注意力是有限的，这是有限理性的一个重要条件，同时组织结构对注意力的分配制约、对组织决策过程都有着重要的影响。当一个组织把注意力集中在一个领域时，这一领域中的决策活动往往十分活跃。在很多情况下，组织决策并不是戏剧性的，而是十分普通、具体的组织规准制度。从此角度而言，组织结构和组织规章的意义不仅仅在于进行权力分配，更重要的是在分配注意力这一问题上扮演了重要角色，组织规章决定了什么样的信息在什么时候可以进入决策。信息搜集、加工部门的设置和它们在决策过程中的参与方式及时间性都可以通过影响决策者的注意力来影响决策过程和结果[77]。决策精英的有限理性又决定了他不得不借助于信息编辑机制来认知外部世界，信息过滤或信息阻滞（blockage）都是通过这一过程对决策结果产生影响的。在当代中国社会中，信息很大程度上是通过行政科层结构向上传送至决策精英群体，能够凭借官方正式渠道进行话语表达的大众只是大众群体的很小一部分代表——内部大众；同时，尽管官方一般都有常规、日常的信息简报部门和信息编辑工作，但被列入信息整理范畴的媒体文本也大多来源于精英性质的媒体部门，而这些精英层次的大众媒体部门具有"高度组织化"的政府整合特征，实际就是行政体系的一部分，如作为决策精英领袖主要信息来源的《国内动态清样》（新华通讯社编）、《情况汇编》（人民日报编印），各外层

---

77 周雪光. 组织社会学二十讲[M]. 北京：社会科学文献出版社，2003：169.

决策精英的简报体系也主要由自己的机关媒介主持，如教育部的《教育内参》（中国教育报编印）等[78]，这种信息编辑范畴必然决定了多数非精英层次的媒介文本不具备制度化的进入决策精英视野的途径。也就是说，按照中国当前的制度设计，总体上在行政化的信息通道之外对流入决策精英视野的信息设置有比较严格的封闭式程序，因此资助高校贫困生这样的草根话语主要不是通过大众媒体在公众议程中制造影响而进入议程，而是通过行政化的内部信息通道引起决策精英的关注。

三、精英领袖主导附加于中层离散权威之上的议题演进

上面讲到，决策精英群体内部实际是分割和分化的，在精英领袖和大众之间还存在大量中层部门，待分配的资源被按照部门归属进行划分，不同的部门对特定的资源拥有分配权，分配权威在中层是分割和离散化的，如果决策影响了资源的分配和不同组织的利益时，部门利益的分量就可能会凸现。国家助学贷款政策议题之所以能提上议程，是因为决策精英领袖和教育系统在外层决策精英中的代表这两个群体间因"财政紧缩—增加教育经费"二重矛盾而持续进行拉锯战，僵持不下的僵局激发了决策精英群体意欲寻找新的化解力量；同时分层大众中最接近决策精英群体的部分也提出了政策诉求。对于议题刚吸引决策精英领袖注意时，因为最初的动议方式是为高校贫困生的经济负担问题寻找一个新的参与者，因此无论是决策精英领袖、教育系统在外层决策精英中的代表还是内部大众群体的意见都正好达成上下一拍即合的和局；但当议题进一步在议程上推进，引入金融系统在外层决策精英中的代表参与话语论争时，抗拒和阻碍议题推进的话语声就出现了，为了推动议题前行以从方案成为现实，就必须有与之对抗的声音抗拒反面话语所带来的阻力。

我们可以把视线转回第二节，回溯议题生命周期中相关行动者的行为推演过程，简化地把对国家助学贷款议题演化过程的描述抽象为表2-5：

---

[78] 作者在教育部实习期间观察过教育部办公厅的新闻简报工作，也发现被列入信息编辑工作的大众媒体文本大多来源于精英性质的媒体部门。

表 2-5　各议题生命分期中相关政策行动者的力量强度演化[79]

	精英领袖	金融组织系统	教育组织系统	高校贫困生
潜伏／临近期	中	强[80]	强	弱
试验／启动期	强	强	弱	弱
流传／扩大期	强	弱	中	中
关键期	强	中	强	强
矛盾渐缓期	强	中	中	强
议题入眠期	中	中	中	中

在这一力量强度演化的过程中，核心的直接较量主要发生于精英领袖和以金融系统为主的外层决策精英之间。在精英领袖没有采取密度较大的强制力推动时，银行系统的反对或者消极对待都会造成助学贷款政策的搁浅和内涵改变。1987 年开始实行的贷学金，由于银行体系内部制定的苛刻实施条件，而学校也拒不接受银行的不公平条件，因此其"商业贷款＋政策优惠"的原始模式设想，最终在各部门力量的协调之下完全改变了其形式，成为学校内部借助教育事业费面向少数人的行政事务。正如列伯萨、奥克森伯格、兰普顿等对制度环境如何影响政策制定和政策执行所进行的考察，认为与以往极权主义和现代化的理论范式观点不同，中国官僚制的突出特征是：政府中的权威是分裂的，由于官僚系统中分工的细化，机构的大量增加，中央控制越来越困难，于是各个不同的部门开始对它们所控制的资源拥有了一定"产权"，这种结构演变对政策制定的影响主要表现在，在政策制定的过程中，中央领导人必须与属下的单位进行讨价还价，否则即使是已经制定出来的政策也无法贯彻执行。

---

79 对于贫困生的关注和行为强度，由于所得到的信息并不是贫困生直接的话语表达，这里所指的贫困生力量强度，主要是指从政策文本中所表现出来的有利于贫困生的强度；金融系统和高校的力量强度，综合考虑了政策文本偏向和流转公文中所体现的话语频度；精英领袖的力量强度主要是考虑流转公文的频度及其话语的口吻。

80 需要注意的是，即使是在潜伏／临近期，金融系统的话语强度也并不是恒定不变的常数，金融系统按照其自身部门利益的受触动程度而主动地在话语域中选择进入或退出，此处所说的"强"主要是指其选择进入话语域时候的话语强度，比如银行在 1987 年贷学金制度中就体现出强势话语。而当其话语取向取得暂时胜利后，其也就自动退出了话语域。

　　而1999年出台的国家助学贷款政策之所以能实现"商业银行＋政策优惠"的运作，与作为决策精英领袖的中央政府投以强烈关注和大力推动是密不可分的。比如，在1998年12月17日至23日，几位国务院领导相继对人民银行、教育部、财政部《关于教育保险、教育储蓄及助学贷款等问题的请示》进行了批示。其中，针对助学贷款呆帐准备金的提取比例问题，人民银行认为助学贷款风险较大，希望呆帐准备金提取比例从1％提高到5％，而批示则驳回了人民银行的这一请求，表示"为了支持助学贷款的开展，建议提取比例同其他贷款一样，仍按1％比例提取"[81]。再看议题的生命周期，如果说议题的试验／启动期内，政策文本所体现出来的话语倾向还体现出商业银行作为市场运作主体的行为理性，那么在其后国家助学贷款几易其稿的过程中，这种市场和商业取向的声音已经逐渐被抑制；相反，以中央政府为代表的政治理性话语和道德价值话语渐占上风，这从商业银行的自愿接受角度是无法解释的。比如"关键期"阶段政策文本最主要考虑的话语框架是"在尽可能大的范围和人群中推广国家助学贷款政策"，为此，它试图尽可能弱化在前期试点中所凸显出来的商业银行的不满声音，或者限制这种声音扩散的范围；到"矛盾渐缓期"，决策精英领袖和外层决策精英群体都一致地把"国家助学贷款"从一个单纯的金融产品上升为关系国家问题、社会发展的重大举措，商业化话语已经完全转向政治立场和道德价值的话语取向。话语空间的争夺和话语取向的此起彼伏，必然是背后资源制约和权力博弈的外在体现。"国有商业银行"的归属必然决定了其处于市场逻辑和行政逻辑的双重制约下，在决策精英领袖对某一政治目标表现出强烈偏好时，这一政治目标就会压倒各个外层决策精英群体的部门利益目标，决策精英领袖就会借助行政科层权力对外层决策精英群体的局部权威进行约束、管制，资源分配中离散化的权威会在决策精英领袖的强力主导下出现暂时的互相妥协和聚合。

　　正因为国家助学贷款政策议题在决策精英领袖眼里更倾向于被诠释为"政治议题"，因而其在推进形式上也显现出若干仪式化和象征性的特征。选择典型时间出台就是凸现象征性的一个表现，每次发生关键性改变的政策文本出台基本都要赶在8月或者9月，也就是各高校的开学时间。存档的流

---

81 全国助学贷款部际协调小组，全国学生贷款管理中心．中央、国务院和有关部门
　　领导同志对国家助学贷款工作的重要批示（1998.1-2002.3）[C]，2002.4.

转公义也比较明显地呈现这一特征，关键性政策文本出台前基本都会出现"加急"、"尽快办理"、"不能再拖了"、"一定要赶在开学前下发"等具有时间紧迫性的批示，而一个政策文本的发布和是否能够及时生效并非一回事，其中存在或短或长的时滞。事实上，在 2001 年 6 月 22 日全国国家助学贷款工作会议的诸个发言中已经说明关键期的政策新文本并未在当年开学时真正产生作用。前述决策精英在两次国家助学贷款工作会议上的发言也凸现出对"象征"手段的应用。通过移情作用，象征可以拥有一个古老而稳定的社会中所有细致入微的忠诚感，象征所包含的感情会向着共同的目标倾泻，而个人真实观念的特性则相对变得不那么重要。正因为有力量从截然不同的观念中抽取情感，因此象征既是一种团结的技巧，又是一种宣传的手段，它能够使人们为了一个共同目标而努力。"特权在等级体系内部发挥的作用，就是象征在平民中发挥的作用"[82]。尽管在科学与思辩的领域，象征往往被当作"魔鬼的工具"，但在实际行动领域，它们则可以是有益的，有时甚至是必不可少的[83]。为了迫切需要达到一种立竿见影的效果，运用象征就是捷径，因为此时行动要比理解重要得多。所以，决策精英通过求助于一些古老的思想象征，比如这里把一项具体的金融举措与"人民"和"国家"联系起来，从而快捷地影响多数，淡化个人意向，模糊局部目的，转移矛盾焦点，抵消分歧，诱使相关者为了他们并不完全理解的目标而行动。

　　同时，如果一项任务被视为政治任务，其不免就会带上政治体系的本质偏好，行政体系中行政任期、绩效考核和人员任免等制度设计从本质上决定了：见效越快、效果越显性，其所制造的政治意义就越强，政治价值也越大，而履行政治逻辑的决策精英就会比较偏好选择具有这种特性的政策方案。国家助学贷款政策议题演化过程也在一定程度上沿袭了这一定势，高校经济困难学生问题矛盾最尖锐的地方是贫困省份和知名度中下的高校，但政策试点却是从基础较好的地方开始的，经济发达城市中的著名高校成为最早享受政策收益的群体，地方所属院校更因为在议题演化后期被下放由地方政府承担职责而更加成为政策阻力最大的部分。

　　国家助学贷款所选择的方案设计也是最简便、最激进的，尽管由国务院办公厅、人民银行、教育部组成的助学贷款考察研究团体，在提出开办助学

---

82 李普曼,沃尔特. 公共舆论[M]. 上海人民出版社，2002：188-189.

83 李普曼,沃尔特. 公共舆论[M]. 上海人民出版社，2002：190.

专项贷款意见时，提出过若干更具有现实可行性的备择方案，比如建立助学贷款担保基金；贴息到学校，学生凭合同复印件到学校处得到贴息补偿等，在我国尚缺乏有效信用体系等基础条件时，这些措施对于减少政策风险、便于政策实施推行等方面还是有一定意义的，但最终决策精英领袖选择的恰恰是最激进、最有改革力度的方案，"上面急着先把钱放出去，所以一再让步、一再照顾"[84]，而激进方案无疑对树立政治形象是最有效的，尽管这可能会无形中增加政策的风险和政策推行的难度。无论政策实施效果如何，政策文本在典型性时间的适时推出本身已经成为了重要的政治象征。

值得注意的是，尽管决策精英领袖在启动、推动国家助学贷款议程中起到了关键作用，但其决策权力并非是无所限制的，作为中国改革过程局部行动的各种政策都会带有整体改革特征的烙印，决策精英领袖也基本会偏好选择遵循这一基本模式的备择方案，其主导作用总是在这一基线附近的方案域中起作用。这里所说的中国改革过程其最典型的特征也就是"渐进式改革"。这一概念本身具有多重甚至是暧昧的含义，但"渐进模式"并不是"慢慢来模式"，"渐进"讲的不是速度，而是在保持基本社会体制框架（尤其是政体延续性）和主导性意识形态不变的前提下按照经济发展需要进行改革[85]，对这一改革方式的另一种表达是"增量改革"，其基本含义是：在原有的因素或体制不发生根本性变化的前提下，对新生长出来的因素实行新的体制，即尽可能保持原有体制的不变。国家助学贷款政策文本也在某些地方体现了这一特征。从政策细节而言，比如在议题关键期内，启动了对地方所属普通高等学校开办由各级财政贴息的国家助学贷款工作，但2000年及以前入学学生的助学贷款贴息，仍由中央财政负责，这就是典型的"老人老办法、新人新办法"方式；再从决策精英领袖对备择方案的选择上看，助学贷款方案只是在过去"奖、贷、助、补、减、勤"的高校贫困生资助体系基础上额外增加的，即使是从1987年开始实施的贷学金制度也仍旧与新的助学贷款制度并行，尽管外层决策精英群体曾经考虑提供调整资助体系结构的建议，也就是从"奖、贷、助、补、减、勤"改为"奖、贷、勤"结构，把原本用于困难补助、助学金、减免学费方面的资金用于助学贷款担保基金的建立或者

---

84 基本信息来源于2003年4月17日对人民银行信贷处相关人员的访谈。

85 王小强. 超越私有化逻辑. 参阅文稿——未来与选择, 1995. vol.5；转引自孙立平. 迈向对市场转型实践过程的分析, 2000：7.

助学贷款本金的投入部分[86]，这一设想尽管有许多合理之处却仍然止于设想的状态，主要是因为资助体系结构上的变化对旧结构触动过多，决策精英会感觉风险较大。从一定意义上讲，既然基于一定共通模式下的各种局部改革都依靠这种"中国经验"取得了成功，并因此在长时期的各种局部摸索经验积淀中形成了一种社会的共同经验记忆，决策精英领袖模仿、遵循这一成功准则而进行决策总不会导致太大的风险，这也是决策精英领袖在面对多重复杂、相互冲突的环境压力而政策不确定性又较显著的情形下，所本能采取的一种对其他成功模式的象征性模仿，也是决策精英领袖在注意力短缺压力下的自然适应。

四、中层离散权威在决策精英领袖约束框架下的组织决策

尽管，在国家助学贷款政策议程案例中，决策精英领袖表现出非常强烈的主导作用，但外层决策精英的话语声也并非完全处于静默中。当代中国研究在"政治精英推动社会制度变迁"方面曾提出过一些经验研究和相应的概念化成果，主要有以下三种模式："全能主义"（totalitarianism）决策模式、"权力斗争模式"（elite struggle model）和"离散型权威主义"决策模式（fragmented authoritarianism model）[87]。而国家助学贷款政策案例中所体现出来的决策过程则与上述三种看法都有所出入。

首先，决策精英并非总是一个强不可挡、坚实一致的群体，它内部存在分割的权威，在涉及利益再分配时会从内部开始遭遇阻力；其次，这种决策精英群体的分化绝非意识形态的分歧和争夺，在面对根本性意识形态问题时，分割的权威会产生一致的对外口径；再次，分割的外层决策精英群体尽管存在利益的差异和话语空间的争夺，但这种分割、争夺和妥协并非西方"利益集团"意义上的无限制斗争，由于外层决策精英群体与决策精英领袖存在很强的行政管辖关系，行政成绩考核和官员的人事任免体系决定了外层决策精英群体的话语争夺必然在一定程度上受到精英领袖所设定框架的约束。更值得注意的是，精英领袖对外层决策精英群体进行利益、话语争夺的约束是一个变化的空间，约束空间是可生成、可扩大的，在此，权力并不是固定的

86 徐孝民. 高校收费和学生资助政策改进的设想[A]. 杨周复编. 高等学校学生资助政策研究[C]. 北京：高等教育出版社，2003:310.

87 三种模式的解释详见第一章，参见邓正来. 市民社会与国家知识治理制度的重构[A]. 市民社会理论的研究[C]. 北京：中国政法大学出版社，2002：253.

被占有物，它是可以被经营、增殖、可以在互动的过程中再生产出来的，受
具体政策议题相关的精英领袖强硬程度、外层决策精英群体谈判力及特定社
会情境的影响，不同政策议题下决策精英领袖对于外层决策精英话语分割及
争夺的约束空间大小是不同的。

国家助学贷款政策是一个组织决策而非个人决策，这就意味着：第一，
它是一个多人之间相互作用的过程；第二，它是在一个稳定的组织结构、组
织制度中运行的，因此组织的规章制度起到很大作用，组织规章决定了哪些
人可以参加决策过程，在什么阶段参加决策，什么样的信息可以进入决策，
决策过程的注意力分配和进程等等；第三，在组织决策过程中，"解释"扮
演了一个重要角色，组织决策中面临的信息往往是多重、模糊、不一致的，
不一致的信息需要解释，同一信息也可能有不同解释，不同的解释常常会达
到不同的结果，而经验在"解释"中起到了重要作用；第四，利益起到重要
作用，尤其在决策影响了资源的分配和不同组织的利益时，部门利益、派别
利益的分量可能会凸现[88]。因此，面对决策精英领袖的强力制约，为了不过多
让部门自身的利益受损，外层决策精英群体总是会策略性地利用、诠释信息，
尽可能地找寻凸现自己话语的时机，以尽量争取自己的权力空间。

表 2-6 列出了国家助学贷款议题生命周期中前五个分期中有关批示、议
案、提案、批评建议的话语框架分布[89]，可以从侧面看到外层决策精英是如何
通过让特定信息在特定时间更多进入决策精英领袖视野并最后影响到决策内
容。

表 2-6　不同议题生命分期中批示话语框架分布的时序变化[90]

潜伏／临近期 96.1-99.4		试验／启动期 99.5-99.12		流传／扩大期 00.1-00.7		关键期 00.8-01.6		矛盾渐缓期 01.7-02.12	
收费配套	3	尽快落实	4	尽快落实	2	防范金融风险	7	尽快落实	5
资助体系	3	收费配套	2	资助体系	2	降低门槛	6	防范金融风险	4
完善制度	3	资助体系	2	收费配套	1	加大宣传	4	加大宣传	4

88　周雪光. 组织社会学二十讲[M]. 北京：社会科学文献出版社，2003：291-293.

89　由于作者获得的流转公文祇截至 2002 年底，所以此處缺乏對議題入眠期进行话语
互動描述的素材。

90　由于一篇公文可能涉及多种话语框架，因此框架个数要大于公文份数。

高校稳定	1	完善制度	1	高校稳定	1	收费配套	1	降低门槛	4
		加强调研	1	防范金融风险	1	尽快落实	1	加强调研	2
		加大宣传	1	加大宣传	1	贴息落实	1	资助体系	1
		处理旧政策	1			加强调研	1		
公文总数	10	公文总数	12	公文总数	5	公文总数	18	公文总数	15

尝试就表内的话语框架变化过程进行分析，得出以下几点结论：

A. 在议题潜伏／临近期中，收费配套和建立资助体系的话语框架出现频次最高，这体现了决策精英群体对于国家助学贷款政策出台价值或者说政策目标的诠释角度，主要是为了建立收费改革制度的配套体系；

B. 试验／启动期、流传／扩大期中最突出的话语框架是时间，要求"尽快落实"，这个声音的发出者主要是决策精英领袖，此时，时间速度成为效用最高的目标，政策风险因此被放在次之的位置上，这也再次提供了决策精英领袖以国家助学贷款塑造政治象征的依据；

C. "防范金融风险"这个对政策代价至关重要的要素直到流传／扩大期才悄悄地显出端倪，并在接下来的关键期中凸现为最具显著度的话语框架，金融部门在外层决策精英群体中的代表通过官方的信息简报渠道，策略性地利用来自公共媒介的报道，有效向决策精英领袖传达了当时各地银行对于国家助学贷款风险高担忧的意见，并表明要么会由于这种风险担忧的存在而直接导致助学贷款推而不前，要么就会增加国有商业银行的金融风险。再继续联系一下，此时，严格控制、尽量降低国有商业银行不良资产率恰恰是决策精英领袖同样给予强烈关注的另一方面问题。尽管从份额上讲，国家助学贷款在国有商业银行的信贷业务中只是相当微不足道的部分[91]，但利用这一话语框架却对决策精英领袖有着权重较大的影响力，事实上，在助学贷款议题发展到中后期，可以看到决策精英领袖不断提醒银行要建立防范金融风险的措施和制度，并且开始在政策文本中出现体现这一话语取向的条款。在关键期占据较多注意力空间的另一话语框架是"降低门槛"，这一声音的推崇者主要是决策精英领袖，教育系统在外层决策精英中的代表也策略性地利用来自公众媒体及内部调查报告的信息向精英领袖传达了"学生认为不愿贷款的原因是贷款门槛过高"的声音，使得希望国家助学贷款能产生更明显效果的决

---

91 该判断来自 2002 年对工商总行个人信贷部相关人员的访谈。

策精英领袖向金融部门施加压力，要求其限期完善制度，尽量降低国家助学贷款的门槛，以尽量加快、纵深解决高校经济困难学生及高等教育入学机会公平问题。

五、精英领袖主导助学贷款政策议题的社会情境因素

正如上文所述，在高校收费政策出台的酝酿期，出于必须保证国家适度义理性（Legitimacy）的考虑，作为决策精英领袖的中央政府已经把"助学贷款"作为一个配套的政策整体进行考虑。而从某种程度而言，国家助学贷款政策的议题，与其说是因独立主旨而在政府偏好次序中占据上风，还不如说其出台更多是作为了高校收费政策的"副产品"，其最主要的目的是保证在不引致太大社会不稳定因素的情况下实现高等教育收费制度的平稳过渡。无论高校收费政策具有怎样充分的学理依据，但其出台无疑会给长期适应免费高等教育的公众带来震动，而国家助学贷款政策的出台则客观上在一定时期内转移了公众对于高校收费政策所带来负面效应的抵触情绪，也转移了媒介对于"高校收费政策"的注意力。

如果说国家助学贷款政策议题被提上国家政策议程，其对政府的效用是增加贫困阶层的政治支持和统治的"合法性"，那么这一效用并非所有时期都处于显著位置，是由于1999前后大的社会氛围变化而被凸现出来的。袁连生等在分析"中国贫困儿童入学资助制度历时18年尚未完善"这一现象时指出：建立面向贫困人口的资助制度，从总体上（至少从功利主义效用观点看）是一种增进社会福利的制度创新，但在很长时期内对政府的效用却不高。因为在中国现行的政治结构中，贫困阶层的政治支持价值不大，尤其这些制度的受益者主要是分散的贫困阶层，不易集结形成政治不稳定，因此他们的政治支持效用很低。至于政治"合法性"，因为目前统治者还没有竞争对手，其效用也不大[92]。国家助学贷款政策也是类似以贫困阶层为主要受益群体的政策，按照一般理论分析，其对政府的效用也并不高。那社会大氛围的变化是如何增加了"国家助学贷款政策"在政府效用偏好中的分量，从而使中央成为这一政策的有力推动者呢？可以借助中国居民关注国内社会热点问题的调查（如表2-7）及领导干部关注重心的调查来进行粗略的分析。

---

92 袁连生，封北麟，王磊等. 中国义务教育贫困儿童资助制度研究[R]. 天则经济研究所第四期政府体制改革最终报告，2003.

表2-7 关于中国居民对于国内社会热点问题的调查

序号	1995年 5城市	1996年 4城市	1997年 10城市	1998年 11城市	1999年 11城市	2000年 10城市	2001年 10城市
1	社会治安	社会治安	失业下岗	失业下岗	廉政建设	环境保护	下岗就业
2	通货膨胀	社会保障	国企状况	廉政建设	失业下岗	失业下岗	环境保护
3	廉政建设	廉政建设	廉政建设	国企改革	社会治安	子女教育	社会保障
4	子女教育	通货膨胀	环保问题	社会治安	养老问题	社会治安	经济增长
5	住房改革	住房改革	社会治安	环保问题	住房改革	廉政建设	住房改革
6	社会保障	失业下岗	社会保障	养老问题	环保问题	经济增长	廉政建设
7	港澳问题	子女教育	通货膨胀	通货膨胀	通货膨胀	养老问题	社会治安

信息来源：指标网与零点调查《2001年零点生活指数报告——市民篇》；转引自北京国家城市发展研究院编. 中国数字白皮书[C]. 中国时代经济出版社，2003：271-272.）

　　"中国社会形势分析与预测"课题组曾就 2000-2002 部分地厅级以上干部对影响改革顺利推进因素的看法进行调查，结果显示"保持社会稳定"是领导干部的首要关注点，而且其支持率远远高过其他因素[93]。这些可以粗略地看出，在 1990 年代中期以后，国企改革、失业下岗、福利制度等经济领域迈向市场化的改革已经引起了公众心理的强烈震动，高校收费制度出台只是在中国社会整体市场化进程中反映于教育界的一个关键点。这种全面性改革必然伴随公众心理的巨大调整，若处理不当就容易引发社会不稳定，从而阻碍改革的顺利推进。因此，决策精英总体上形成了"积极推行改革，但以保持社会稳定为底线保障"的政策决策逻辑，这使得对弱势人群处境的考虑在政府偏好中的效用增加。另一方面，尽管公众对于子女教育问题的关注程度大大低于对失业下岗、国企改革、社会保障等问题的关注，公众也更可能因为非教育问题而出现罢工、罢市或游行示威等危及社会稳定的现象，但高校收费制度在 1990 年代中后期的大力推行无疑会对已处于振荡中的公众心理起到推波助澜的作用，所以尽管单独一个高校收费制度对于整体社会稳定的冲击力是有限的，但叠加于由于经济领域改革所导致的公众心理震动之上，则不

---

93 见中国市场经济报，2001 年 12 月 27 日；转引自北京国家城市发展研究院编. 中国数字白皮书[C]. 中国时代经济出版社，2003：273.

得不引起政府的大力关注，并且从一开始就设计了保障其平稳推行的配套政策，国家助学贷款政策议题正是这一考虑之下的"副产品"。1990 年代中后期，中国的社会经济环境也发生了一些积极的变化。中国加入《经济、社会和文化权利国际公约》等国际公约[94]，签署《世界全民教育宣言》等国际文件[95]，中国政府向全世界作出了保护公民教育机会均等的承诺。政治控制的放松，舆论的相对宽松，城市贫困的急剧扩大，使弱势人群的处境受到更多的关注，社会公平的价值正在重估。这些变化，使中央政府的效用函数发生了一些改变，政治支持、"义理性"的效用在增大[96]。这些因素的相互契合，才导致了国家助学贷款在政策议程中优先次序的大大提升，并最终在 1999 年出台。

第四节　本章小结

　　作为本章案例的中国国家助学贷款政策可以作为一个客户政治法案的代表，但对媒介这个符号源对改革开放后各项重大高等教育政策议题报道的情况看，"助学贷款"的相关报道率远远高于其他政策法规，这并不符合理论根据组织成本与媒体效应角度分析而作出的关于媒体对政策议题报道取舍逻辑的预测。这显示，媒介确实在此设定了"助学贷款"这项政策议题的显著性。是什么力量促使媒介特别着重"助学贷款"这项政策议题，甚至排挤了其它重要的政策议题？这隐约透露着特定议程设定者的着墨痕迹。

　　因此本章回到议题演化的时间序列，引用"议题生命周期"的概念，试图还原国家助学贷款政策的发展过程，并且对媒介及内部档案公文进行内容分析和脉络对比，由此探讨：谁可能是国家助学贷款政策议题的设置者和建构者？他们在整个议题演化过程中分别起到了什么作用？彼此的角色如何随着议题的演化而变化？国家助学贷款政策议题四易其稿，总体体现出一个逐步放松、逐步扩大范围、逐步从商业性贷款设计到政策性贷款设计思路的转变。这后面隐含的正是议题（"某个特定现象＋对现象因果关系的理解＋对解决方案的设想"的有机整体）重点的逐渐转移。这种议题内涵的转换过程

---

94 中国于 1997 年 10 月 27 日签署了《经济、社会和文化权利国际公约》。

95 中国于 1993 年签署《新德里全民教育宣言》。

96 袁连生，封北麟，王磊，李枚玉. 中国义务教育贫困儿童资助制度研究[R]. 天则经济研究所第四期政府体制改革最终报告，2003.

中体现出不同行动者话语相对力量的消长。媒介内容分析的结果表明：并不存在由"高校收费"和"高校贫困生"问题的公开讨论引发"助学贷款"讨论的证据；恰恰是由于国家助学贷款政策文本的发布，使关于高校收费所引发负面效应问题的讨论从零散、游离、私人化的状态转向了大规模的公开表达。这意味着，即使在国家助学贷款政策出台前，高校贫困生话题曾被大众所讨论，但由于行政层级体系仍是社会上下层信息沟通的主要途径，因而这种讨论往往被私人化、离散化，即使能进入决策精英视野也相当偶然、随意，贫困生话语触发政策议程的主要途径并不是通过外部输入／创始的。而接下来的问题就是：进行议程创始的内部群体是谁？该群体出于什么主旨而提出动议？

可以通过考察国家助学贷款议题潜伏／临近期及之前时间内决策精英领袖作出回应和批示的公文文本，来分析究竟是什么内部群体在创始议程中起作用。图 2-3 呈现了本章的主要论述问题及分析结论的逻辑关系：

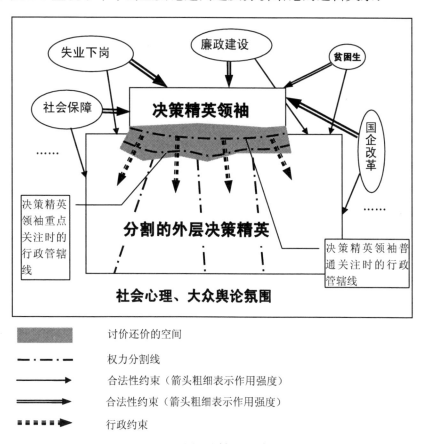

图 2-3　国家助学贷款政策议程创始的作用机制

在中国这样的威权社会中，尽管决策精英群体在与大众区分的意义上可作为价值一致的群体，但其内部实际也存在着分割和争执。决策精英本身可视为这样的分化结构：最核心是决策精英领袖群体，代表着党政的最高领导层；再外一圈才是若干存在利益分割的外层决策精英群体；中国的大众群体内部实际也是分层的，尽管人大代表、政协委员或者外层决策精英的基层隶属组织属于人民大众的一部分，但其却是大众最接近决策精英群体的部分，在此称之为"内部大众"，与普通高校贫困生及家庭所属的"外部大众"相区别。正是决策精英内部在财政压力下所发生的"甩包袱—退包袱"矛盾才直接触动了决策精英领袖寻找新解决方案和新制度创新的动议。

一般而言，追求部门利益、遵从决策精英领袖意志是影响外层决策精英行为的两大主要效用，而政治合法性则对决策精英领袖有着更优先的效用次序。正是在中国市场化改革的特殊转轨时期，出于保证国家适度合法性的考虑，作为决策精英领袖的中央政府早在高校收费政策出台的酝酿期就把"助学贷款"作为一个配套的政策整体进行考虑，因此从某种程度而言，国家助学贷款政策议题更多是作为了高校收费政策的"副产品"，其最主要的目的是保证在不引致太大社会不稳定因素的情况下实现高等教育收费制度的平稳过渡。同时，内部大众也在此时提出了政策诉求。但是，进行创新的紧迫性到底有多强、在何种程度上可以进行创新等问题，在决策精英群体那里仍充满了不确定性和模糊性。因此，包括决策精英领袖在内的决策精英群体自上而下地主动策划、实施了多个相关调查和信息搜集工作。"内部调查报告"、"内部信息简报"等类似文本也因此成为中国决策精英群体获取信息的一个"特色渠道"。因此，使国家助学贷款政策议题提上正式议程的内部启动因素是：决策精英群体内部分化力量的推动、契合及内部大众的输入。而无论是前者借助科层结构的上下信息沟通渠道，决策精英主动策划的调查研究还是后者由参政议政正规渠道所赋予的发言机会，其信息通道都是被正式规章制度所规定、所提供的。草根声音借助大众媒体扩大影响并未在政策议程的设定中起到显著作用。

图 2-3 还集中显示出国家助学贷款政策议题演进过程的实质，它是中层离散权威在决策精英领袖约束框架下的一种组织决策。在这一话语力量博弈、演化的过程中，核心的直接较量主要发生于精英领袖和以金融系统为主的外层决策精英之间。在精英领袖没有采取密度较大的强制力推动时，银行系统

的反对或者消极对待都会造成助学贷款政策的搁浅和内涵改变。1999 年出台的国家助学贷款政策之所以能实现"商业银行＋政策优惠"的运作，与作为决策精英领袖的中央政府投以强烈关注和大力推动密不可分。在决策精英领袖对某一政治目标表现出强烈偏好时，这一政治目标就会压倒各个外层决策精英群体的部门利益目标，决策精英领袖就会借助行政科层权力对外层决策精英群体的局部权威进行约束、管制，资源分配中离散化的权威会在决策精英领袖的强力主导下出现暂时的互相妥协和聚合。社会环境所构成的合法性约束通过对决策精英领袖的强力影响，并借助行政体系的行政强制力而间接传递、形成为外层决策精英的行为约束。

总体而言，在组织决策过程中，外层决策精英群体尽管存在利益的差异和话语空间的争夺，尤其是处于市场逻辑和行政逻辑双重制约下的"国有商业银行"等部门更具有不同于行政强制体系的话语倾向；然而，由于外层决策精英群体与决策精英领袖仍存在很强的行政管辖关系，行政成绩考核和官员的人事任免体系决定了外层决策精英群体的话语争夺必然在一定程度上受到精英领袖所设定框架的约束。更值得注意的是，精英领袖约束外层决策精英群体进行利益、话语争夺的空间是变化的，约束空间是可生成、可扩大的，受具体政策议题的性质、议题相关的精英领袖强硬程度、外层决策精英群体谈判力及特定社会情境等因素的影响

第三章　精英动议的议程动员与符号源的自主性:国家助学贷款政策案例(二)

尽管第二章的讨论表明:国家助学贷款政策的议程过程主要依靠的是决策精英领袖内部启动／创始的方式,但这主要是从议题最初在决策精英领袖的注意力空间中占据一席之地的角度而言的,也就是对议题生命周期初始阶段的概括;然而,大众声音及其作为信息渠道的大众媒介,在议题生命周期的其他阶段内是否一直处于无为状态?决策精英领袖和不同的外层决策精英是否会因需策略性利用"公共舆论"而从客观上改变大众媒介的作用空间?

我们必须注意,提升一个议题在议程上的位置以达成政策变迁并不总是被政治精英所抵触。精英阶层与公众对于各种问题的认知差异,可能会成为一种压力的来源,会导致"精英阶层试图通过直接干预事件或控制媒介渠道来操纵受众的感知"[1]。科布(Cobb)和爱德(Elder)曾论述:政治精英寻求变革时,也会尽力动员公众,获得大面积支持,使问题在议程上进一步推进。这种努力要么是扩展现有政策垄断的范围(ambit),要么是某些政治精英(如国家最高领导)要规避由利益团体、官僚机器和下属委员会(就是传统的铁三角模型)的政策垄断。国家最高领导或者其他政策关键行动者可以通过参观一场灾难和事故的现场并因此赋予该事件更大的象征权重而提高这个事件的集聚力量[2]。

1　丹尼斯·麦奎尔等. 大众传播模式论[M]. 祝建华等译. 上海译文出版社, 1987: 36.

2　Birkland Thomas A. An introduction to the policy process : theories, concepts, and

由于决策精英领袖和外层决策精英之间可能存在分割甚至对立的利益，不同政策行动者对政策目标的诠释和预期都可能存在差异，因而决策精英领袖如果企图克服外层决策精英因部门利益而制造的阻力，就可能需要策略性地越过外层决策精英群体，在更外层的大众群体中扩大议题兴趣所波及的影响面，更重要的是根据自己的政治需求在大众中强化一个议题的某种特定阐释方式，即影响了公众议程对该议题的诠释，从而反过来对抗外层决策精英中对该议题所发出的不同声音，与来自行政控制力的直接约束共同作用于外层决策精英，以更顺利地推行自己的政治理想。同时，这种在外层大众群体里制造舆论、寻求共识的方式，对于决策精英领袖树立政治形象、增强自身义理性也是关键的，尤其是在政策效果不确定性较强、见效时间较长的情况下，更需要以宣称和制造象征性事件的方式来表明"政策积极推动的进程"，因为"有时里程碑式的事件可能仅仅是政策变迁的象征"[3]。

关于议程设置的理论曾划分了"议题动员"的理想类型，一种涉及正面的偏向意见（高关注、正面口吻），被称为"Downsian 动员"（后简称 D 动员），其含义是引发关于某一议题的积极的兴趣热潮，以使其提上议程；另一种涉及负面的偏向意见（高关注、负面口吻），这被称为"Schattschneider 动员"（后简称 S 动员），增加对一个议题的负面关注将导致制度对其的支持下降，制度对于该议题的支持下降将使议题越来越远地远离议程进入机会。一个议题要成为一个"达成统一意见的问题"（valence issue），只有通过动员来实现。议题可以在具有联合利益（consensual interest）的团体环境中出现。在利益团体内部，议题将可能保持正面的口吻但处于低关注状态。新政策的支持者必须在原利益团体的范围之外扩大对议题的兴趣，把议题扩大到更广的群体中去，这种围绕一个议题的利益扩展就是 D 动员。如果事情恰恰相反，议题在利益团体内遇到了激烈的冲突，围绕某议题的冲突打破或者改变了某一议题所需的制度，这称之为 S 动员[4, 5]。在下面的分析中，我们将看到国家

models of public policy making[M]. Armonk, N.Y.：M.E. Sharpe，2001：121.

3　Baumgartner Frank R., Bryan D. Jones. Agenda and Instability in American Politics[M]. Chicago: University of Chicago Press,1993：23.

4　Birkland Thomas A. An introduction to the policy process : theories, concepts, and models of public policy making[M]. Armonk, N.Y.：M.E. Sharpe，2001：114-115.

5　Kurtt Sharon Bresson. A Study of an Agenda Setting Model as Applied to the Passage of the National Defense Education Act of 1958[D]. Ph.D. dissertation of the University of Iowa，1999：69-70.

助学贷款议题演化过程中主要涉及的是 D 动员，而 D 动员的主要功能并不在于最初阶段使议题吸引决策精英领袖关注从而提上议程，却在于沿着决策精英领袖所建立的政治目标方向延续议题、并强化相关群体对该议题的理解与认同。

第一节　媒介作为意义扩散及议程巩固的工具：精英动议的社会 Downsian 动员

可以就国家助学贷款政策议题演化生命周期中各个阶段的政策关注强度和媒介关注强度进行比较。其中政策关注强度以该阶段内的批示、提议案及出台政策的总数作为度量，这里基于的假定是决策精英越关注某议题，其公文流转活动就会越频繁；媒介的关注强度则以各阶段平均每月的相关报道频次作为度量，所基于的假定也是大众媒介越关注一个议题，其报道量会相应增加。

有关政策议程与媒介议程是否吻合的问题，大致可从两个指标上来考察：一是分析长期媒介关注强度变化与政策关注强度变迁间的"同向性"（congruence）；二是分析单一时间点上媒介关注与政策关注的"一致性"（consistency）。同向性研究与一致性研究各有其优点与限制。同向性研究由于需要掌握媒介议程变化与政策议程变迁的时间序列数据，将媒介与政策的时间因素纳入考虑，因此在推论因果关系时将更具信心。但同向性研究对数据的要求比较苛刻，有数据可得性的限制。此外，如果从一段时间内观察不出媒介关注程度的变化，也无从判断媒介与政策是否同向。反之，一致性研究在资料取得上较为容易，但媒介与政策一致时，研究者仍无法确认媒介关注与政策议题间的因果关系。也就是说，当政策关注强度与媒介关注强度一致时，未必一定是媒介引导政策走向，反而有可能是政策改变媒介趋势[6]。

本研究同时获得了决策精英关注强度及媒介关注强度在各个议题生命分期中的时序数据，并且还挖掘出了公文批示中若干的侧面支持依据，因此得以主要从"同向性"角度分析国家助学贷款政策过程中政策议程和媒介议程的关系。

6　此处参考的分类论述有关共政策与多数民众偏好是否吻合问题，即对政策议程和公众议程关系的探讨方式，作者认为亦可以对分析政策议程和媒介议程关系起到启发作用，参见余致力. 民意与公共政策----理论探讨与实证研究[M]，台北：五南，2002：73.

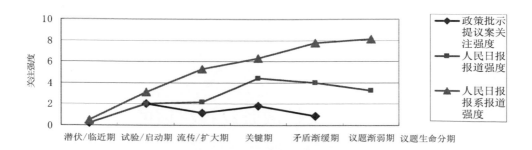

图 3-1　政策议程和媒介议程的时序关系图

从图 3-1 可看到《人民日报》媒介议程与政策议程具有很好的一致性，两条脉络在各议题分期的包络基本同形：在潜伏／临近期较低，后逐渐上升，到试验／启动期到达一个小高潮，到流传／扩大期关注强度又逐步降低，之后关注强度反弹，到关键期到达峰值，并在其后的矛盾渐缓期中又逐步减少了关注度。《人民日报》对助学贷款从不关注到关注，这很可能暗示了决策精英对其的主导作用。

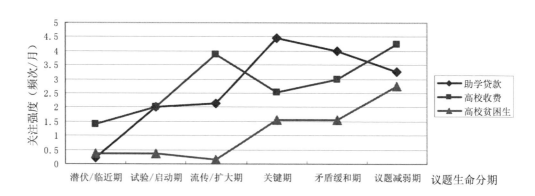

图 3-2　人民日报对不同主题的关注强度对比时序图

再从"同向性"的分析来看（如图 3-2），发现：对《人民日报》媒介议程而言，助学贷款的话题并不是由专家认为的"高校贫困生问题"的强烈反映而引发的，相反《人民日报》对高校贫困生问题的关注强度高峰是受助学贷款关注趋势牵引的，这表明极可能是政策议程改变了媒介议程的演化趋势。在信息有限的情况下，政治精英人物极有可能掌握发言权，试图在制定政策过程中，透过各种渠道尤其是其掌握的公共舆论工具——大众媒介来教育民众哪些政策是有利的，哪些政策方案是应该关注的。学者 Cook 所提出的

"新闻性的磋商"过程（the negotiation of newsworthiness）说明的正是这样一种互动关系[7]。从大众媒介与政治人物的互动关系上来看，媒介握有可供政治精英人物传达、强化、引导公众视听的"通路"，更可使他们在最短的时间内直接"接近"最多的大众；而政治精英人物则握有启动（或制造）新闻事件的能力，可供媒体在商业竞争环境当中，寻找新闻事件藉以吸引读者受众。这种持续性的互动关系，使得政治人物与大众媒介在这个过程中，对把议题推上或排下公共讨论分别拥有自己的一部分资源，掌握"谁控制议程、讨论什么议题、议题对话方式、时机与内容"等攸关议程设定的重要权力[8]。

是决策精英尤其是决策精英领袖动议、启动了《人民日报》媒介议程，这一因果论断还可以从决策精英领袖的内部批示中获得侧面的辅助依据。

2000 年 8 月 26 日，中央、国务院几位领导联合对人行、教育部、财政部《关于请转发〈关于开展国家助学贷款业务管理的补充意见〉的请示》进行批示，强调："关于"助学贷款"的两个文件一经领导批准后，请秘书三局即办三件事：一、立即传人民银行、教育部、财政部，请他们以最快的速度（如明传电报）按系统向各地转发，并要求各地传达到有关学校、经办银行；二、国办转发的文件，除按常规向各地、各有关单位印发外，先立即以明传电报形式发各地、各有关单位（范围酌定）；三、两个文件同时送，请新华社 8 月 27 日发通稿（要求各地报纸广为刊登）；当晚中央电视台、广播电视台"新闻联播"播发；8 月 28 日《人民日报》及各大报见报"[9]。上述批示的时间大约处于议题关键期的开端，这一定程度上提示了决策精英的行政命令是关键期大众媒介关注度显著上升的重要原因。

2001 年 7 月 20 日，国务院及有关部门领导在《国家助学贷款工作简报》（第 2 期）上批示："要加大宣传力度（人民日报、新华社、中央电视台等）……必要时作一综合报导，以广晓民众。要连续抓几年才能形成机制；

7　Cook T. E. Governing with the News：The News Media as a Political Institution[M].
　　Chicago: University of Chicago Press of Kansas，1998.

8　蔡炯青，黄琼仪. 公共政策议题的议程设定研究——以"台北市垃圾费随袋征
　　收"政策为例[R]. 台北：中华传播学会年会，2002.6.：2.

9　全国助学贷款部际协调小组，全国学生贷款管理中心. 中央、国务院和有关部门
　　领导同志对国家助学贷款工作的重要批示（1998.1-2002.3）[C]，2002.4.

请教育部财务司抓紧研究：立即以答记者问形式，将有关资助困难学生的全部内容（突出贷款）包括操作办法、办理程序、成绩与问题、政府要求，全部见报。另安排一次广播电台采访"[10]。2001 年 9 月 13 日，国务院及有关部门领导在教育部《关于助学贷款宣传工作情况报告》上批示："再接再厉，一定要把这项工作做好"，"宣传工作做得比较充分"。 2002 年 1 月 28 日，国务院领导在《教育部办公厅关于 2001 年国家助学贷款工作进展情况报告》上批示，希望检查、督促各高校做好审核、把关、教育宣传工作。2002 年 3 月 12 日，国务院领导再次对"武汉地区高校国家助学贷款发放难"一文批示，建议教育部对全国助学贷款工作电视电话会议后就各地贯彻情况，挑选出一些认识好、行动好的典型，在媒体上介绍一下，以此增强国家助学贷款工作的推进力度，以免实施仍然停留在会议以前的状况[11]。这些批示和评价大致都发生于议题矛盾渐缓期的初中段，可看出"宣传动员"是这一时期由决策精英所提的行政任务的一个组成部分，表 2-6 也显示过"加大宣传"是关键期和矛盾渐缓期中决策精英群体比较强调的一个话语框架，这说明决策精英对媒体的行政控制很可能是引致议题矛盾渐缓期大众媒介关注强度较高的原因。

再进一步观察议题入眠期中《人民日报》媒介议程的变化反应。前面在议题生命周期最末阶段的探讨中，分析过决策精英群体尤其是决策精英领袖的关注点在入眠期开始出现转移的趋势，图 3-3 正好显示出《人民日报》在议题入眠期中对助学贷款的关注强度处于下降趋势，而对于教育乱收费的关注强度却大幅度上升，也就是说决策精英对议题的转向导致了媒介议题关注重点的转向。而且如前所述，尽管决策精英对于中小学及大学中的经济困难学生一直都有所关注，但由于注意力空间总是有限的，在不同的时期内，决策精英对这两部分群体的关注在一定程度上是相互替代的，这在媒介议程中也有所体现。如图 3-4 所示，国家助学贷款是基于解决高校经济困难学生问题而建立的，在媒介对其最关注的关键期和矛盾渐缓期中，《人民日报》对贫困大学生的关注都要相对高于对贫困中小学生的

10 全国助学贷款部际协调小组，全国学生贷款管理中心. 中央、国务院和有关部门领导同志对国家助学贷款工作的重要批示（1998.1-2002.3）[C]，2002.4.

11 全国助学贷款部际协调小组，全国学生贷款管理中心. 中央、国务院和有关部门领导同志对国家助学贷款工作的重要批示（1998.1-2002.3）[C]，2002.4.

关注，而一进入议题入眠期，《人民日报》对于贫困中小学生的关注则急速
上升。有趣的是，在国家助学贷款议题的关键期和矛盾渐缓期，《人民日报》
中不严格区分大学生和中小学生的报道频次也是相对最高的，这可能是因
为界定模糊可以会把中小学方面工作的优势带入，然而，尽管在政策论辩
中缺乏清晰的区分，但这段时期内问题解决方案所强调的仅仅是高等教育
机构的需求，很可能是因为当时正处于高等教育扩招的初期，正是解决高
等教育机构中经济困难学生的需求关键时期。

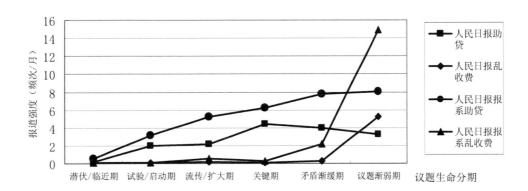

图 3-3　人民日报报系、人民日报对不同议题的报道强度时序对比图

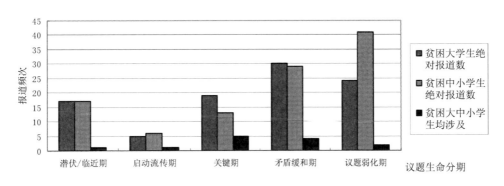

图 3-4　人民日报对不同贫困生群体的报道对比时序图

上述分析都从各个侧面提供证据，推导出这样一个结论：在国家助学贷
款政策议题的演化过程中，议题最重要的肇始者和推动力是"国家"[12]，总体

---

[12] 杨亚辉指出：虽然在现代较为完善的斯坦福等学生贷款中，已经很难看到直接的
　　国家控制的影子，更多的凸现出平等的社会价值，但是，国家出于控制高等教育
　　的需要而实施学生贷款，从历史发展的脉络来看，却是学生贷款最初肇始的重要
　　原因和推动力。杨还指出这一主张在其所阅的有关学生贷款的中英文研究文献中

而言是政策议程动议、推动了媒介议程的变迁，决策精英群体是最重要的媒介议程设置者；决策精英群体启动媒介议程的目的在于试图影响大众的关注偏向，即试图以大众媒介为手段、以制造公共舆论为方法，在一定程度上实现对公众议程的影响。

第二节 符号资源在精英动员之外的有约束的自主性：议程巩固的隐性反作用力

在图 3-3 中，还应该注意到这样一个有意思的现象：在国家助学贷款议题进入入眠期后，《人民日报》对于国家助学贷款的关注强度随着决策精英关注度的降低而降低，但人民日报报系对该议题的关注却进一步上升；在议题的流传／扩大期、关键期中，"人民日报报系"的媒介议程也与政策议程存在诸多不同趋势，其走势也不完全与《人民日报》媒介议程的趋向相似。这提示我们：大众媒介也很可能不是一个意见一致的整体，其内部同决策精英层、大众层一样都存在着分化；尽管国家助学贷款政策议程最重要的肇始者和推动力是"国家"，但是，这一个由决策精英发起、并由政府扮演核心角色的变革，在发展过程中已产生了不同于最初设想方式的新内容。

按照传统观点，从解放到 1978 年前的三十年里，媒介的管理制度与当时中国阶级斗争为纲、坚持完全公有制、实行中央集权的政治和经济相适应，媒介的性质被定义为"党的喉舌、阶级斗争的工具"，媒介作为事业单位和非赢利机构，完全靠政府供给来运作，也严格受党控制和管理。因此，学界普遍认为在中国这样一个威权体制国家里，媒介承担着和民主社会完全不同的功能，由于命令型的媒介体制，媒介一直是完全服务于国家意识形态的。然而，正像许多学者已经关注到的，1980 年代开始尤其是 1990 年代以来，中国媒介开始了市场化改革的步伐，我国媒介制度的结构和功能已开始发生比较显著的变化：1980 年，中央把媒介性质概括为"报纸是党和政府的喉舌，也是人民的喉舌"；1986 年的全国省报总编辑座谈会上，比较全面地提出报纸功能的转变："党报也是舆论的载体，反映民意的机

较少有人提及，故在其论文开篇作为重要的思想源泉和社会背景提出。本书对媒介的内容分析结果支持了杨文这一具有启发性的论点，并认为可以在此问题上进行更多的追问。参见杨亚辉. 高等学校学生贷款发放及其回收机制研究[D]. 北京大学硕士学位论文. 北京大学教育学院，2003：4.

关，信息传播的工具。"同年，国家新闻出版署成立，各省、市、自治区
的新闻出版局相继挂牌，媒介的管理体制由原先党委宣传部"大权独揽"
变为"双渠道、集中、分级"。报纸按级别受中央、地方党委宣传部和新
闻行政部门管理，报纸审批等主要权力仍归中央，各级又分别承担相应的
管理责任；1997 年，国务院发布《出版管理条例》，指出媒介的基本功能要
"实现社会效益与经济效益的最佳结合"。从媒介宏观管理制度上看，尽
管其主导性影响没有弱化，政治新闻和关系到党和国家意识形态统治的新
闻报导仍然受到严格的限制，国家仍然能够很大程度上监控和操纵媒介，
但政治因素的色彩有所淡化；再从媒介的微观运营管理制度上看，市场经
济体制改革成为直接推动力，随着政治因素对媒介影响的适度调整，媒介
自身的经济利益驱动被快速地释放和体现出来。政治命令统治媒介话语的
局面已经逐步过渡为市场动力、政治命令两大基本逻辑并行形塑媒介[13, 14]。
人民日报报系的内部分化正是在中国媒介市场化改革中所凸现新现象的一
个代表。如果再进一步考察人民日报报系的成员构成，其包括：人民日报、
人民日报海外版、环球时报、江南时报、讽刺与幽默、健康时报、华东新
闻、华南新闻、国际金融报、市场报、中国汽车报、京华时报，可以看到
这些报纸成员在政治和市场的二重拉力中分别呈现出不同的偏向。《人民日
报》、《人民日报海外版》等属于受行政控制力影响较大的报纸，在此把这
类媒介称之为"行政化大众媒介"；而人民日报报系中其他类报纸则体现
出相对较多的受市场影响的取向，把这类媒介称为"市场化大众媒介"[15]，
以在这种简化的二分理想概念类型下就分化的大众媒介功能进行更深入分
析。图 3-3 中人民日报报系媒介议程与人民日报媒介议程的差异性，正来

---

13 李艳红. 媒介与当代中国消费者权益话语运动研究[R]. www.CCDC.net.

14 张志安. 试论政经因素媒介管理制度的影响[R]. www.sconline.com.cn ，2002.

15 "行政化大众媒介"和"市场化大众媒介"的概念划分只是在理想类型的层次上
说的，事实上，中国媒介的市场化改革仍具有中国渐进性改革的整体印记，也就
是"保持政治和主流意识形态连续性前提之下进行的改革"（参见孙立平. 迈向
对市场转型实践过程的分析[R]. 北京大学 2002 年社会理论高级研讨班阅读资
料，2002：7.），因此所谓"市场化"也只是在决策精英愿意进行让渡的空间内进
行的，总体而言行政仍有较大的控制力，中国当前的大众媒介都是行政和市场混
合化的产物，只是行政、市场的程度不同而已，"市场化"只是一个相对的概念，
表示可以打擦边球的空间相对大.

源于人民日报报系中"市场化大众媒介"与"行政化媒介"的话语分化，由于行政和市场两种力量对二者的影响不同，中国媒介市场化趋势的推动，使媒介尤其是"市场化大众媒介"把更多注意力转向与普通大众日常生活息息相关的事件，从而使得"市场化大众媒介"中更有机会出现与决策精英群体预期不相符合的声音。

研究选择了三种不同类型的媒介信息库进行比较，一是中国资讯库（china info bank）中文媒体库，其汇集了各级中文媒体信息，可作为中国媒介话语总走向的表现载体；二是人民日报全文检索库，可作为决策精英群体意识形态话语的代表载体；三是中国期刊网的学术期刊全文库，可作为学术界话语的表现载体。同时，本文将按照读者群的不同特点对这三种媒介信息库进一步分类，进行"一般大众媒介"与"学术型媒介"的划分，试图进一步考察学术界与普通大众舆论界对于国家助学贷款政策议题是否具有不同的建构逻辑。在本文所选择的三种媒介资源中，前两种属于一般大众媒介，其面向的读者群比较宽泛，其读者群的阅读习惯也往往随意而散漫；而期刊网学术期刊则主要面对专家学者、有目的寻找政策参考的政策制定者等"有意图的阅读者"。这一概念细分的目的是试图扩展西方语境中"大众媒介"的概念，其扩展意义主要在于这里的"媒介"不仅包括西方意义上的报纸、网络等"大众媒介"，还包括一种特殊类型的"媒介"——专业学术期刊及调查报告，并把下列主张作为待考量的假设：学者、知识分子在国家助学贷款政策的议程设置过程中具有特殊的作用，专业期刊为人文社会科学知识分子提供了切入社会实践领域的契机，并使专业学术媒介可能成为安东尼奥·葛兰西所谓"有机知识分子"的权力行使的途径。

对比人民日报（图 3-6）和中国资讯库（图 3-5）的报道率，发现：人民日报在 2000 年以后对助学贷款话题的关注热度有所降低，但其他媒介的关注程度却进一步得到上升，这说明决策精英群体有意识通过行政化大众媒介渠道，凭借集中、大力宣传以国家助学贷款政策为主要代表的学生资助体系（以人民日报为例），从客观上启动了媒介整体话语对于相关问题的大讨论；当主流媒介话语有所转向时，媒介整体的后期发展并未随着主流媒介的话语转向而转向，而是出现了不受主流媒介话语设计影响的方向逻辑，仍进一步朝着国家助学贷款政策的纵深方向掀起了一场关爱贫困大学生、关爱弱势群体的话语运动。

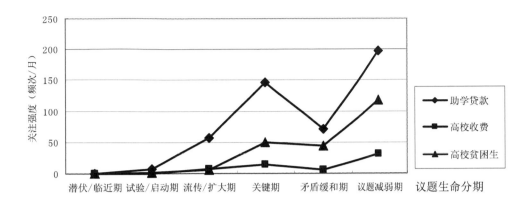

图 3-5　中国资讯库对不同主题的关注强度对比时序图

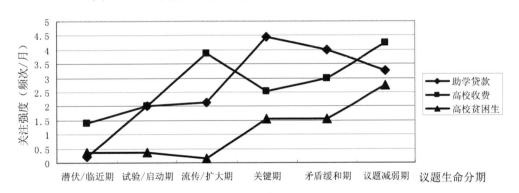

图 3-6　人民日报对不同主题的关注强度对比时序图

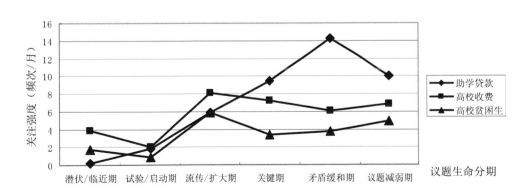

图 3-7　期刊网对不同主题关注强度的对比时序图

从国家助学贷款的相关内部公文中也可以看出大众媒介在决策精英群体
话语框架之外所具有的自主性和自生性，尽管这种自主空间是相当有限的，
受到决策精英群体及组织规章制度的严格控制。

表 3-1 各议题生命分期中影响政策议程的人众媒介报道及决策精英领袖的反应

批示时间	批示人	被批示信息来源	批示主要内容
1997.6.25 潜伏／临近期	教育部领导	《瞭望》新闻周刊 1996 年第 50 期"贷学金的萎缩说明了什么" 《瞭望》新闻周刊 1997 年第 23、24 期"高考，请给我们平等的机会》（中国教育报刊社新闻研究与图书资料室编.教育新闻动态（增刊）	文章许多观点偏颇，主要还是认识问题，请教育部办公厅考虑对招生并轨问题多做一些正面宣传，建议向《瞭望》提供解决高校贫困生措施及国家政策所取得效果的好典型材料，或请其采访作一个专题
2000.10.4 关键期	国务院领导	《国内动态清样》（新华通讯社编）第 2661 期"助学贷款发放顺利但尚需完善"	请人行**及时总结经验，完善制度**，把助学贷款这件事办好
2000.11.1 关键期	国务院领导	《国内动态清样》（新华通讯社编）第 2870 期"上海银行建议完善助学贷款发放回收机制"	**要重视金融风险**，要有规范的法规保证贷款安全。
2000.11.29 关键期	国务院领导	《情况汇编》（人民日报编）第 737 期"大连金融界担心助学贷款难收回"	提醒人行注意要**在帮助贫困生的同时防范助贷风险**
2000.12.27 关键期	国务院领导	国内动态清样（新华通讯社编）第 3115 期"黑龙江省助学贷款落实困难"	敦促人行研究助学贷款落实难问题
2001.3.11 关键期	国务院领导	《情况汇编》（人民日报编）第 87 期"风险防范不容忽视——对上海助学贷款情况的调查"	提醒人行注意总结经验，完善管理办法，**建立风险防范的机制**
2001.5.28 关键期	国务院领导	《情况反映》（文汇报编）第 15 期"国家贴息助学学生还贷意识薄弱"	敦促人行、教育部**既要使助贷顺利开展，又要在机制和法制上有制约机制**
2001.9.8 矛盾渐缓期	国务院及教育部领导	《互联网信息择要》特刊 241 期"风险太高银行不乐意，中国西部大学生申贷前景黯淡"	**明确"时间目标"的重要性**，困难再大，也应研究出一套可行的办法，**助贷方案不宜久拖不决**。同时建议对陕西进行调查

2002.1.23 矛盾渐缓期	国务院及教育部领导	《情况汇编》（人民日报编）（第30期）"急需建立大学生信用制度，陕西高校助学贷款'两头热中间冷'"	催促尽快出台新的助学贷款办法
2002.3.12 矛盾渐缓期	国务院及教育部领导	武汉地区高校"国家助学贷款"发放难	要宣传认识好、行动好的典型；同时一定要认识到资助贫困生相关几项工作的整体性；要提高认识，将其当成当年一项重点工作，全力推动，积极配合
2002.4.12 矛盾渐缓期	教育部领导	《中国青年报》（2002年4月12日第一版）"重庆助学贷款遭遇尴尬"	宣传报道有很大的片面性，不了解工作的整体政策，未抓住宣传重点，不利于推动这项工作。要重新整顿报道，有重点进行正面宣传。

表 3-1 显示，在国家助学贷款议题的关键期，大众媒介主要基于对现实生活个案的调查，提供了大量有关助学贷款信贷风险的信息；同时也在一定程度上向决策精英领袖提供了助学贷款门槛高因而推行难的反馈信息。在议题的矛盾渐缓期，大众媒介则主要向决策精英凸显了助学贷款推行难的问题。事实上，这两个问题是一个硬币的两个面，两个问题的矛盾性也正是使决策精英领袖左右为难的关键所在。大众媒介这个公共舞台，在此型塑了"信贷风险"、"信贷门槛"两大话语框架的象征性协商过程，把金融系统与教育系统处于基层的离散化话语聚合成统一的两个对话方，通过对公共话语空间的占领和分割，把决策精英内部的分化和话语争夺扩大至公开话语场的意义斗争，使得决策精英领袖不得不重视、面对并着手解决因外层决策精英利益分割而带来的各种现实问题，从舆论上促使决策精英领袖对改进国家助学贷款政策的干预不断深入。当然，在此并不打算对决策精英领袖干预涉入的好坏对错进行评价，但这种放大、公开化的话语协商至少从客观上对决策精英构成压力，使之有动力对现行政策不断进行摸索和学习式的修正，在一定程度减少了实质问题被象征解决的机会。同时，大众媒介作为客观"传声筒"的规范式印象，为其刊载的信息提供了"作为客观事实"的天然合法性，外层决策精英群体凭借来自大众媒介的信息向决策精英领袖提供有利于自身的

话语，可以为其争夺话语空间的行为塑造一个合理合法的正当框架，因此外层决策精英群体有让大众媒介声音进入决策精英视野的主动性，也就是说外层决策精英的控制力让渡给予了大众媒介进入决策内圈的更多可能空间。

当然，大众媒介声音进入决策内圈，在为外层决策精英提供策略性使用信息的可能性之外，也同样向决策精英领袖传达了一些外层决策精英并不希望传导的信息。比如，1997 年《瞭望》新闻周刊曾基于对重庆市渝北区的采访而对高校招生并轨提出不同意见，主要观点是："并轨"导致农村学生"读不起大学"，"成了笼罩在农村中学校长和师生们头上的、比'你死我活'的高考更沉重的巨大阴影"；农村中学校长在高考升学率的巨大压力下，又平添了"怎样留住学生"的压力；国家在工业化时使农民受到过分"剥夺"，当年知青下乡是农民又一次为国家背起沉重负担，现在又用"经济手段"（并轨）堵住农村子弟改变命运这条路，显然不公平。尽管教育部认为观点过于偏激，没有反映真实情况，并要求办公厅新闻处采取对策，利用典型加大正面宣传的力度；尽管出于新闻报道的本身逻辑，有可能在一定程度上为强调重点而夸大某方面的信息，但这种对政策风险的夸大至少在客观上促使决策精英关注到事实的不同侧面，对政策风险的预防措施给予重视。尽管这一报道并未直接催生国家助学贷款政策议题的提上议程，但反面性报道在决策精英记忆中留下的痕迹却是深刻的，如果类似事件再出现于精英视野，记忆痕迹就会不断重现和加强，并累积为决策精英提出议题的隐性框架。

教育部领导还对登载于《中国青年报》2002 年 4 月 12 日第一版上的《重庆助学贷款遭遇尴尬》一文曾表示出质疑："今天中午看见这篇报道，心中很不是滋味，感到问题不少：一是报道有很大的片面性；二是作者根本不了解这项工作的整体政策，也没有抓住当前应宣传的重点；三是放在头版头条影响很坏，不利于推动这项工作。请财务司向重庆市教委核实情况。将有关国家助学贷款的文件（包括岚清通知的重要批示、讲话，国办所发文件，至立及其他同志的讲话）分送在京各大报社、中央电视台、广播电台各位领导和联系教育工作的记者（由新闻办分送）。另请新闻办同《中国青年保》总编室沟通情况；近期要召开一次新闻同期会，由我通报有关情况"[16]。并因此在随后的 2002 年 4 月 15 日上午，召集教育部办公厅、财务司、新闻办的负责

---

16 教育部办公厅. 每日简讯（第 67 期）[R]，2002.4.15.

同志，专门就国家助学贷款宣传报道的有关工作进行了研究和部署[17]。外层决策精英对大众媒介报道的反应也从一个侧面反映出：大众媒介确实不仅是决策精英表达的"传声筒"，它还提供了让不同于决策精英群体的声音登台的机会，这就在一定程度上造就了代表大众的社会表达进入话语场域[18]的可能。这种可能性的空间正是媒介出于市场化需要、争取更大经济效益的驱动而加入讨论和舆论构造时产生的，由中央政府所启动的舆论话语逐步在边缘部分滋生出新的话语逻辑塑造，由多样化的媒介形成了具有不同特点的新一阶段的话语塑造运动，一些与原整体话语"不同的声音"由此诞生并逐步形成特定的语义框架，并继而构成了象征意义上的"集体民意"。在国家助学贷款政策议题演化中后期中逐渐扩散开来的这场话语运动，尽管客观上对决策精英构成了背景软约束，但其形成在很大程度上还是媒体市场化改革的一种"非意图结果"（unintended consequences）[19]，话语运动与推动政策变迁的参与者并不必然地对话语走向具有主观的塑造意愿。

就作者所阅读的媒介信息库而言，大众媒介有关国家助学贷款及贫困大学生话题的语义框架中，除了对国家助学贷款政策这一政府行为的正面报导外，还聚焦于贫困大学生"苦难故事"、高校不让任何一个学生因经济困难而辍学的"侠义故事"讲述及质疑国家助学贷款政策实行初期缺乏实质进展的"批判言论"。舆论学认为，一种公众议题的产生，直接来源于外界的信息刺激，外界刺激一旦与公众的价值观念、历史记忆、物质利益、心理因素

17　教育部办公厅. 每日简讯（第 68 期）[R]，2002.4.16.

18　"场域"是布尔迪厄社会学理论的一个关键名词，是布尔迪厄针对当时社会学界方法论上的一元论——即不是过分强调结构、系统等客观性而忽视行动者或个人在本体论意义上的先在性，就是过分强调个人意识、体验等主观性而忽视结构、系统的客观制约性——以及以"方法论上的情境主义"形式出现的对二者的虚假超越而提出的。所谓"场域"就是由附着于某种权力（或资本）形式的各种位置间的一系列客观历史关系所构成，是各种客观力量被调整定型的一个体系（其方式很像磁场），是某种被赋予了特定引力的关系构型，同时也是一个冲突和竞争的空间。根据场域的概念进行思考，就是从"关系"的角度进行思考。此处用语是想强调媒介是各方行动者表达话语交织并相互作用的汇集地，突出的是各种权力冲突、竞争并调整定型的关系性。见侯钧生主编. 西方社会学理论教程[M]. 南开大学出版社，2001：447.

19　"非意图结果"的思想参见吉登斯，安东尼. 社会的构成[M]. 李康、李猛译. 王铭铭校. 三联书店，1998.

发生碰撞，便会激起种种议论或产生多种情绪表现[20]。1990 年代中后期，收入分配差距拉大，社会贫困人群增多，媒介对于"苦难故事"及"侠义故事"的报导正好与公众的"心理期待"相契合，从而充当了舆论导火索。

原本，话语权困乏的贫困生群体仅能以"弃学"、"自杀"[21]等极端的变通方式对权利意愿进行表达，其不具备表达条件、也缺乏主动表达意愿，是媒介社会精英的推动，使他们就制度改革要求作出"实质性表达"。还有部分贫困生基于"讲述自己故事→媒介报道→获得解决方案及所需资源→求学梦想实现"的集体性记忆的推动，更愿意积极配合采访活动。而对这一"关注"属于稀缺资源的群体，媒介的进入成本很低，且易塑造"弱者代言人"的社会形象。在此，批评性和情感式报道的开展，已不仅仅是新闻工作者"监测环境"、"社会良心"理念的实践，在一定程度上还成为媒介吸引受众、扩展市场的有效手段。如果说大众媒介话语的确对决策精英群体有所触动，那这也是大众媒介制度市场化改革的"非意图结果"，其本质来源于大众媒介要获取实际效益这一目的的推动。正如一家媒体所言："加强舆论监督是报纸走向市场的助推器"[22]。媒介借助"关注弱势"这一 1990 年代后在中国社会被不断重述和推崇的公众话语氛围，将私人性的行为转变成具有公共意义的社会行为，游离、分散的言论无意中被媒介整合，塑造成为政府和公众头脑中关于"民意"的集体想象（collective imagination），"集体民意"通过象征的软约束过程影响政府决策。一个完全属于政府行为的"国家助学贷款政策"转变成为了一个存在于公共认知中的、由更多的社会成员共同参与的"关注弱势群体的运动"。而由于教育对社会结构复制、社会纵向流动所具有的特殊含义，更增添了此类故事保障社会健康性的象征社会意涵。

故事热潮又进一步作为素材，成为公开讨论的基础，把那些被赋予了诠释特权的学者专家、决策智囊更多地涉入进来。把图 3-7 与图 3-5、图 3-6 进行对比，学术媒介讨论高峰相对大众媒介的滞后特点，可从侧面支持这一推

---

20 彭远方. 典型报道的"议程"——刘文功典型报道的"议程设置"分析[R]. 上海：第二届中国传播学论坛，2002 年 6 月.

21 类似报道可见：家境贫困交不起高额学费 女儿考上大学父亲自杀. 华商网—华商报. 2003.7.18.

22 李鹏. 加强舆论监督是报纸走向市场的助推器. 新闻战线，1998（10）：55；转引自钱蔚. 政治、市场与电视制度——中国电视制度变迁研究[M]. 河南人民出版社，2002：197。此论点也在作者对《经济观察报》一名记者的访谈中得到了肯定。

演。基于情感煽动的叙述策略逐步过渡到理性的公开社会讨论，但大众媒介先前所塑造的话语框架对于这些后入者尚存在约束压力，"沉默的螺旋"（spiral of silence）[23]大大减少相异话语声音生存的机会，强化了占主流地位的现有话语框架，这种框架为后来的讨论提供了固化的"推理结构"，使后来者大多也在媒介所建构的话语框架内对特定制度进行诠释。学术界精英对于理性诠释及提出问题解决方案的特殊优先权无意中大大提升了"民意"在决策者心目中的权重，并进而沿原方向对决策精英构成软约束的"社会表达"，形成推动政策变迁的舆论挑战，促使其不断涉入国家助学贷款政策的修正和完善。

也就是说，国家助学贷款政策不再能够被看作是一个决策精英领袖为实现特定目标。由特定组织通过动员各种资源进行理性策划而形成的紧凑连续的运动整体。有关助学贷款如何实施推行的游离、分散的"表达"之所以能形成集体性"民意"，媒介起到了重要的"问题社会构建"作用。没有组织关联的参与者们在此利用运动话语的阐述和再阐述达成一象征协商（symbolic negotiation）过程，并因此建构"集体身份"，使分散的主体和行为构成一个新兴的社会运动。

同时，下文将通过对大众媒介代表样本《人民日报》在国家助学贷款议题生命周期中就"贫困大学生"主题的所有报道（共95条）进行内容分析。

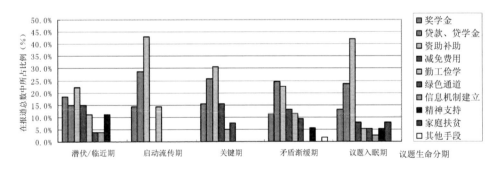

图 3-8　人民日报对贫困大学生不同资助手段的报道分布时序图

23　"沉默的螺旋"（spiral of silence）是伊丽莎白.诺利—纽曼提出的一种传播理论，该理论认为：由于所有媒介中的记者倾向于集中在相同的重大新闻报道上，受众在许多方面会受到相类似信息的困扰。媒介共同展现舆论，新闻记者反映舆论的现行气候。当这种共同的舆论扩展开时，持不同观点的人们就不大可能发表与流行观点相悖的看法。由于这种"沉默的螺旋"（spiral of silence），媒介赢得了更多的影响，因为反对舆论的人们倾向于保持沉默。参见雪莉·贝尔吉. 媒介与冲击：大众媒介概论（第四版）[M]. 赵敬松主译. 东北财经大学出版社，2000：321.

从图 3-8 可发现，在各种经济困难大学生资助手段当中，媒介最偏好的关注点是"免费"的资助补助，在整个议题生命周期中，大多数分期内关于"资助补助"的报道比例都高于甚至远高于关于"贷学金贷款"，也就是说在媒介议程中，免费的资助补助方式要优先于贷款方式，这并不同于决策精英群体所希望的"最突出助学贷款"[24]。

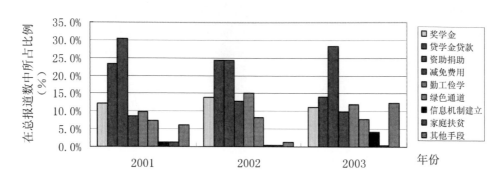

图 3-9　中国教育报对贫困大学生资助手段报道的分布时序图

结果显示：即使是行政化程度较高的《人民日报》也在一定程度上拥有自身的话语逻辑，其在报道话语框架中隐含的重点并不完全等同于决策精英领袖所企望设立的议题重点。对中国教育报 2001 年-2003 年有关贫困大学生的报道（共 576 条）进行内容分析，同样可以发现：媒介更关注免费资助补助方式而非贷学金、贷款手段（见图 3-9）。媒介与决策精英关注重点上的差异，有可能一方面来源于偏好无偿救助的社会氛围和思想传统的隐性影响，另一方面也出于免费资助案例新闻价值较高的媒介逻辑。当然，这种侧重点的偏差并不一定是大众媒介的有意作为，而可能只是新闻内容的自身逻辑所

---

24 决策精英希望最关注、最突出助学贷款手段的判断来源于对政策议程的分析。而且在 2001 年 7 月 20 日，张保庆在《国家助学贷款工作简报》（第 2 期）上批示，要求立即以答记者问形式，将有关资助困难学生的全部内容（突出贷款）包括操作办法、办理程序、成绩与问题、政府要求，全部见报。参见全国助学贷款部际协调小组，全国学生贷款管理中心. 中央、国务院和有关部门领导同志对国家助学贷款工作的重要批示（1998.1-2002.3）[C]，2002.4；《中国教育报》2001 年 9 月 3 日第 1 版刊登《必须确保每一个大学生都能顺利完成学业——教育部副部长张保庆就当前高校收费改革、国家关于资助经济困难学生的政策和办法答记者问》，其中也提到教育部的要求："在'奖、贷、助、补、减'的五个方面，要突出抓好'助、减、贷'的工作"，更是从正式的宣称中肯定了决策精英对贫困生资助体系不同手段的偏好。

致，但这种媒介偏好同时也可能反过来强化大众思维对于无偿救助的偏好，其对问题解决方案有偏向性的强化可能会放大并延续部分大众同样具有特殊偏向性的思维。

再对比来自于网上民意调查的一些局部结果，结果就更加饶有意味。

表 3-2　网易关于高校贫困生资助手段的调查

你认为学校和社会对贫困生的资助应该是——（共 4331 人参加投票）		
从学费、生活费到交通费全包	7%	302 票
只包上述的部分费用	5.4%	235 票
设立奖学金和助学金	30.9%	1338 票
鼓励半攻读并有工作提供	52%	2254 票
完全不资助，培养自立能力	3.6%	157 票
其他方面	1%	45 票
投票起止时间：2003.8.26～2003.9.2		

资料来源：http://talkshow.163.com/vote/

表 3-3　人民网关于高校贫困生资助手段的调查

你认为如何解决高校学费上涨与贫困生就学难的矛盾——（共 11930 人参加投票）		
减免贫困生学费	22%	2581 票
放宽助学贷款条件	36%	4348 票
提供更多勤工助学的门路	39%	4610 票
其他	3%	391 票
投票起止时间：2000.8.18～2000.10.13		

资料来源：http://www.people.com.cn

不同的网上调查结果都表明最受大众偏好的资助手段是"勤工助学"（见表 3-2、表 3-3），与决策精英及大众媒介的偏好重点均有所不同。尽管网上民意调查显示的可能只是部分大众的看法，但这至少说明，"决策精英把大众媒介尤其是行政化媒介作为舆论工具，对'不设防的大众'予以认知操纵，'中国媒介就是精英的喉舌和传声筒'"这样的抽象框架显然过于简约和单向化了，影响媒介内容和议程的因素并不仅仅来自精英的控制；而大众也并不仅仅是受媒介宣传摆布的"无知的群体"，他也有自身独立的逻辑。正如朱克等在其研究中发现的：个人对一个议程问题的直接经验越少时，他会越依赖于大众传媒，以获得对该议程问题的信息和解释[2526]。对国家助学贷款这样与大众生活息息相关的议题而言，大众从生活体验和人际交流中获得的直接经验大大弱化、干扰了其受大众媒介话语的影响。精英—媒介—大众三者之间的关系远比理论框架简约化的预言更为复杂和迂回。

因此，尽管从现实操作而言，当国家助学贷款开始实施后，很多高校已把助学贷款作为资助经济困难的主要手段，并相应减少了其他几种资助手段的份额，而决策精英也希望能将"奖、贷、助、补、减、勤"的资助体系调整为"奖、贷、勤"体系，以将原本用于助、补、减的经费用于奖、贷、勤制度的完善；然而由于媒介、大众所具有的特殊思维惯性与决策精英偏好的差异，决策精英仍然可能在相当长时间内保持原有的资助体系结构不变。媒介话语及大众心理的偏好在此构成了决策精英再次提出问题新解决方案的约束背景。

正如吉登斯所论述的那样："行动流持续不断地产生出行动者意图之外的后果，这些意外的后果有可能以某种反馈的方式，形成行动的未被认识到的条件。人类的历史是由人的有意图的活动创造的，但它并不是某种合乎意图的筹划；它总是顽固地躲开人们将其置于自觉意识指引之下的努力"[27]。

当然，正如前面所论述的，媒介所具有的这种自主性是非常有限的，只有其所提供的话语框架暗合决策精英群体的效用需求，默许、保护这种自发话语成为决策者上策时，媒介对话语的建构才较可能成功。媒体的自主性以及对底层舆论的反映，其自由的范畴是"打擦边球"，自主权的来源还是政府对于舆论控制权的部分让渡。中国市场化改革以来，政府对经济、社会、政治三领域的职能让渡在数量上是非均衡性的，即在经济领域让渡的边缘职

25 参见 Zucker H.G. the Variable Nature of New Media Influence. B.D. Rubin ed. Communication Yearbook 2, NJ: New Brunswick. 1978：227；Eyal C.H. Time-Frame in Agenda-Setting Research: A Study of the Conceptual and Methodological Factors Affecting the time Context of the Agenda-Setting Process. Unpublished Doctoral Dissertation, NewYork: Syracuse University, 1979。转引自罗杰斯，埃弗里特·M & 迪林，詹姆斯·w. 议程设置的研究：现在它在何处，将走向何方?. 奥格尔斯等. 大众传播学：影响研究范式. 关世杰等译，北京：中国社会科学出版社. 2000：86-87.

26 Stuart N. Soroka. When Does News Matter? Public Agenda-Setting for Unemployment. Nuffield College. University of Oxford[R], 2002.

27 吉登斯，安东尼. 社会的构成[M]. 李康，李猛译. 王铭铭校. 三联书店，1998：91.

能最多，社会领域次之，政治领域最少；媒介可以通过把议题塑造成不同形象的问题——经济问题、社会问题还是政治问题？——而获得不同的话语自主空间。在国家助学贷款案例中所体现出来的媒介话语的有限自主性并不代表国家与社会的分离。因为权利让渡的主体仍是国家，它在很大程度上控制着边缘相异话语发生的可能性，国家（决策精英）只是在以另外一种组织形式来"管治"经济与社会。尽管市场化往往与非政治化连在一起，但是在中国，"非政治化（nonpoliticizing）"并不等于"与政治无关（apolitical）"，也不一定是"反政治的（antipolitical）"。媒介自身的特性决定了它必然要执行一定的政治功能。中国媒介要脱离的仅仅是原来极权式的全能主义政治，而成为这种意义上相对独立的领域[28]。

第三节　存在于大众媒介中的话语动员策略

斯通在其著作《政策悖论与政治理性》中认为：公共政策不是纯粹理性发现客观真理、然后由政府从真理中推导出相应的、正确的解决方案的结果；政策只是一种自相矛盾的悖论，其中可能同时存在几种依赖于同一观点的矛盾的真理。因为政策争论是一种政治推理，而不是抽象的、具有分离的确定意义与恒定单位的逻辑演算。政治推理是依靠隐喻和类比进行的，话语参与者总想说服对方相信某一问题或解决方案是这样而非那样的："政策的制定其实是为制定分类标准、确定范畴边界以及定义理想以指导人们的行为而进行的一场持续的斗争"[29]。因此，并非科学而是多种互相抵触的隐喻、比喻、类比、策略性的巧妙论证以及修辞策略，才能成为真正的政策决定因素。一项成功的政策就是要改变重复性的实践，而重复性的实践只要通过改变人的意向性和解释，或通过缩减拥有这些意向的人的数量就可以获得改变。尽管高压可以成为改变意向性的方式，但高压所形成的意向性改变并不是自主而积极的，也不可能持久[30]。

因此，无论是谁，要想真正改变"重复性实践"，就需要在话语方面具有操纵性，需要采取策略性的巧妙论证去影响公共意见。正如韦伯所说，合法性比强权更重要。在国家助学贷款的案例中，无论是决策精英群体借助媒

28　钱蔚. 政治、市场与电视制度——中国电视制度变迁研究[M]. 河南人民出版社，2002：207-208.

29　Stone Deborah A. Policy Paradox and Political Reason[M]. W. W. Norton & Company, Inc., 1988：7.

30　福克斯·米勒. 后现代公共政策——话语指向[M]. 中国人民大学出版社，2002：110.

介作为舆论工具，进行以国家助学贷款为突出代表的资助高校经济困难学生政策的社会动员；还是媒介出于市场化需要而寻找"新闻点"从而聚合有关高校经济困难学生资助的"私人化"话语，都具有一整套的动员策略。当然，这种话语策略并不是单独哪个人、哪一方的理性设计，而是媒介结合新闻工作的本质逻辑在市场和行政两大力量的空隙中进行相机选择的客观结果，是无数媒介工作者随机选择序列所呈现出来的结构性规律。而在以国家助学贷款为主体的高校贫困生宣传中，无论媒介作为精英话语的传声筒，还是作为有一定自主性的话语场域，其所凭借的话语策略都包括三个最重要核心："主观看法客观表达"、"造势"和"造情"。"主观看法客观表达"是前提，它基于数字科学主义的现代知识观，以频繁罗列数字尤其是来自官方和专业学术界的数据来暗示报道的真实性和客观性。它是保障媒介公信力的基础，而只有以媒介的真实性和公信度作为基础，其所传达的信息才可能产生后续的受众影响。"造势"则是指让经济困难学生资助体系尤其是助学贷款政策的名字传遍社会的每一个角落。"造情"则指打动人心，通过一系列精心设计的形象和符号（symbol），让人们觉得高校经济困难学生的处境已经到了危急的地步，保障经济困难学生上大学是国家、社会的共同使命，是一种莫大荣誉，而且如果有谁成为障碍就会成为道德谴责的对象。

一、数字科学主义：数字作为问题和现实的指标

为了让受众注意、理解、再现、记住，最后接受乃至和他原先的认知体系融为一体，新闻的内容本身就需要进行进一步的组织。如果新闻命题要想被接受为是真实的或可能的，那么就需要有某种方式来增加它们的真实性或可能性[31, 32]。对于决策精英来说，动员成功与否的判断标准在于媒体说服公众的程度。说服成功与否取决于下列一些因素：① 媒体本身对于公众的吸引力，公众认为这是一件重要问题，比当前其他任何问题都重要；② 媒体对公众理解新闻事件的影响；③ 媒体对议程设置的影响；④ 媒体对中间公众的吸引力和影响。在任何一场媒体战中，真正的赢家是那些能争取到中间受众的媒体。争取中间受众的一个有效手段就是制造细节真实，模糊重要事实[33]。而运用表示人数、时间、事件等有关表示精确的数据就是通过制造细节真实

31 Tuchman G. Making News[M]. NY: the Free Press，1978.

32 梵.迪克，托伊恩.A. 作为话语的新闻[M]. 曾庆香译. 华夏出版社，2003：87.

33 李希光，赵心树. 媒体的力量[M]. 南方日报出版社，2002：6-7.

来强调新闻事件真实性、并增强劝服效果的一个重要方式。很少有其他措辞策略能比这种数字游戏更能让人相信其真实性[34]。

政策论辩中对于数字的使用是吸引人的，因为数字似乎有准确性，而这是轶事证据所缺乏的，特别是数字提供了恶化数据的描述时——也就是说，当数据反映了一个比较广泛的现象时[35]。

表3-4整理了部分大众媒介报道中所列举的贫困生比例数据，可看到即使排除掉因时间推移而产生的真实情况变化，大众媒介上所列述的我国高校贫困生比例数据总体而言仍是片断性和模糊化的，并没有因为数据的官方或者专业化来源而客观上增加数据的准确性。反倒是数据运用的目的本身对数字统计及数字表述的方式起到了更大的决定作用。同时，数字公布或媒介报道完全隐没了数字统计过程的细节及对数字真实意义的解释，而一般的阅读大众并不具备充分的专业知识和内部信息来自行完成从纯粹数字到事实结论的逻辑推演，因此数据可以在数据制造者和传播者的控制下导向任何一个可能的结论方向：如果要反映高校贫困生在几年中在急遽变化，可以把贫困生比例的模糊范围缩小；如果要表明贫困生比例在几年中变动状况并不大，可以通过放宽这一比例的模糊范围，比如在 10%～30% 的跨度中，每年的比例变动基本反映不出来；如果要强调贫困生问题非常严峻，可以专门凸现负面的个案数据。当然，如果再考虑到在数据统计的变量定义及操作过程中所引入的模糊性[36]，"数字—客观性"的科学主义式论断很大程度上就成为一种策略性的措辞，其中所内在具有的变数和主观性都被数字科学主义的"客观外衣"所遮蔽。因而，真正重要的并非数字的精确性，相反，重要的是通过数字表现出来的"事实论断"。正如梵.迪克对新闻措辞所发表的深刻洞见那

---

34 梵.迪克，托伊恩.A. 作为话语的新闻[M]. 曾庆香译. 华夏出版社，2003：91.

35 Birkland Thomas A. An introduction to the policy process : theories, concepts, and models of public policy making[M]. Armonk, N.Y.： M.E. Sharpe，2001：128.

36 比如，即使除去各地收入水平和物价水平的差异，高校贫困生及特困生也不存在一个相对统一的标准，有些学校会重点参考民政局对各地贫困线的界定，有些学校则会综合考虑多方面因素，在实际工作中，这个标准是由学校视具体情况而选择的变动标准（信息来自对高校学生管理部门的访谈，转引自杨亚辉等.贫困学生怎么上大学？——中国高校学生贷款运行机制、案例分析及国际比较[R]. 北京大学"挑战杯"论文，2002： 46-53.）。贫困生及特困生标准的"因地制宜"一方面确实是适应中国地方差距显著的现实需求，但同时也从侧面说明：高校贫困生比例并不因为其以数字形式存在就是一个完全客观的存在，它背后隐藏着策略性提供信息及论证措辞的空间。

样．"即使使用的是同样的消息来源，各新闻媒体发布的数字还是可能出现很大的不同，即使这些数字出现了不同，媒介在后续的报道中也很少纠正。他们最重要的是用来表明报道的精确性，从而显示其真实性。"[37]

表3-4　大众媒介登载的贫困生比例数据枚举

统计时间	范围	贫困生比例	特困生比例	数据来源
1995	河南	10%～15%	5%～8%	人民日报. 1995.10.4 第五版
1995	全国	6.2%*		赵国楗, 乔锦忠. 高校贫困生及受资助情况调查与建议. 中国高等教育. 2000（11）（教育部信息管理中心提供数据）
1995 年底	全国	17%	6.4%	人民日报.　1996.6.27 第五版
1996	全国	21.9%*		赵国楗, 乔锦忠. 高校贫困生及受资助情况调查与建议. 中国高等教育. 2000（11）（教育部信息管理中心提供数据）
1997	全国	34.8%*		同上
1998	全国	36.2%*		同上
1999	全国	10%～20%		李从松. 学生贫困的现状与趋势分析.清华大学教育研究, 2002 年第 2 期：97-98（教育部信息中心提供数据）
2000	全国	15%～30%	8%～15%	崔邦焱, 徐孝民. 把资助困难学生工作抓实抓好. 中国高等教育. 2000（11）（教育部财务司提供数据）
2001	陕西	30%	10%	西部学生申贷前景黯淡. 中国青年报. 2001.9.5
2002	全国	15%～20% 最高 30%		教育专项调查：助学贷款贫困学生最受益. 北京青年报. 2002.9.10
2002/2003	全国	25%		关注与期待解决高校贫困生问题. 中国教育报. 2003.3.9 第 4 版
2002	全国	19%	8%	高校经济困难学生资助工作成效显著. 新浪网（教育部新闻办提供数据）

注：打*的项目为当年入学贫困生占当年入学总人数的比例，不打的为所有在校生中贫困生的比例。

---

37 梵.迪克,托伊恩.A. 作为话语的新闻[M]. 曾庆香译. 华夏出版社, 2003：91.

利用数字是非常有趣的。因为正像斯通（Stone）所指出的那样，计算一个现象就是政策决策本身。一旦我们开始计算，就会产生持续的显著压力要看看问题是怎样行为的：我们希望好事情的指标上升而坏事情的指标降低[38]。

【报道片断 3-1】："……目前中国普通高校贫困生整体比例和状况变化不是很大，但从绝对数量来看，贫困生人数还在增加。按照20％的比例计算，目前大约有200万贫困生。"[39]

【报道片断 3-2】："20世纪90年代中期以来，贫困大学生作为一个特殊的群体，引发的各种问题日趋严重。……近7年来，贫困大学生的人数和比例呈迅速增长趋势，目前我国高校贫困生总数已高达300多万人，各高校贫困生的平均比例高达25%。目前，贫困生比例逐年增加，贫困生队伍在迅速扩大。以北京师范大学为例……。

可以说，近年来随着我国高校在校生人数不断增加，贫困生总数实际上逐年持续上升。……"[40]

对比报道片断1和2，尽管都表达了贫困生人数在增加的事实，并且都举出具体的数字比例作为依据，而且两个片断中所举证的贫困生比例数字差距并不很大（片断1为20％，片断2为25％），但由于报道的立意重点不同，话语口吻呈现出"微妙的差异"，并因此向阅读者传达出完全不同的理解导向，微妙的差异经过阅读者的"理解放大"作用就可能体现完全不同的结论。前一片断把"贫困生人数的增加"作为一个语气较轻的补充信息，重点却在于前句的"目前中国普通高校贫困生整体比例和状况变化不是很大"，以"比例"和"绝对数量"的含义差别巧妙地建立了措辞的魔术，隐含的意义在于：目前"贫困生问题出现得多"的实质并不是该问题确实"激化"，并不是外部环境或者决策群体的态度、立场出现什么突变，而只是扩招后总人数增多的客观结果，同时也隐性地宣称"贫困生问题处于完全被控制的状态"，话语的目的指向是稳定民心；后一片断则以突出个案的时序数字作为

38　Stone Deborah A. Policy Paradox and Political Reason[M]. W. W. Norton & Company, Inc., 1988.

39　李术峰、胡涛涛. 中国教育部负责人强调——绝不让一个考上大学的贫困生上不了学[N]. 人民日报. 2003.8.2 第4版.

40　鲍东明. 关注与期待解决高校贫困生问题. 中国教育报. 2003.3.9 第4版.

"贫困生比例及人数"迅速增加的论证依据，对历年变化的贫困生标准也不加以具体说明，阅读者无从判断这一比例的增加到底是来源于标准的变化还是事态的真实变化，最后以"单一叙事＋复数结语"的话语策略将个别性的高校案例进行全面推广，建立起数据点和总体的同一关系，从而全面实现了其话语的目的指向：强调目前高校贫困生形势的急遽恶化和问题的激化，呼吁引起决策精英及全社会的关注。

【报道片断 3-3】： "……来自全国高校的信息，助学贷款开展得也不乐观，据全国学生贷款管理中心所编的《国家助学贷款工作简报》第二期反映，截至 2001 年 5 月底统计，全国申请国家助学贷款的学生共计 53.4 万人，申请贷款金额 33.4 亿元；但仅只有 17 万学生贷到款，贷款合同金额 12.6 亿元，到目前发放的也仅有 6.33 亿元。全国已签订贷款合同的学生人数仅占申请人数的 32%；已签贷款合同金额只占申请金额的 38%……[41]

【报道片断 3-4】： "……国家助学贷款工作 3 年来取得了较大进展：1999 年全国只有 8 个城市进行了国家助学贷款的试点工作，当年银行审批贷款合同金额 600 多万元。而现在国家助学贷款已在全国全面展开，据统计，截至 2002 年 6 月底，全国累计申请贷款学生人数为 112.5 万人，占全部在校生总人数的 12.5%；银行已审批贷款人数为 35.1 万人；占申请贷款学生总数的 31.2%；银行已审批贷款合同金额累计 30 亿元。"[42]

再对比同样来源于教育部机关报《中国教育报》的两个报道片断 3-3、3-4，同样是以"银行审批人数占申请贷款总学生数的比例"作为论证依据，甚至具体的比例都相差无几（片断 3 为 32%，片断 4 为 31.2%）。然而，由于报道的主题立意不同，其隐含不说的对比标准不同，同样的比例数字却得出了截然相反的结论，一是助学贷款开展非常不乐观，一却是助学贷款进展顺利。

---

41 中国教育报记者. 高校助学贷款为何"两头热中间冷"？[N]. 中国教育报. 2001.10.13 第 2 版.

42 中国教育报记者. 国家助学贷款：三年贷出 30 亿，35 万学子受益[N]. 中国教育报. 2002.8.28 第 1 版.

片断 4 还以"进展大"这一不明确的用词模糊了论据的实质含义：到底所表征的是"增量大"、"增加速度快"还是"达到的绝对量大"。所以，报道片断的文本意涵并不是封闭而固定的，经过话语隐含口吻导向下的理解转换，看似客观的数字背后其实隐藏着巨大的多义性空间。

因此，数字并不完全是对现象的客观测量。实际上，它们是一个问题的指标：它们测度出潜在的问题，但它们同潜在问题本身是不同的。指标有时是问题重重的：第一，数字本身的准确性值得怀疑；第二，即使某些测量具有可靠的准确性，一个重要问题仍存在：问题的指标是否是一个现象或者向目标迈进进展的最好测度。比如以 GDP 代表的经济增长并不等同于良好生活，而仅仅是反映出我们所消费的所有东西，包括我们可能并不真正想购买的东西。再比如以"国家安排的助学贷款额度已达到 50 亿"来论证国家助学贷款政策的力度[43]，就模糊了贷款额度和实际贷款额的区别，助学贷款额度设定的高低只能代表决策精英的态度，却不能代表政策的真正推行程度。第三，选择什么统计数据予以报导对于一个人打算怎样阐述被传达的潜在思想会产生重大影响，选择什么统计数据影响了信息引向的结论。比如在谈及国家助学贷款实施力度大及国家、学校加大资助力度的正面含义时，媒介通常会列举总额或平均值，总额大大弱化了目前高校经济困难学生基数大这个事实，比较平均值则可能掩盖助学贷款分配差距很大的事实。最后，必须注意数字和其在政治论辩中的描述。首先，政策倡导者常常选择能使其论证处于最耀眼处的数字，这意味着使用数字可能为了修辞的需要而出现一定偏斜或歪曲；其次，数据点和对这个数据的阐述是存在差异的，这是信息管理中的老话题：数据仅仅是作为原始材料的数字，而信息则是我们通过阐释数据得到的。上述对报道片断 1、2、3、4 的对比已经可以看到，即使使用同样或相似的数据，亦可以得到不同的结论。因此信息是非常主观的，即使是以数字作为呈现形式的信息，它也是由话语制造者所控制和设计的措辞，数字的具体意涵取决于使用信息的目的[44]。

---

43 人民日报记者. 国家安排助学贷款 50 亿，400 万新生无一因贫困失学[N]. 人民日报. 2003.10.13 第 12 版

44 Birkland Thomas A. An introduction to the policy process : theories, concepts, and models of public policy making[M]. Armonk, N.Y.： M.E. Sharpe，2001：129.

二、造势：出现频度和持续时间的艺术

媒介的注意力空间也是有限的，不可能每天不停地对同一议题进行报道，但要达到"造势"效果又需要保证一定的再现强度，因此报道的出现频度和持续时间就成为了一种策略艺术。图 3-10 同时绘出了人民日报报系从 1999-2003 年每个月助学贷款报道频次的时序图，可看到每年的报道频度都集中为两个峰值，一是在二三月间呈现一个小高峰，而在七八月份则呈现集中报道的大高峰，平时基本以低频形式持续出现。这样就会对普通关注者构成一种潜移默化的持续记忆，以较经济的登载成本营造铺天盖地的印象。"造势"的出现频度及持续时间不仅是媒介工作的策略，也是新闻内在逻辑的一种体现，每年二三月的小高峰可能主要来源于此时期两会的召开，七八月的大高峰则主要源于新学年的开始。前一时期中人大、政协就相关问题提出议案、提案易引发公共讨论；后一时期对开学前后各地资助贫困生手段提供宣传，资助事迹就会在此时期大量涌现，这两个时期中出现有价值新闻线索的可能性就会相对较高。因此，在这两个时期，既存在媒介大力关注的行政要求，又满足了价值高新闻出现几率多的客观条件，自然就容易成为"造势"的重点阶段。

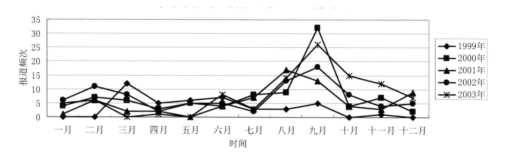

图 3-10　人民日报报系助学贷款报道频次不同年份对比图

为了更确切地描述媒介造势策略随机行为所呈现出来的共同趋势，本研究利用 Matlab 数据分析软件中的"小波分析"算法对中国资讯库中文媒体库中 1997 年-2003 年助学贷款的全部相关报道（共 5902 条）进行了分析。首先用"助学贷款"关键字从媒体库中检索得到所有的报道列表；然后把每天的报道则数作为表征该天的数据，由此获得 $365 \times 7 = 2555$ 个数据点，为满足算法对数据格式的要求，利用月份平均值填充的方式补足各年数据，这样每年都可以形成一个 31×12 的数据矩阵，七年就是一个 31×84 的数据矩阵，它

代表了一个含有 2604 数据点的随机信号序列[45]，要通过考察其功率谱密度来探索其是否具有周期性，同时可通过"小波分析"在不同的层次上观察其趋势特点。随机信号序列的功率谱就是对其自相关结果进行傅立叶（FFT）变换的结果[46]（如图 3-11 左），当功率谱中出现明显峰值时就可能代表着信号序列特定周期的存在。"小波分析"算法的原理类似一个带通滤波器，它可以把报道频次的随机序列分解为不同频段的随机信号序列，频率越高的频段就近似是在越微观的层次上观察数据序列，就好像使用一个放大镜，越高的频段代表着越高的放大镜倍数。在图 3-11 右中，越处于下方的曲线就是频率越高频段的数据序列，越顶层的曲线就代表了报道频次序列越宏观的时序趋势。

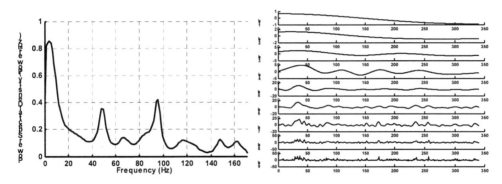

图 3-11　议题关键期中国资讯库助学贷款报道频次数据序列的功率谱及小波分析

在图 3-11 左中数据序列功率谱呈现的最高峰代表：议题关键期中助学贷款相关报道的频次序列存在一个最明显的"七天"的周期，这一特征也被发现在其他议题生命阶段中出现，这很可能跟媒介常常以"周"进行报道主题安排的习惯有关；而图 3-11 左中功率谱呈现的次高峰则对应着次显著的"周期"——80 天，也就是在图 3-11 右中由上至下数的第四条趋势线，可以比较明显地看到其所呈现的周期性。可以对国家助学贷款政策议题所有生命周期阶段的频次数据序列进行类似的分析，除去潜伏／临近期未发现明显的周期性外，从试验／启动期到议题入眠期，这个次明显的周期呈现出阶段递增的

45　对随机信号序列进行 FFT 变换要求被分析的数据点数为 2 的整数幂次，因此为满足数据分析要求，该 2604 点的随机序列被截断为 2048 点的序列.

46　随机信号序列与其功率谱密度代表了同一信号在时域和频域的映射（变换）关系，通俗地讲，时域信号主要表示信号随时间变化的幅度特征，如语音音量的大或小，可以通过示波器观察；而频域信号主要表示信号的频率域的特征，即信号在各频段的分布情况，如语音的音色及其特征，频域特征一般用频谱仪来观察.

特征[47]. 试验／启动期存在次明显的"20 天"的周期，流传／扩大期存在次明显的"40 天"的周期，关键期存在次明显的"80 天"的周期，议题渐缓期存在次明显的"200 天"的周期，尽管议题入眠期由于次明显的周期太长而无法在有效观察范围内观察到完整的周期构成，但基本表现出周期加倍的近似关系。

当然，这个分析结果中间蕴涵的机理可能是诸多复杂因素的综合结果，在缺乏更多基础研究的情况下无法作出更多解释，但至少可以肯定的是：滤除媒介工作习惯而带来的"7 天"周期之后，随着议题生命周期的推移，媒介报道频次峰值出现的周期在不断增长。这很可能是由新闻的内在逻辑所影响的，在议题刚出现于媒介议程和公众议程时，作为新鲜事物很容易获得媒介和公众的关注，争议、讨论和具有新闻价值的事件出现的几率都比较高，因此媒介报道峰值的频率就会较高；而当议题逐渐进入生命的中后期时，议题已经逐步演化为日常性的工作或行为，能够出现新话题、新事件的频率也会降低，因此报道频次的变化趋于平缓，峰值到来的频率也会降低。因此，尽管决策精英在议题生命周期的中期开始对媒介提出明确的宣称动员任务，但这并不能完全脱离媒介进行新闻报道的内在规律，媒介并没有因此出现报道关注趋势的显著改变，只是因为涉入媒介数的增加而使得报道的绝对数获得增加，以此作为媒介对行政命令作出的回应。各媒介进行造势报道的随机行为所体现出来的宏观趋势是媒介回应行政命令与媒介工作内在逻辑的综合产物。

三、造情：讲述情感故事和塑造符号象征

斯通在其著作《政策悖论与政治理性》中对"策略性的巧妙论证"进行了理论化，认为"象征符号"就是"代替某事物的任何东西。其意义取决于人们如何阐释它、使用它和响应它"[48]，并列举出象征符号（symbol）的四种基本类型。在有关高校贫困生及国家助学贷款报道的话语策略中，四种符号要素都可找到相应的范例[49]，而其运用目的都指向"高校贫困生现状严峻，以国家助学贷款为重点的资助体系带来了光明前景"的叙事推理模式。象征符

---

47 此处只列出了议题关键期中的频域分析图作为示例，其他时期的分析图详见附录.

48 Stone Deborah. A. Policy Paradox: the Art of Political Decision Making[M], New York: W. W. Norton & Company，2002：137.

49 事实上，Stone 也指出，自己提出的四种符号类型只是一种"理想类型"的划分，任何一个实际的政治话语策略都不仅仅使用一个单纯的象征符号类型，以下的报道片断举例只是论述其所使用的比较突出的符号类型.

号塑造的本质并非挖掘严格的逻辑因果关系，而是调动、集聚人的情感因素。如果新闻事实涉及到或能引起受众强烈的情感，它们就能够得到更好的理解与记忆[50]。

A. 叙述性故事

这类故事提供了"世界如何运转"的解释，而且这些解释往往是隐性的、被广泛共享的，并被大众在不知不觉中当作理所当然的事实。描述性故事常被高度简化并提供复杂问题相对简单解决的希望。描述性故事通常分为两大类：一类可称为"恶化故事"，主要聚焦于事态目前正在恶化（getting worse or declining），形势已经到了必须采取措施的时候[51]；另一类则可称为"无望与控制"故事（story of helplessness and control），由于有关某议题（issue or problem）的解决方案出现，有些事情在过去不能完成而现在却可实现了[52, 53]。

> 【报道片断 3-5】："……需要两个农村居民的年收入才能供养一个大学生，这还不包括学生在校期间的其它花销。……作家何建民写过一篇关于贫困大学生的报告文学，并且精心地把这部作品定名为《落泪是金》。他坦率地告诉记者：'如果把学费再增加30%，可能意味着又有一部分人陷入更加困难的窘境。'一些有识之士担心：在高等教育变成一种能够购买的'消费'以后，社会公正将受到金

---

50 梵.迪克, 托伊恩.A. 作为话语的新闻[M]. 曾庆香译. 华夏出版社, 2003：88.

51 恶化故事有其他变体，一种是"成功破坏故事"（stymied progress story），通行叙述方式是：起初事情很糟糕，后来有所好转，这要归功于………，但现在某些人、某些事要干扰我们的英雄，因此事情又再次变得糟糕；还有一种是"变化是幻象的故事"（change-is-only-an-illusion story），通行叙述方式为："你们总是认为事情正在好转（变糟），但你们错了，让我提供一些证据出来，事情其实正朝着你们认为的反面在进行"（参见 Stone Deborah. A. Policy Paradox: the Art of Political Decision Making[M], New York: W. W. Norton & Company，2002：138-145.）

52 控制故事也有一些变体，但目的都是引导我们从论述"随命运而安"的范畴走向论述"控制"的范畴。一种是"共谋（conspiracy）故事"，其宣称的通用模式是：指出控制手段被少数人控制用以为自己谋利益，并尽量使这一点不被其他人知晓；一种是"指责受害故事"（blame-the-victim story），通用模式是：要聚焦于因为谋问题而受苦的人而实施控制.

53 Stone Deborah. A. Policy Paradox: the Art of Political Decision Making[M], New York: W. W. Norton & Company，2002：138-145.

钱的侵害。……法律赋予的教育权将最终变成只有富豪之家和小康人家才有可能享有，贫家孩子凭借接受教育改变生存环境的梦想也将被贫穷粉碎。有关人士透露说，考虑到未来上大学的开支，一些贫困家庭出现了让孩子及早辍学的迹象。长此以往，这些孩子接受义务教育的权利将受到损害，进而影响国民素质的提高，对国家和社会都没有好处。……庆幸的是，有关部门已经逐渐认识到这一问题的严重程度，'为每一个贫困学生开辟绿色通道'成为诸多高校共同的目标。与此同时，银行方面全力简化国家助学贷款的繁琐手续……所有这些，都让贫困学生感受到了希望的气息。"[54]

报道片断3-5中尽管没有明显的具体人物角色、动机、情感、道德等出现，但非自然人的机构、事物仍可在此充当戏剧化故事里好人、坏人的不同角色。这里的"恶棍"就是高校收费制度改革，就是上涨的学费，它可能导致部分人基本教育权的丧失、进而影响国民素质，对国家、社会都会带来巨大危害；而"英雄"则是绿色通道、国家助学贷款等资助手段，隐藏在后面更大的"英雄"则是有关部门和"国家"。

【报道片断3-6】："……还是在1998年，特大洪水的袭击，使得原本家庭贫困的安徽考生王裕成雪上加霜，拿到录取通知书，既高兴又犯愁。入校报到的时候，全家好不容易东挪西借地凑齐了一半学费。虽然那一年他凭着学校设立的"绿色通道"顺利报了到，但其后寻找勤工助学的机会、办理减免学费手续等工作却让他在三四个月的时间里无法全身心投入学习。而同样来自贫困家庭的2001年入学的马生爱就幸运多了。她在迈入校门前，就从在北京上大学的哥哥那里了解到国家助学贷款的有关情况，因此，她只带着凑齐的第一学期的费用便轻松上路了。'这种变化的根本原因，就是有了国家助学贷款的政策。'从事学生工作多年的学生处长吴强对此深有感触。"[55]

---

54 南方周末记者. 公正的路有多长？——大学收费上涨隐忧[N]. 南方周末. 2001.8.4.
55 张兰，王想平. 我的大学不是梦 ——北方交通大学实施国家助学贷款工程记事[N]. 人民日报. 2002.7.4 第六版.

报道片断 3-6 是一个"无望和控制故事"的范例，通常的论述方式是：尽管形势不妙，我们曾一度认为形势超出了我们的控制能力，我们当时做了努力也无济于事；然而，现在我们却可以控制事态了。控制故事通常是吸引人的，因为它们诉说的是关于"人类基本自由"的故事——在何种程度上我们可以控制自己的生活条件和命运。这类故事通常向我们宣称：缺少控制对我们的生活构成了威胁，而能承诺解决问题的方案则是鼓舞人心的[56]。这里通过两种个人经历的强烈对比，自然导向结论："国家助学贷款政策是改变的关键因素"，国家助学贷款政策出台的及时性和重要性就不言而喻、不证自明。

更值得注意的是，叙述性故事并不总是一个简单夸张的过程。在国家助学贷款的案例中，由于长期以来大肆渲染贫困被视为是在暴露社会主义的阴暗面，是对社会主义制度优越性的一种诋毁，而对现实的把握往往被直接提升到意识形态的高度。因此，如何推进和宣传以助学贷款为重点的资助体系而又不至于让过分渲染贫困生生存困境引起非稳定因素，就成为了讲述悲情故事策略的两难问题。在这样的两难中，关键不是贫困"能不能说"，而是"怎么说"。如果采取恰当的论论方式，贫困不仅"可以说"，而且可以"大说特说"，这里的悲情故事就采取了一种特定的论述模式。

【报道片断 3-7】："……'我 11 岁时爸爸离家出走，至今杳无音信，妈妈一人支撑着一家 6 人的生计。79 岁的爷爷，还有 3 个读书的弟妹，真是苦了我妈。因为没钱又怕上不成学，高中时我难得吃顿饱饭，许多时候天天晚上不吃饭。时间一长，我的肠胃都坏了。对我来说，考上大学真是个奇迹！去年 9 月，我揣着借来的 2000 多元到了西安。一入学，我才感到考学与上学的艰难相比，真是太小了。对度日如年的我来说，如果助学贷款仍然拿不到的话，已经褪色的大学梦也许会终结！'……一个个名字、一个个数字、一张张面孔，不断在记者面前闪过。许多特困生不愿意更多地诉说自己的家境，有的则把困难补助让给了比自己更困难的学生。面对贫困生就学的艰难，许多高校都提出不让一个优秀学生因为经济困难而辍学的口号，想方设法创造机会为他们解决生活上的困难。为帮助

56 Stone Deborah. A. Policy Paradox: the Art of Political Decision Making[M], New York: W. W. Norton & Company，2002：143.

> 贫困生完成学业；我国已经建立以'奖、贷、助、补、减'为主要内容的助学体系，面向优秀贫困生的"国家奖学金"将于今年 9 月启动，同时，一些企业和个人也向贫困生伸出了热情援助之手。"[57]

在论述中，对贫困的涉及虽然并非轻描淡写，但由于采取了特定的论述策略，对贫困的强调就不是在揭露阴暗面，而恰恰是在强调积极的因素。贫困是事实，但其成因有包括自然条件制约、家庭变故等多种客观条件的影响；教育投入缺口是大，但是政府已经作出了很大努力，尽管经济的落后制约了政府对教育的投入能力，但是目前正以包括助学贷款金融手段在内的多种手段来共同解决贫困生问题。事实上，许多社会政策都常常讲述这种控制故事，表明的立场是：那些在过去通常被认为是由于"意外"、"随机"、"命运多舛"或者"自然条件"导致的不幸，现在都由官方机构承担责任来予以改变了。另外，这种论述模式的被允许还在于，1990 年代初期开始，"正视贫困"已经不仅为国家和社会所鼓励，而且在某种意义上，"正视贫困"已经成为一种社会需求，成了改革继续发展的一个动力[58]。这也为策略性讲述悲情故事提供了良好的契机。

B. 隐喻、类比（metaphors）

隐喻、类比被认为是人类思维和创造力的精髓，所谓类比推理就是考察不同事物间的相似性，这通常是分类和计算的必要条件。表面上一个隐喻只是对一件事物和另一事物进行了简单对比，但它们通过更微妙的方式暗示了一整套的叙述性故事并预示了行动的方案。隐含的前提是"如果 a 和 b 相似，那么解决 a 的方式就应用于解决 b。a 和 b 相似的宣称表明了给予 a 的政治重要性也应该给予 b"[59]。有时，隐蔽和类比是非常隐晦的，并不需要直接提出进行对比的事物，而是隐含了与某种公认信念、价值观的一致性，因此，隐喻的适用性常常是本土化、情境化的。

在所有的政治话语中，名称和标签都被用来创造联盟，对一系列行动赋

---

57 走近西部高校贫困生. 广州视窗. 转引自 http://classover.km169.net.

58 孙立平，晋军，何江穗，毕向阳. 动员与参与——第三部门募捐机制个案研究[M]. 浙江人民出版社，1999：39.

59 Stone Deborah. A. Policy Paradox: the Art of Political Decision Making[M], New York: W. W. Norton & Company，2002：155-156.

予合法性，吸引集体行动必要的支持。策略性的界定方式同时意味着控制影响范围，自由、个人主义、地方主义等都倾向于限制影响规模，而平等、公正、公民权等都倾向于扩大影响规模[60]。报道片断 3-5 中把学费上涨同公正、公民的基本受教育权、国家与社会的未来等等都隐含联系起来，于是资助高校经济困难大学生就等同于寻求社会公正、保障基本人权，这种隐喻的力量是强大的，没有任何一个决策精英会小觑高校贫困生现象的发生。隐喻的手段具有特殊的劝服性和情感推动力，因为其故事线索是隐性的，但其所透露出来的感情感召力却相当有效。比如有关报道常常使用"我的大学不是梦"[61]、"一个都别少"[62]等具有特殊煽动性的标题或引题，这一类标题是以当代中国教育作为社会流动关键资源的背景及教育权作为一种基本人权的公共信念作为比较的，只是比较以一种隐而不发的方式暗中进行，其强烈的情感感召力更容易使阅读者产生思想的共鸣和道德的内省。

C. 提喻法（synecdoche）

它是言谈的一种特点，即以部分代全体。它是政治生活中一种重要的符号工具，因为制定政策往往基于的只是一些个案范例，而这些个案一定要被认为是普遍发生之事件的代表[63]。政治家和利益集团常常精巧地选取一个严重的或者奇异的事件来代表大量案例，并以此建立支持以改变普遍存在的规则整体或政策整体，这种话语策略被称作"悲情故事"（horror story）。以高校贫困生生活状态的"悲情故事"作为论据就是"提喻法"策略中比较普遍的措辞方式。而以高校贫困生生活状态得到巨大改变的典型事例作为资助政策的支持依据则是提喻法的另一种运用方式。

【报道片断 3-8】："……卢明波，一名来自贵州偏远山区的学生，2002 年以 525 分的好成绩被吉林大学公共卫生学院录取。听到这个消息，卢明波的父母欢喜之余却为孩子的路费和学费发愁。万般无

---

60 Stone Deborah. A. Policy Paradox: the Art of Political Decision Making[M], New York: W. W. Norton & Company，2002：156.

61 张兰，王想平. 我的大学不是梦 ——北方交通大学实施国家助学贷款工程记事[N]. 人民日报. 2002.7.4 第六版.

62 李忠春，江山. 关注：资助贫困大学生（一周视线）之"'绿色通道'提供保障，确保不因经济困难辍学"[N]. 人民日报，2003.1.20 第 3 期第 2 版.

63 Stone Deborah. A. Policy Paradox: the Art of Political Decision Making[M], New York: W. W. Norton & Company，2002：138.

索中，卢明波给吉林大学校长刘中树写了求助信。刘中树收到信后，马上让有关部门用特快邮件给卢明波回函，表示不会让优秀学子因经济困难而辍学，让他按时报到。如今，卢明波不仅通过"绿色通道"缓交一切费用、享受全额学费减免，而且最近又得到每年1000元钱的社会资助。像卢明波这样的事例，在长春的各高校中还有许多。……'绿色通道'成为实现'确保每一名学生不因经济困难而辍学'工作目标的重要保障。[64]

在此报道文本中，利用"单一叙事＋复数结语"的叙事手法完成了从局部到整体的过渡，成功地消除了两种矛盾要求给文本带来的紧张：一方面是新闻公信度和市场化要求在文本中出现局部的、个人化的案例及其琐碎细节，以此作为"可靠性"及"生动性"的重要衡量指标；另一方面社会动员的逻辑又要求把这些琐碎的、局部的事件汇入甚至构建一个整体性的历史进程。借助"单一叙事＋复数概述结尾"的方式，文本弥合了两种不同方向张力所导致的分裂并完成了一种意义的传导和扩散，以个人的故事隐喻了整个高校贫困生生活状态改变的希望。

尤其是当类似的报道频繁出现，悲情故事的基本细节和结构又具有统一模式时，读者会逐渐形成一种阅读惯习：即使文本一直只是作为个案讲述，读者也极其自然地产生这种事件加倍的阅读效应，形成推而广之的整体印象。阅读惯习产生以后，事件的文本效果就由"倍增效应"向"放大效应"转化，即个人事件成为可放大的"原型"，事件也就获得了"典型性"。这很类似于现象学角度所审视的"典型化"（typification）过程，在这一过程中，阅读者将储备的"手头知识"（knowledge in hand）或"常识理解"（common-sense understanding）带入阅读，运用已知的解释框架来理解和补充后来的新文本[65]。这时，事件细节的真实对于事件的真实性就显得不那么重要了，重要的是它能代表特定时期高校贫困生生活状态的本质，或更准确地说能恰当地反映一个特定的叙事主题[66]。

---

64 李忠春，江山. 关注：资助贫困大学生（一周视线）之"'绿色通道'提供保障，确保不因经济困难辍学"[N]. 人民日报，2003.1.20 第3期第2版.

65 关于舒茨存在主义现象学的分析可见：吉登斯，安东尼. 社会学方法的新规则——一种对解释社会学的建设性批判[M]. 社会科学文献出版社，2003：87-101.

66 此段分析受到方慧容对于《硬杆子之乡斗争史》文本分析的启发，见方慧容. "无提喻法的劝服性来源于其能够以强有力的诗意情感使我们的批判性思维悬置起来，它可以将一个问题具象化，使人们可以把这个问题同其他问题区分开来，能激起愤怒，也减小了问题的涉及范围使问题更可管理。但它往往只聚焦于问题某个局部的策略，尤其是可以把局部事件戏剧化为一个悲惨故事时，往往会导致一个并不真正完全的政策[67]。比如由于媒介报道大面积集中报道的只是保障贫困新生按时入学的例子，决策精英重点关注的也是大学新生是否都未因经济困难而失学，因此我们也比较关注贫困新生按时入学问题得以解决并为此感到高兴，却忽视了老生中也同样存在经济困难学生的问题甚至可能更严重[68]。

D. 不明确的模糊性（ambiguity）

所有象征的重要性在于其模糊性。一个象征符号可以同时表示两种或者更多的意义，模糊性是政治的"粘合剂"。模糊性是话语艺术丰富和深度的来源。象征符号唤起人们的想像、希望、个人经验并使他们把这些观察投入到积极参与的行动中去。模糊性使个人的意图和行动得以转化、集聚为集体性的结果和行动。缺少它，合作、妥协可能会变得更为困难，甚至成为不可能。正如埃尔德和科布所说，象征提供了一种工具，通过它，不同的动机、期望和价值得以综合并使集体行动成为可能[69]。

【报道片断 3-9】："……北方交通大学曾获得过国家助学贷款资助并顺利完成学业的 657 名贫困大学生，即将告别青青校园。临别之际，他们百感交集，'没有国家助学贷款帮助我们贫困生解决后顾之忧，我们就不会有这份自信，就不会有如此斑斓的大学人生。'来自辽宁特困家庭的肖宇的一席话，道出了同学们的心声。……国家助

事件境"与生活世界中的真实——西村农民土地改革时期社会生活的记忆[A]. 中国社会学（第二卷）[C]. 中国社会科学院社会学研究所. 上海人民出版社，2003：286-296.

67　Stone Deborah. A. Policy Paradox: the Art of Political Decision Making[M], New York: W. W. Norton & Company，2002：147.

68　事实上，清华大学学生部的老师就曾经在采访中表示：由于新生入校得到更多关注，获得社会捐助的机会更多，学校的配套措施也比较完善，因此相对而言老生中经济困难学生的问题更大，但受关注的程度却比较低。

69　Elder Charles. D, Cobb Roger. W. the Political Uses pf Symbols[M], New York: Longman，1983：28.

学贷款不仅帮助许多贫困家庭的孩子圆了大学梦，更重要的是帮助贫困学生减轻了压力，增强了自信。今年5月中旬，来自内蒙古赤峰市特困家庭的应届毕业生刘云华，因成绩优异，得到了中铁集团的青睐。一般人难以想象的是，在校4年间刘云华没向家里要过一分钱。作为首批国家助学贷款的受益者，刘云华这样评价助学贷款：'国家助学贷款给我们贫困生帮助最大的不是简单的几千元资助，而是让我们看到了生活的希望，增添了自信，学会了自立自强。"[70]

在这里，媒介利用花絮和感人故事的捕捉，使社会动员以一种人格化的方式进行持续宣传，抽象的政府形象或者媒介形象均以这种情感化的方式获得了具象的多重载体。当事人的现身说法作为信息来源，大大增加了文本的"可靠性"，也使得意识形态灌输和象征塑造以一种更生动、更隐性也更具有感染性的方式得以实行。国家助学贷款政策的多义模糊性是此文本论述策略的突出特点，它可以是表象上的经济资助，也可以是"生活支柱"、"人生希望"、"培养自信的源泉"、"训练自立自强的途径"。模糊性使得决策精英得以从一个政策的不同构成部分集聚支持，并把不同期望的人们团结起来，把因不同原因而同样受益于一个政策的人们集合起来。决策精英可以借助模糊性来创造、动员公众观点所需要的意见氛围，从而推动抽象条文最终成为实际的行动，也可以通过一个具有模糊意义的模糊政策而满足公共舆论呼吁为高校贫困生问题"做点什么"的需求，然后再让具体的管理机构去处理背后更加充满冲突的细节。象征的模糊性能加速协商和妥协，因为它允许不同的对手方都能从一个解决方案上找到自己的胜利感，这一观点在前面分析全国国家助学贷款工作会议的相关领导人发言时已经涉及。象征的不同诠释与前述"似乎明确的数字变成模棱两可的事件"也是紧密相关的。

另外，模糊性还能帮助个人协调自身的心理矛盾及不一致的态度，从而使他们能够给予决策精英或政策以持续的支持，从而起到良好的社会动员作用。已有研究表明，大多数人对于政策问题及政策选择其实都缺乏连贯性和逻辑一致性。舆论调查充斥着不一致，人们在支持一个原则的同时却反对体现这一原则的行动[71]。政策往往凭借其象征符号的模糊性而获得广泛的支持，

---

70 張蘭，王想平. 我的大學不是夢 ——北方交通大學實施國家助學貸款工程記事[N]. 人民日報. 2002.7.4 第六版.

71 见 Philip Converse. the Nature of Belief Systems in Mass Publics. David Apter, ed.

象征符号的模糊性有助于把个人努力转化为集体行动的决策。

前面详细论述了媒介如何通过塑造四种象征符号类型"造情"，而这与前面的"造势"其实是一套相互呼应的整体策略，前者是"点"的策略，而后者则是"面"的规划。决策精英充分利用组织系统优势，不仅要求中央级大报和电视台予以大面积宣传报道，并且希望各地报刊广为印发，同时利用"造情"的符号塑造制造话题吸引讨论，其实是利用讨论给予一个有偏向性的观点导向，同时也想方设法地让助学贷款在一段时间内始终成为人们关注的焦点，成为新闻媒介的热点，"造势"也就成为了顺理成章的结果。

第四节　动员策略效力发挥的制度背景：作为社会流动关键资源的教育

为什么"不让任何一个优秀大学生因为经济困难而辍学"这样的口号可以极快地塑造"民心工程"的标志性身份？也可以让大众媒介凭借此而轻易以简单的反面特例掀起大众的讨论热潮和强烈情感，并在客观上对国家助学贷款政策议题在中后期的进一步推进构成"软约束"？其实，"教育是穷人唯一的财富"（世界银行），是改变贫困人口命运的希望，这种极为朴素的信念构成了公众对助学贷款及其他经济困难学生资助办法认同的直接基础。然而，除此之外，还必须看到这种信念还有着更为深层的根源。人们对知识（更确切地说是"学历"）的重视，不仅仅因为人们对知识力量的信任乃至某种程度的崇拜，相信对教育的投资是回报最为丰厚的投资，而且还在于读书往往能带来另外一个特殊的资源：一种根本性改变命运的机会。

保证高等教育入学机会公平由于过去特殊的"总体性社会"结构中的制度安排而具有了特殊的重要性。在"总体性社会"的刚性结构中，有着极为严格的身份划分，社会各阶层之间几乎没有流动的可能，人们改变自己的阶层、获得更多资源，唯一的途径就是上学读书。特别是中国农村，由于户籍制度的严格限制，以及城乡之间的巨大差距，使上大学成了社会下层改变身份进入更高社会层次的重要途径，虽然升学的机会仍很稀缺，但却留下了一个可以凭借个人努力改变命运的希望。这种情况在"后总体社会"中并没有

Ideology and Discontent, New York: Free Press, 1964；转引自 Stone Deborah. A. Policy Paradox: the Art of Political Decision Making[M], New York: W. W. Norton & Company，2002：160.

根本性改变。长时期的社会集体记忆，使今天的人们仍然保存着这样的强烈想法：一个农村的孩子只有迈进大学的门槛，拿到大学的文凭，才可能真正进入"上层社会"。高等教育机会公平实现受阻，在一定意义上就意味着社会阶层纵向流动一个重要通道的阻断，而底层精英向上流动的可能性被阻断将导致极大的社会不稳定，正是在这样的社会心理基础上，媒介所采取"不让任何一个贫困大学生失学"的动员策略才会轻易地在普通中国老百姓中间掀起热潮，并从客观上对相关政策部门产生"决策软约束"。由于特殊的制度背景而造成的中国人对教育的特殊社会心理，可以说无论在助学贷款及其贫困生资助的"造势"还是"造情"的过程中，都是一个重要的根本性的背景原因[72]。

第五节 动员方式选择的制度约束

从上述分析中可以看到，对于以国家助学贷款为中心的高校经济困难学生资助政策体系的推行、推广，决策精英领袖和外层决策精英采取了内部组织动员与外部舆论动员的双轨方式，动员方式及效果都沿着两个不同的分岔推进。一方面政策的实际推行最后主要借助的是行政指示、监督和绩效考核机制，即内部组织动员的方式；而另一方面，由于政策的本质是导致"重复性实践"的改变，这涉及人们的惯习和思维模式，因此决策精英同时使用了大众媒介的外部舆论动员方式，主旨是希望通过对话语的塑造和控制，影响大众的生活惯习及旧有思维模式。在这场外部的社会舆论动员中，受决策精英意见影响并承担动员任务的主要是行政化媒介。如前所述，中国大众媒介的市场化改革客观上造成了媒介的分割，行政化媒介、市场化媒介所选取的报道重点在大同之下仍存在差异。行政化媒介舆论的主要功能设定受到决策精英较大的控制，目标指向是安定民心，稳定社会，影响大众思维模式及增强政府的义理性，尽管少数情况下也向决策精英提供社会对政策的反馈信息，但主要还是作为决策精英由上至下实施动员的话语通道。而市场化媒介舆论的功能设定受决策精英的控制力则相对为小，其出于追求市场效益目标而无意中形成了客观的"决策软约束"，但由于缺少正规沟通渠道而很少直

---

72 此段分析受到了孙立平对于希望工程动员策略分析的启发，参见孙立平，晋军，何江穗，毕向阳. 动员与参与——第三部门募捐机制个案研究[M]. 浙江人民出版社，1999.

接进入决策精英的关注视野，市场化媒介只能通过营造社会意见氛围、媒介间议程设置等方式成为隐性、间接的由下至上的话语通道，同时下层话语最终仍是借助内部行政手段的组织动员方式而对政策行为间接生效的。也就是说，市场化媒介中所反映的大众话语基于政府合法性需求而产生软约束，但这种约束主要是针对决策精英领袖而言的。在此可以合理地假定政府合法性只对决策精英领袖有效，外层政策精英行为的约束力则只来源于内部的科层行政控制，因此要把下层意见真正转换为实际行动，就必须通过决策精英领袖对约束力的转换、传递作用，把外部舆论约束力转换为行政约束力，以对实际的集体行动形成完全的整体"约束链"，行政指示、监督和绩效考核的组织动员正是最终完成这一"约束链"的重要部分。这种双轨动员方式的二重组合是与中国社会结构的转型相联系的。

当前中国的社会结构正发生着一种根本性的变化：从"总体性社会"向"后总体性社会"的过渡，后者其实是在经济体制改革的推动下由前者蜕变而来的。市场取向的改革以及由此所带动的一系列制度变迁，造成了配置性资源在整个社会中分布结构的根本性改变，国家垄断的资源经历了一种再分配过程，原来控制在国家手中的一部分资源被释放出来，成为"自由流动资源"，它们能够在"自由流动空间"中以市场为中介相对自由地流动。"自由流动资源"的出现首先是由于国家放松对生产资料和资金的垄断。而"自由活动空间"的形成与扩展，既是体制改革的结果，也是政府政策调整的产物，人们通常日常化地称之为"在政府允许的范围内"。"自由活动空间"是人们利用"自由流动资源"的场所。在此基础上，市场开始成为一个相对独立的提供资源和机会的源泉，市民社会将在此基础上开始发育，而国家权力逐步由一种无限权力转化为有限权力，国家权力在社会生活中的作用开始出现或明确或模糊的边界。因此，在"后总体性社会"中，社会分层序列、精英结构发生了变化，不再完全以政治为标准，而是呈现出多元化的趋势。同时，虽然市场化改革在不断推进，但制度变迁具有较强的路径依赖性，"后总体性社会"在很大程度上与"总体性社会"保持着一定的连续性，中国渐进局部扩散式改革的方式也决定了是在政体连续性的基础上进行变革，这大大强化了社会过渡阶段的相似性。因此，国家权力虽然在一定程度上放松了对社会经济生活的管制，但作为一种根本性的权力，国家的行政权力正以一种新的形式积极介入社会经济生活和市场运作，对社会经济生活的游戏规则产生很大影响，甚至对市场的构建起到了推动作用。国家仍然是合法性的首要提供者，带有国家权威的象征符号在社会经济生活中仍然保持了很高的价值[73]。

在"总体性社会"中，国家对资源的控制主要是采取直接拥有的形式，作为社会运作基本方式的社会动员是一种"组织化"动员，它的特征是每一个被动员者都和动员者密切相关，更确切地说，动员者与被动员者之间存在一种隶属性的组织纽带。这种动员的基础是，动员者往往掌握了对被动员者至关重要的稀缺资源，被动员者事实上处于无从选择的被动地位。"总体性社会"中的再分配制度和单位制构成了这种组织化动员的基础。而在"后总体性社会"中，国家将更多通过间接的、非正式的方式达到对资源的控制和影响，比如政府常以人格化的形态出现，政治领导人的态度代表了国家的意志。对于这种人格化的政治资本的实际使用者来说，重要之处不仅在于再生产和交换的功能，还在于具有一种"象征"意义和"展示"功能，来自不同层级的这种人格化的政治资源代表着不同等级的"背景"，代表着与"国家"的关联程度[74]。必须注意到的是，尽管这种影响往往是间接而且是非正式的，但是这种影响的作用却是不可低估的[75]。

本案例中决策精英使用双轨动员方式正是"后总体社会"动员方式转变的一个缩影，其中内部组织动员方式保留了"总体性社会"的制度痕迹，因为在政治和行政因素对于社会生活的各个领域仍然有着相当大影响的"后总体性社会"中，如果完全脱离体制内的组织因素，甚至置仍然起着重要作用的"政治优势"于不顾，而试图在社会中集聚起较大规模的社会资源是相当困难的，甚至是不现实的。要对社会资源进行有效的动员，就必须以一定的方式有效地利用已有的体制和组织因素；但在"后总体性社会"中，由于内部组织化动员所依赖的条件已经在一定程度上消失，仅仅借助内部组织化动员对资源动员就出现了一定局限性，对于大规模的社会动员不再适用，因此决策精英利用媒介塑造所需的政治象征和话语框架，希望通过舆论影响的间接方式达到对资源的控制和对大众的影响。

---

73 孙立平，晋军，何江穗，毕向阳. 动员与参与——第三部门募捐机制个案研究[M]. 浙江人民出版社，1999：12-14，21.

74 孙立平，晋军，何江穗，毕向阳. 动员与参与——第三部门募捐机制个案研究[M]. 浙江人民出版社，1999：17.

75 孙立平，晋军，何江穗，毕向阳. 动员与参与——第三部门募捐机制个案研究[M]. 浙江人民出版社，1999：284-285.

第六节　本章小结

第二章分析国家助学贷款政策的议程过程主要依靠的是内部启动／创始的方式，议题最重要的肇始者和推动力是"国家""（精英）。但这主要是对议题生命周期初始阶段的概括；那么，大众、媒介在议题生命周期的其他阶段内是否一直处于无为状态？本章通过分析媒介关注强度变化与政策关注强度变化之间的"同向性"及"一致性"，发现：在国家助学贷款案例中，总体而言是政策议程动议、推动了媒介议程的变迁，决策精英群体同时是最重要的媒介议程设置者。国家助学贷款议题动员过程主要涉及正面偏向意见（高关注、正面口吻）的 D 动员，但 D 动员的主要功能并不在于最初使议题吸引决策精英领袖关注从而提上议程，而在于沿着决策精英领袖所建立的政治目标方向，试图以大众媒介为手段、以制造公共舆论为方法，在一定程度上实现对公众议程的影响，从而教育民众哪些政策是有利的、哪些政策方案是应该关注的；同时，这种在外层大众群体里制造舆论、寻求共识的方式，对于决策精英领袖树立政治形象、增强自身义理性是关键；再者，当决策精英领袖和外层决策精英之间存在分割甚至对立的利益时，决策精英群体启动媒介议程也是其对抗、约束外层决策精英话语的一种方式，以更顺利地推行自己的政治理想。决策精英领袖启动媒介议程，本质上是延续议题并强化相关各群体对该议题特定诠释方式的理解与认同、进行以巩固议程为目标的动员。这一因果论断还可以从决策精英领袖的内部批示中获得侧面的辅助依据。

尽管国家助学贷款政策议程最重要的肇始者和推动力是"国家"，但这一个由决策精英发起、并由政府扮演核心角色的变革，在发展过程中已经产生了不同于最初设想方式的新内容。大众媒介在精英行政控制下仍然具备有约束的自主性，而其所提供的社会表达的可能空间很大程度上是媒介市场化改革的"非意图结果"。中国媒介的市场化改革，推动了"市场化大众媒介"与"行政化媒介"的话语分化，由于二者受行政和市场两种力量的影响不同，使媒介尤其是"市场化大众媒介"把更多注意力转向与普通大众日常生活息息相关的事件，从而使得"市场化大众媒介"中更有机会出现与决策精英群体预期不相符合的声音。大众媒介在此型塑了"信贷风险"、"信贷门槛"两大话语框架的象征性协商过程，把金融系统与教育系统处于基层的离散化话语聚合成统一的两个对话方，通过对公共话语空间的占领和分割，把决策精英内部的分化和话语争夺扩大至公开话语场的意义斗争，使得决策精英领袖不得不重视、面对并着手解决因外层决策精英利益分割而带来的各种现实问题，从舆论上促使决策精英领袖对改进国家助学贷款政策的干预不断深入。媒介借助"关注弱势"这一1990年代后在中国社会被不断重述和推崇的公众话语氛围，将私人性的行为转变成具有公共意义的社会行为，游离、分散的言论无意中被媒介整合，塑造成为政府和公众头脑中关于"民意"的集体想象，"集体民意"通过象征的软约束过程影响决策精英领袖的决策。

如果再把网上民意调查的结果加入，精英—媒介—大众三者之间的关系就更为复杂和迂回。在此，"决策精英把大众媒介尤其是行政化媒介作为舆论工具，对'不设防的大众'予以认知操纵，'中国媒介就是精英的喉舌和传声筒'"这样的抽象框架显然过于简约和单向化，影响媒介内容和议程的因素并不仅仅来自精英的控制；而大众也并不仅仅是受媒介宣传摆布的"无知的群体"。对国家助学贷款这样与大众生活息息相关的议题而言，大众从生活体验和人际交流中获得的直接经验影响大大弱化、干扰了其受大众媒介话语的影响。

最后本章概括了国家助学贷款案例中所凸现的一套内部组织动员与外部舆论动员双轨并行的特殊的议程动员方式，一方面政策的实际推行最后主要依靠的是行政指示、监督和绩效考核机制，即内部组织动员的方式；而另一方面又通过符号／话语"动员"过程，借助大众传媒等媒介手段，通过对话语的塑造和控制，向公众传播各种议题的相对重要性，以影响大众的生活惯习及旧有思维模式，从实质上实现政策改变"重复性实践"的根本目标，同时也在公众议程中塑造了"国家大力解决贫困生问题"的政治象征，以增加决策精英领袖的义理性。而在这场外部的社会舆论动员中，行政化媒介与市场化媒介的作用存在差异。

图3-12概括了第二、三章案例所勾勒的行动者网络信息流动机制，简化地显示了国家助学贷款议程过程案例中各行动者及关键要素的作用逻辑。

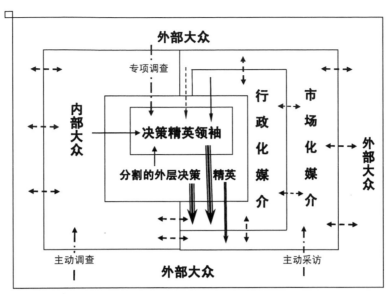

　　提供信息进行主动动员（箭头表示动员方向，粗细表示力量强度）

- - - ▶　非制度化、非常规的信息流动渠道（箭头表示信息流动方向）

――――▶　制度化、常规性的信息流动渠道（箭头表示信息流动方向）

―・―・▶　主动拉动型的信息渠道（箭头表示信息拉动方向）

注：考虑到内部大众意见及媒介信息所形成的决策软约束只对决策精英领袖相对有效，因此本理
论模型图中，简化地假定内部大众信息、媒介信息只流向决策精英领袖

图 3-12　国家助学贷款案例中体现出来的信息流动机制

　　首先，精英、媒介、大众都存在内部的分化，精英可简化为内层的决策精英领袖和外层决策精英，媒介可简化为行政化媒介和市场化媒介，大众可简化为内部大众和外部大众。能够进入决策精英领袖视野的制度化信息渠道主要有三：内部大众、外层决策精英和行政化媒介，这些信息渠道都属于受行政影响较大的内部渠道。外部大众的诉求要进入决策精英领袖视野，一般通过这样的途径：通过非常规化的信息通道（提供新闻线索和记者主动采访）影响市场化媒介，再通过市场化媒介与行政化媒介的议程间设置作用影响行政化媒介的关注点，最后通过后者制度化甚至是行政化的信息渠道间接反映至决策精英领袖；或者先通过非常规化的信息渠道（社会氛围对内部大众隐性影响或者内部大众的主动调查）进入内部大众的视野，再通过后者制度化渠道（提案、议案、批评建议或者部分内部大众在外层决策精英中的主管代表）影响决策精英领袖。总体而言，外部大众的诉求要进入决策精英领袖视野需要比较长的信息链，而且信息链的通畅还很大程度上取决于那些非制度

化、非常规化的初始信息环节能否生效。尽管决策精英领袖主动实施的专项调查可能实现从外部大众到决策精英领袖的快捷、直接信息联系，但专项调查项目的提出却取决于决策精英领袖对社会现实的察觉和自省，具有一定偶然性，同时专项调查实施人员往往由外层决策精英指派，也在一定程度上难以避免外层决策精英部门利益的影响；而与外层决策精英部门利益不符的那部分外部大众诉求却只对决策精英领袖有着相对较高的效用，这就隐含着一种信息链与效用偏好链不一致因而导致传递不畅的危险性。

在中国国家助学贷款案例中，无论是决策精英群体借助媒介作为舆论工具，进行社会动员；还是媒介聚合有关高校经济困难学生资助的"私人化"话语，都具有一整套的动员策略。这种话语策略不是单独哪一方的理性设计，而是媒介结合新闻工作的本质逻辑在市场和行政两大力量的空隙中进行相机选择的客观结果，是无数媒介工作者随机选择序列所呈现出来的结构性规律。这套议程动员话语策略的核心在于对符号象征的塑造和使用，而三个主要的具体策略是："主观看法客观表达"、"造势"和"造情"。"主观看法客观表达"是前提，它基于数字科学主义的现代知识观暗示报道的真实性和客观性，是保障媒介公信力的基础；"造势"则是指让经济困难学生资助体系尤其是助学贷款政策的名字传遍社会的每一个角落；"造情"则指打动人心，通过"叙述性故事"、"隐喻、类比"、"提喻法"和"不明确的模糊性"四种方式精心塑造特定的形象和象征符号（symbol），达到快捷影响多数、淡化个人意向及模糊局部目的的效果，这是在迫切需要达到立竿见影效果时利用的一种话语捷径。

而象征符号塑造之所以能迅速生效跟教育作为社会流动关键资源的中国社会特定情境是相关的。而使用双轨动员方式也是中国向"后总体社会"转变的一个缩影，其中内部组织动员方式保留了"总体性社会"的制度痕迹，因为在政治和行政因素对于社会生活的各个领域仍然有着相当大影响的"后总体性社会"中，要对社会资源进行有效的动员，就必须以一定的方式有效地利用已有的体制和组织因素；但在"后总体性社会"中，由于内部组织化动员所依赖的条件已经在一定程度上消失，仅仅借助内部组织化动员对资源动员就出现了一定局限性，对于大规模的社会动员不再适用，因此决策精英利用媒介塑造所需的政治象征和话语框架，希望通过舆论影响的间接方式达到对资源的控制和对大众的影响。

第四章　话语互动的外部创始与中间扩散：作为对照的学生伤害事故处理政策议程过程

　　第二、三章所阐述的国家助学贷款案例代表了内部创始、决策精英领袖推动议题演化的、自上而下的议程设置过程，尽管这一案例似乎代表了中国社会带有普遍性的一类典型现象，然而中国社会的转型已经从客观上为一些新现象的出现提供了空间。公开的"社会表达"是否有机会生成？这种社会表达是否可能与国家（有关部门）发生正面关系和互动，并成为导致相应制度、政策调整的重要力量？议程是否可能自下而上地予以建构？这些在国家助学贷款案例中尚未提供答案的空白地带，正是本章案例希望予以剖析的。

　　2001 年 8 月 24 日，上海市教委召集有关学校方面的人大代表，在上海教育国际交流中心召开整整一天的动员大会，内容是关于"更好地实施上海市人大常委会于 2001 年 7 月 31 日审议颁布的《上海市中小学校学生伤害事故处理条例》（后简称《条例》），对于一个地方性法规 7 天之后的正式实施，上海市教委何以如此重视？而据参与《条例》制定的上海市教委政策法规处处长郑挺所言，《条例》前前后后共经历了"七年难产"和酝酿。酝酿过程的七年中，学生伤害事故层出不穷，代表着不同利益的家长和学校亦不断地交锋，即使到了《条例》最后的听证会，双方仍然剑拔弩张，据理力争[12]。紧接着，

1　顾嘉健. 7 年等待 《学生伤害事故处理条例》终出台[N]. 新民周刊，2001.9.4.

2　中国教育报记者.《上海市中小学校学生伤害事故处理条例》正式施行[N]. 中国教育报，2001.9.3 第 1 版.

2002 年 3 月 26 日中华人民共和国教育部部务会议讨论通过了《学生伤害事故处理办法》（后简称《办法》），并于 2002 年 6 月 25 日发布中华人民共和国教育部令第 12 号，宣布自 2002 年 9 月 1 日开始正式实施《办法》。《办法》颁布所提供的规制框架并没有就此带来争议的停息，相反却进一步引发了大讨论，媒体的介入更使得争论急剧升温，甚至有人认为："《办法》是在帮助学校找借口，完全出于教育部门自己的利益，可能造成偏袒本部门过错和助长本部门不负责任歪风的后果"[3]。学生伤害事故处理的相关地方法规及部门规章成为牵一发而动全身的敏感话题，备受社会各界的关注。

第一节　议程触发：焦点事件与外部创始

尽管动议群体可以通过增加问题的影响尤其是负面影响来获得议程变迁的机会，但动员并不仅仅如此简单，动议群体有时需要一些帮助才能把议题推上议程。这项帮助可来自问题相关指标（indicators）的变化或者由一个焦点事件（focusing events）制造快速的关注。钦顿（Kingdon）认为这也是组织或社会整体了解问题最主要的两大途径。指标变化通常从统计上表明一个问题在变化，如果代理机构和相关利益人收集不同的数据表明事情正在恶化，议题就可能引起显著的关注[4]。数字本身是不会对议题是否吸引更大注意或被人遗忘产生影响的，指标变化要真正推动议题列上议程往往需要利益集团、政府代理机构和政策主理团体（policy entrepreneurs）的宣传（publicized），他们会利用数字来完善其偏好的政策思想。当然，这并不是说人必然和统计的关系松散，但是统计引证往往需要经过阐释才产生作用。问题指标变化增加议题显著性在第三章有关国家助学贷款政策话语争夺策略中已进行过专门阐述，由问题指标构造的问题在议程上的涨落常常是渐渐的，存在某个团体或某些团体持续、稳定地推进议题演进，在国家助学贷款贷款的案例中，主要是决策精英领袖从内部启动、主导了议题的不断深入。而《条例》或者《办法》在议程中凸现的状态则与此不同，它的提上议程突如其来且显著度变化剧烈，相关决策精英群体与其说是主动提出政策动议，不如说是迫于外部突

3　王忠民. 学生事故处理办法在帮学校找借口[N]. 南方网. 转引自搜狐教育频道，2002.8.28.

4　Birkland Thomas A. An introduction to the policy process : theories, concepts, and models of public policy making[M]. Armonk, N.Y.: M.E. Sharpe，2001：114.

变的形势而作出应急反应。学生伤害事故处理议题与国家助学贷款议题议程过程之所以存在这种差异，其部分原因来源于议程触发方式的不同，使学生伤害事故处理问题列上政策议程的触发因素并不是国家助学贷款案例中的问题指标渐变，而是"焦点事件"。正如奥（Auh）在 1977 年所说，一则迅速出现、高度明显的新闻事件不同于不明显的问题，也不同于一个长期持续的问题，不同的议题项目可能会影响议程设置的过程[5]。

有很多媒介报道在触及"学生伤害事故"时，很难不提到"由 1994 年五十四中学翻墙失足事件而引发的 94 万索赔案"，因为它的意义已不再是一个单纯的"典型代表"。上海市教委政策法规处处长郑挺说，当时这个案件所引发的争论是空前的，它直接促使决策者坚定了立法的决心。教育部政策法规司曾全程参与《办法》制定的 W 也在访谈中重点谈到这一事件对教育部当初草拟《办法》的直接触动作用。

十年前那个里程碑式的立法"渊源"是这样一起学生伤害案：

> "1994 年 4 月 6 日下午 2 时 15 分许，上海市徐汇区五十四中学的初中预备班学生肖涵与同年级的 300 余名（6 个班级）的同学一起在上体育锻炼课。肖与另两名同学在打排球时用脚将球踢出了 3 米多高的校园围墙。为了捡球，肖提议由两位同学分别拖住其双腿，协助他爬围墙，不料失足栽下，头先着地。两同学忙将肖送往学校医务室，医务室老师为肖头部作了冷敷处理，进行观察，同时与肖母进行联系。下午 3 时许，肖母同事赶到学校，将其送往医院治疗。在全力救治下，肖保住了生命并奇迹般恢复了智力，但因颅脑损伤引发脑疝，留下了双腿和左上肢瘫痪，司法鉴定为二级伤残。校方认为'擅自爬墙'是违反校规的行为，因此学校并无责任；家长则认为'孩子最终翻上墙头'是学校管理不尽责，且肖受伤后未立即送往医院救治，延误了医治时间。双方调解耗了足足两年，毫无进展，最终不得不对簿公堂——学生家长提出了向学校索赔 94 万的高额赔偿金。徐汇区法院经过一年零五个月审理，认为肖涵违反学校纪律爬墙摔伤，责任主要在自己；学校未及时送肖救治，一定程度上延误了医疗事件，判决学校一次性赔偿肖涵经济损失 20.4

5　罗杰斯, 迪林. 议程设置的研究：现在它在何处, 将走向何方[A]. 常昌富主编. 大众传播学：影响研究范式（1 版）[C]. 北京：中国社会科学出版社，2000：80.

万元；两位学生各一次性赔偿 5 千元。一审判决后，原告被告双方均不服判决，双双向上海市中法提出上诉，学生代理人在二审开庭时已将索赔金额提高到 120 万元。"[678]

有意思的是，当时不仅五十四中学一家不服，很多无关是非的中学都来抱不平，认为要是再发生这种无法预见的"灾难性事件"，照这样的赔偿法，学校即便再"创收"，也非关门大吉不可。郑挺处长回忆说，一审判决一下来，就有十多所中学的校长联名给市教委写信。

94 万索赔案焦点事件成为学生伤害事故处理相关法规出台的触发因素，但这并不是学生伤害事故处理议题引起决策精英关注的开端。事实上，早在 1994 年，上海市青少年保护办公室就已经在考虑给"学生伤害事故"立个法，但是因为当时中央还没有就此问题表态，"青保办"也不清楚自己是否有这个立法权限，所以立法的决策一再搁置。1996 年发生于广州外语外贸大学的一起学生伤害事故也曾经使当时的教育部政策法规司产生制定规章的意图。事故是由宿舍内一名女学生违反校规、晚上点蜡烛看书引起的，下铺女生点着蜡烛却不慎睡着，蜡烛引燃床上的可燃物并因此导致上铺女生严重烧伤，当时案件也引起很大争议，广州市一审在判决下铺女生有责任的同时也判决学校赔偿 20 多万元。这一判决结果引致广州 11 所高校联合给市人大写信，表示如果此类事件学校都要承担巨额赔偿，没法继续正常办学，要集体辞职。学校当时还找教育部跟法院交涉，教育部由此产生了制定学生伤害处理规范性规章的初次动议。但 1996 年的专家研究却认为制定规章的条件并不成熟，而且当时主要是从界定法律权利、义务关系的角度着眼的，专家们认为已有的上位法对相关问题的处理已有原则性规定，没有必要再出台新的规章，因此议题在 1996 年以后又重新在议程上蛰伏下来[9]。直至 1997 年肖涵案付诸诉讼并提出巨额索赔额，引起媒介的热烈关注，上海新闻界始终进行着追踪报道，多家媒体还展开了系列讨论，媒介的介入及对焦点事件的"塑造"

6　金志明.94 万索赔案——公说公有理，婆说婆有理[N]. 中国教育报（社会周刊），1998.1.11 第 1 版.

7　金志明.94 万索赔案仍在朦胧中——3.26 庭审纪实[N]. 中国教育报，1998.3.29 第 1 版.

8　顾嘉健.7 年等待 《学生伤害事故处理条例》终出台[N]. 新民周刊，2001.9.4.

9　本段历史资料来源于对教育部政策研究与法制建设司 W 的访谈，W 曾全程参与《学生伤害事故处理办法》制定。

进一步引发了社会公众的广泛关注[10]。因此，1997 年十多所中学的联名上书终于使得上海市人大不再犹豫——上海市人大常委会副主任胡正昌立即召集了各级法院举行听证会，会议的结果是市人大正式"立案"。

1997 年 12 月 16 日，当中国教育报记者金志明跨进上海市第五十四中学采访时，无意之中见证了中国教育法制建设的这段历史，金记者采写的通讯《94 万索赔案——公说公有理，婆说婆有理》登载于 1998 年 1 月 11 日中国教育报《社会周刊》头版，一场全国范围内的大讨论从此掀开了帷幕，而论战的中心阵地正是中华人民共和国教育部直属的《中国教育报》。报道发表后，上千封读者来信像雪片般寄到报社，许多读者甚至直接把电话打到报社和记者本人的家中，由此而引出的相关案例更是数不胜数。为此，中国教育报特别开辟专栏——"由《94 万索赔案》引发的思考和讨论"，专门就此问题开展了为期半年多的讨论[11]。中国教育报的系列全国大讨论也使得 1996 年后暂时进入睡眠状态的学生伤害事故处理议题重新引起了教育部的重视，并在 1998 年初由教育部原政策法规司正式委托广东外语外贸大学组成课题组，就学校事故处理问题进行调研并起草规章草案[12, 13]。94 万索赔案终于由一个普通日常事件变成议题的触发机制。

在政治过程的背景中，触发机制就是一个重要的事件（或整个事件），该事件把例行的日常生活转化成一种普遍共有的、消极的公众反应。公众反应反过来成为政策问题的基础，而政策问题随之引起触发事件。当一个事件把一种消极状况催化为要求变化的政治压力时，就会因触发机制的持久性而发生性质变化。触发机制对于重组公众及公共政策制定者的意识水平很重要。但是触发机制的预示性则完全是另一回事情[14]。钦顿把触发机制的条件描述为

10 金志明. 94 万索赔案——公说公有理，婆说婆有理[N]. 中国教育报（社会周刊），
    1998.1.11 第 1 版.

11 中国教育报记者. 热点之二：校园伤害事故如何处理？ [N]. 中国教育报，2003.7.7
    第 22 版.

12 中国教育报编者. 本刊就"94 万索赔案"讨论敬告读者[N]. 中国教育报（社会周
    刊）. 1998.6.7.

13 教育部政策研究与法制建设司研究室. 关于我室于 1999 年 3 月 9 日-11 日在深圳
    召开"学校事故处理办法研讨会"的会议汇报，1999.3.25.

14 格斯顿,拉雷.N. 公共政策的制定——程序和原理[M]，重庆：重庆出版社，2001：
    22.

无法预料其开启和关闭间隔的"政策窗"："一旦窗户打开，它保持开启的时间并不太久。理想的时间来了，而窗户却已关闭……（而且）如果窗户关闭了，也许很久都不会再打开。"[15]

94万索赔案之所以成为触发《条例》或《办法》出台的焦点事件，是几个综合因素共同汇合的结果。尽管在肖涵事件之前及之后学生伤害事故都在不断发生，但肖涵案的特殊性首先在于其采取了诉讼的方式，正如 Birkland 在分析议题增加显著性的途径时所说："有时候群体可能凭借诉讼来使其问题列上议程，尤其是其他途径都不能实现的时候"[16]。但诉讼方式仅仅是肖涵案引起社会关注的途径开端，采取诉讼方式的学生伤害案并不是自肖涵案始的，但肖涵案诉讼的标的额高昂是空前的，这是肖涵案成为焦点事件的第二个因素。上海市青少年保护委员会编写的《中小学生伤亡事故案例》一书中收录的 93 个个案中，最高的一例仅仅为赔偿 10.28 万。尽管家长提出索赔金额自有其事实根据，尽管法院在一审、二审中也分别认定了 60 多万和 70 多万的金额数[17]，但对普通人尤其是教育系统的人士而言，高昂索赔客观上怎么都会构成一个巨大的心理冲击。肖涵案成为焦点事件的第三个原因也是最重要的因素，就是媒介对问题的"塑造"作用。学生伤害事故数字尽管随时间有所上升，但它作为问题指标本身其作用是相对缓慢发生的，大众传媒却可以通过一则关于该事件特别壮观的讯息来让"缓慢发展的新闻事件"被发现、被凸显，这样"突变、壮观的讯息"在传媒议程中起着"激发器"的作用[18]，肖涵案所具有的一些特殊特征使之成为媒介根据新闻价值逻辑选择来启动媒介议程的"激发器"，媒介议程的启动又为之前一直相对处于私人化、局部化、隐匿化状态的公众讨论提供了一个骤然集聚的机会，一时之间媒介、公众的注意力都产生了密集性的汇合，一些不知情或未成为过直接当事人的公众也因此相当迅速地意识到学生伤害事故是个重要的问题。焦点事件使决策精英、政策主理团体、新闻媒体或者公众

15 Kingdon J.W. Agendas, Alternatives, and Public Policies[M]. Brown：Boston: Little，1994：177-178.

16 Birkland Thomas A. An introduction to the policy process : theories, concepts, and models of public policy making[M]. Armonk, N.Y.：M.E. Sharpe，2001：119.

17 金志明. 不只是一件法律诉讼案——《94万索赔案》采写后记[N]. 1998. 7. 16.

18 Cobb R. W., Elder,C.D. Participation in American Politics: The Dynamics of Agenda Building（2nd.edition）[M]. Baltimore: The John Hopkins University Press，1983：85.

都注意到新的问题，或者对已存在但保持在睡眠期（指其占据议程的方式）的
问题——比如本章中的学生伤害事故处理问题尽管之前曾被提议要给予更多政
策关注，但由于立法权限等多种障碍又在议程上偃旗息鼓——给予更多的关
注，并且有潜力使决策精英因为感知到已有政策的失效而导致对解决方案的寻
求[19]。在这一个缓慢积累的个体问题迅速"创造"为社会问题的过程中，媒介
发挥了重要的作用。肖涵案成为焦点事件还有特殊社会背景的影响。因为社会
是按照社会、经济和政治条件的优先顺序变化的，历史上某个时刻可能产生强
烈反响的事件，对该时代另一时刻的影响却可能微不足道[20]。媒介之所以能把
肖涵案塑造为焦点事件是与中国计划生育政策后独生子女成为普遍现象的社会
环境分不开的，独生子女群体的逐渐壮大使学生伤害事故所造成的损失在家长
心理上的相对重要性增强。

　　肖涵案之所以成为媒介议程激发器是与此案的某些特征决定的，除了采取
诉讼形式、索赔金额巨大是重要原因之外，还有其在因果判定和职责划分上复
杂、交叉性强的因素影响。校内伤亡事件的起因，专家概括为 9 种原因；如果
从分辨责任的角度，则大概可分为三类：一是校方负全部责任，二是学生本人
负全部责任，三是双方责任交叉，甚至互为因果。前两类一般较容易分辨，争
议空间不大，而肖涵案的典型特征恰恰在于此案属于第三类，因果判定复杂、
分清职责难度较大（这或许也是法院久审未判的原因所在），双方当事人对同一
事实作出的判断不仅相悖，有时甚至完全是南辕北辙的。比如对肖涵爬墙捡球
事实，校方认为是严重的违反校纪校规行为，而家长则坚持孩子行为的出发点
是为了保护集体财产免遭损失，理当鼓励和表扬。凡此种种，矛盾重重[21]。"激
化、僵持的矛盾"正是新闻报道题材的价值所在，索赔额高昂的"空前性"则
是新闻报道题材价值的第二个要素，肖涵案所具备的这些特殊性质正好符合大
众媒介对于高新闻价值报道的评判标准，媒介出于吸引读者、产生更大社会影
响的需要而塑造了肖涵案这一焦点事件，并调动、集聚起公众舆论的力量推动
媒介议程中的焦点事件走上政策议程的重点位置。

19 罗杰斯，迪林. 议程设置的研究：现在它在何处，将走向何方[A]. 常昌富主编. 大
　　众传播学：影响研究范式（1 版）[C]. 北京：中国社会科学出版社，2000：91.
20 格斯顿，拉雷.N. 公共政策的制定——程序和原理[M]，重庆：重庆出版社，2001：
　　22.
21 金志明. 不只是一件法律诉讼案——《94 万索赔案》采写后记[N]. 1998.7.16.

　　在这里，肖涵案成为政策的催化剂，其触发机制的价值来源于三个因素的相互作用：范围、强度和触发时间[22]。这三个因素共同构成要求政治变化的核心因素。每一个因素的出现与其他因素结合起来，形成触发机制对公共政策过程的潜在过程及发生变化的可能性产生影响。所谓范围是指受到触发机制影响的人的数量。如果一个事件对社会大部分有普遍意义，那么采取行动的要求就会有广泛的基础。但是，如果触发机制改变了少数人的生活，那么对他们来说，要"有所例外"，则是困难的，要获得具有有效改变能力的从政者认可更是困难的。确定触发机制影响的第二个因素，是公众感觉的事件的强度。如果肖涵案的发生作为一个预料之外的事件，却得到公众宽容的接受，那么随后人们对此事件的态度就不是要求改变政策。但是，此事件引起了关注，特别是引起人们以担心或愤怒的形式关注，因此决策精英就可能要对舆论的哗然予以重视。焦点事件展开的时间段，是确定作为政策催化剂的触发机制的第三个重要因素。有些事件很快就广为人知，而另一个事件则要经历一段酝酿过程。触发机制产生的时间与事件的效力并没有一定的关系；很快就广为人知的事件可能与某些经过了萌芽期的事物一样有力量。范围、强度和触发时间解释了触发机制对政策制定过程的影响。这三种因素可能在各种力量中相互作用，所牵涉的问题的总量对于政治行为多少会产生有力的诱因。可以三个因素为维度画出一个三维空间，每一个触发事件都可在这个空间中找到对应的一点，显示出三个因素不同特征的组合。触发机制在问题感知和政治行动的要求之间构成联系。当"是什么"和"应该是什么"的心理弹性回复到其常态形状时，触发机制就在一个点上出现了。罗伯特·林伯雷（Robert Lineberry）把这种联结点称之为"时刻"，这时足够多的人认识到执行的空白，并意识到"当前政策有些地方不对……，随后的制度不能解决问题、或不能像应该的那样去改善问题"，此时范围、强度和触发时间就结合在一起，为触发机制提供了必要的构成因素。

　　然而，是肖涵案而非其他案件成为焦点事件，是在此时而非彼时成为焦点，这并没有内在根本的必然性（如肖涵母亲是上海市知名律师的特殊身份、中国教育部机关报《中国教育报》的偶然介入等都在很大程度上对议题走上议程的时间和历史产生了很大影响，但它们都只是偶然涉入的影响因素），也

---

22 格斯顿,拉雷.N. 公共政策的制定——程序和原理[M]，重庆：重庆出版社，2001：26-27.

不是哪一方理性策划的结果，焦点事件在吸引议题关注之前都相对隐匿（dormant）[23]，事实上，焦点事件往往是在人们未警觉或没太多警觉的情况下就突然发生了，但其突然出现为那些发现自己很难推进其议题的团体提供了最重要的动员机会。焦点事件作为一种反面性的非常规现象，能够打破常规状态下问题不能进入制度化、日常化信息渠道的制约，以非正式的信息沟通方式快速完成从地方到中央、或者从大众到精英的知识传递，传递时间也可能相当短，并迅速成为议程上的重要问题，这种作用是缓慢变化的问题指标所不具备的。前述与焦点事件作为触发机制相联系的范围、强度和触发时间三要素，尽管有助于断定一个特定事件对公共价值的影响，但在许多情况下，一个焦点事件的产生并不按照预料的路线进行。然而，尽管触发机制不一定按照预料的方式发展，但这种事件偶然产生的动力在一段延宕的时期中扩大了范围和强度，这样，触发机制就成为后续事件的刺激，就好比地震引发的余震一样。焦点事件作为公共政策问题的起点，不仅其产生难以预测，其对公共政策的影响也同样无法预料[24]。焦点事件作为触发机制尽管具有不确定性，但它应该得到正确的评价，因为它们的确起到了组织政策问题、使问题在公众议程中显现出来的作用，焦点事件构成的触发机制是政策制定过程中的决定性前兆。如果缺少非常规焦点事件的激发器作用，联系到前述国家助学贷款案例中对于当代中国基本由行政体制内部人控制决策精英信息渠道的分析，学生伤害事故处理议题很可能限于制度障碍和信息阻滞的约束而陷入长期的蛰伏状态（正如肖涵案之前相关议题被多次排除在政策议程之外的情形），但焦点事件突发力的巨大使得原本存在的制度障碍很难再让焦点事件远离媒介议程和政策议程。

第二节　媒介、大众互动对议题"塑造"及强度保持的作用

从上节分析可看出，尽管学生伤害事故处理议题一直处于公众议程比较重点关注的位置，但由于当时议题诱发相关事件处于分散状态，相应的公共

23　Birkland Thomas A. An introduction to the policy process : theories, concepts, and models of public policy making[M]. Armonk, N.Y.: M.E. Sharpe, 2001: 116.

24　格斯顿,拉雷.N. 公共政策的制定——程序和原理[M]，重庆：重庆出版社，2001：49.

话语也主要陷于当事人和知情群体局部化的范围内，再加上当时存在一定的制度障碍和决策层的顾虑，因此该议题一直在政策议程中处于蛰伏状态；借助媒体对"94 万索赔案"这一焦点事件的制造和影响扩散，也就是借助媒介议程对其问题显著性的扩大、对相关公共话语的集聚，学生伤害事故处理议题重新获得了走上政策议程的机会。科布（Cobb）和埃尔德（Charles Elder）将媒介的这种扩散活动称之为"唤醒"："拜传媒之赐，将（问题）传播到更广大的公众之中，使冲突的范围变得更广……'唤醒'本身是自足的，容易滚成雪球。当传媒对一个情况感兴趣时，它们通常盯住不放，使越来越多的重视和关注产生。"在此，媒介的有用性不仅是对公共事务起到了发现机制的作用，更在于如斯科拉兹克奈林（E. E. Schnattschneider）曾经描述的那样，具有使"社会冲突化"的催化作用。媒介把一度是私人的问题转化为公共问题，扩大了受众的数量，因而改变了政策制定过程的动力[25]。正是从这一意义而言，学生伤害事故处理议题采取的是与顶层精英创始的国家助学贷款政策非常不同的外部创始方式列上了政策议程。本节将进一步揭示媒介在完成大众舆论与决策精英政策议程沟通互动链条中的位置，及媒介在进一步推动议题、持续保持议题显著性过程中所起到的"社会冲突化"的客观作用。

因媒介聚合公众话语、制造焦点事件而于 1997 年在上海开始的《条例》立法进程在 1997 年年底又一次"搁浅"。原因是，下一步立法的关键在于确认《条例》到底是民事法律还是行政法律，两者在国家性质的法律上存在严重的冲突。从当时的现实看，在此之前，许多"在校伤害事故"的处理都是按照民事纠纷办理的，处理原则也是 1988 年 1 月 26 日最高人民法院关于《民法通则》的一项"司法解释" ——其中第 160 条写到："在幼儿园、学校生活、学习的无民事行为能力人或者在精神病院治疗的精神病人，受到伤害或者给他人造成损害，单位有过错的，可以责令这些单位适当给予赔偿。"而恰恰是这最后两个字"赔偿"成了立法的"绊脚石"。因为学校是国家事业单位，如果要赔偿的话，还属于国家赔偿范畴，明明是民事问题，结果经费来源还得走"行政路线"，官司一拖再拖，半年、1 年、2 年……这是学校和家长双方都不能容忍的。"当然，最高人民法院已经意识到这个症结所在，并初步拟订了一份'内部解释'，是有关赔偿经费的，但它还是'锁在抽屉

---

25 格斯顿，拉雷.N. 公共政策的制定——程序和原理[M]. 重庆：重庆出版社，2001：60.

里的文件'，上海市人大曾去高院请教过，但生怕擅自率先公布出来，万一以后'内部解释'有所调整，必然与全国性的法规发生冲突。"郑挺处长道出了当时法规中途"搁浅"的原因[26]。由于涉及已存制度规则意义模糊的"灰色"地带，而决策精英上层也出于信息不确定和"静观其变"的心态未给予明确表态，议题演进暂时受阻。

与此同时，各地内部大众（主要是前章所说的各级人大代表和政协委员）对于学生伤害处理议题的参与热度却在大幅度上升。"家长与学校频繁诉诸公堂，一校之长疲于应付，无力教学；赔偿金额无底洞，学校不堪重负……"这是时任上海市南洋模范中学副校长冯德康的心声，1998 年 2 月，他作为新当选的上海市十一届人大代表，第一个牵头提请上海市人大要求立法。而在1998 年上海市"两会"期间，共提交了 37 件相关的议案、提案，呼吁加快校园伤害事故立法，保护当事人权益[27]。以后每年类似的议案、提案就越来越多。1999 年上海市人代会又有 13 名代表联名提案，要求尽早制定相关"条例"，这个议案在众多的议案中脱颖而出，被列入 2001 年上海市人大常委会 14 件立法计划之中[28]。同样，在连续几年的全国人大会议上，都有代表呼吁尽快制定校园安全法；2001 年 3 月的全国九届人大三次会议上，再次有 150 多位代表提出这方面议案，在社会上引起了广泛关注[29]。除中央外，很多地方人大代表都曾在期间提出过建议制定校园伤害相关法规的议案，甚至每年都有代表重提旧话，如：2001 年，重庆市收到 5 位人大代表和政协委员的相关议案[30]；2001 年广州市也有一些人大代表提出相关议案[31]。但是许多地方人大在经过调研考察后，考虑到学生安全事故问题在《未成年人保护法》及一些有关的治安管理条例中都有所涉及，故都暂时停止了制定专门法规的动议。

大众媒介对学生伤害事故处理方面的事件及讨论的报道热情在焦点事件报道后也进一步高涨起来。见图 4-1，继 1998 年 3 月左右媒介对焦点事件的

---

26 顾嘉健. 7 年等待 《学生伤害事故处理条例》终出台[N]. 新民周刊，2001.9.4.

27 陈亦冰. 《上海市中小学校学生伤害事故处理条例》正式施行[N]. 中国教育报. 2001.9.3 第 1 版.

28 顾嘉健. 7 年等待 《学生伤害事故处理条例》终出台[N]. 新民周刊，2001.9.4.

29 黎楠. 在校学生的安全谁来管[N]. 中国中学生报.

30 田文生. 学校企盼学生伤害事故处理办法尽快出台——重庆一学生溺水身亡 再次引起人们对校园安全事故的关注[N]. 中国青年报. 中国教育和科研计算机网.

31 广州日报记者. 穗学生安全事故法规可望出台[N]. 广州日报. 2002.4.11.

"塑造"高峰区 ·之后,学生伤害事故处理议题于 1999 年 3、4 月间再次逐步在媒介议程中占据显著位置。从报道高峰出现时间的特点上看,报道高峰区二与内部大众通过制度化渠道推动议题的进程基本是同时段的,二者很可能互相加强、互相维持,内部大众的议题推动给予了大众媒介更多有新闻价值的报道题材,而学生伤害事故处理议题在媒介议程中的显著性又会通过挖掘"制造"相关爆炸新闻、营造社会氛围、型塑社会心理,进一步扩大、强化了内部大众对学生伤害事故严重形势的认知,吸引更多的内部大众关注此议题,并由此使得相关倡议行动持续出现甚至强度增加。而大众媒介与内部大众的相互呼应又会把这一种"共识"向更广泛的大众群体中扩散。

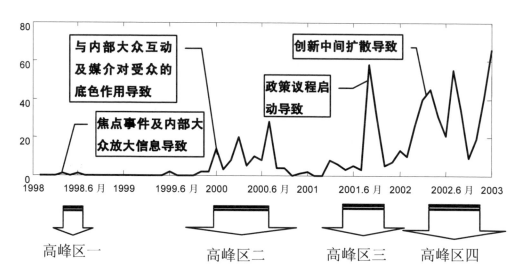

图 4-1　中国资讯库中文媒体库关于学生伤害的报道频次时序图

　　然而,从现实因素看,由于中小学安全工作引起决策精英及社会的关心,自 1995 年全国第一次中小学安全工作会议以来,教育部门一直把它作为重要工作常抓不懈,各地中小学安全教育和防范工作进入新阶段,因此学生伤害事故现象并未出现明显的恶化趋势甚至还在某些方面出现好转。以中小学生非正常死亡率为例,每学年都呈下降趋势[32];据 2000 年的不完全统计,非正常死亡的中小学人数已从 1994 年的 1.8 万人下降到了 1.44 万人[33]。教育部政策研究与法制建设司的 W 在接受访谈时也说:"事实上,在从 1998 年就制定

---

32 教育部基础教育司. 关于学生伤害事故处理问题给王湛部长的请示[R], 2000.6.12.
33 中国教育报记者. 校园安全的范围包括校外吗? [N]. 中国教育报. 2001.3.22.

《办法》进行调研到最后出台期间，每年全国的学生伤害事故数并没有明显的变动。但是基层的呼声却急剧升高，社会大众的关注度也显著上升。"现实因素与公众对现实形势认知上存在的差异说明，媒介确实在一定程度上起到了议程设置的作用，媒介通过保持相关报道的数量、频率、强度而在公众认知中塑造了"形势正在急剧恶化、问题正在迅速激化"的心理认知，并非现实因素的显著度增加而主要是媒介所展示的事件显著性主导了社会心理。可以下列的报道分析作为例子：

【报道片断4-1】"……近年来，发生在山东省济南市中小学校园里的人身伤害案件不断增多，随之学校也不断地被推上被告席；一年高过一年的赔偿额令校方叫苦不迭，其负面影响也已显现，一时间，校园人身伤害问题成为家长、法律界和教育界共同关注的社会焦点。……"[34]

事实上，在本篇报道中只是以列举1995年-1998年三个个案来论证此论断，向大众提供的仅仅是一个来源于模糊信息的清晰论断，亦很可能是来源于公众的模糊印象、又通过媒介的"转述"作为建构出来的"社会现实"本身反过去强化公众的印象。

大众媒介除了通过议程设置提升社会心理对学生伤害事故的认知之外，还通过为大众认识现实情况提供"底色"（priming）[35]的方式对大众的认知甚至行为产生影响，这种影响的积累又将会反作用于媒介的话语框架，媒介与大众之间就会呈现出话语框架交替互动、相互加强的关系。媒介需要通过凸

---

34 戾晶雯 于毅. 学校成为被告——对校园人身伤害赔偿案件的调查与思考[N]. 江南时报，1999.4.7.

35 所谓"底色"，艾因格和金德指的是一种标准方面的变化，该标准是公众政治评价的基础，他们视底色为"比议程设置更微妙、更重要的一种可能。"在实地的实验中，他们发现了对公共议程设置和底色假说的相当多的支持（参见 1yenger, KinderR. News that Mutters: Agenda-setting and Priming in a Television Age[M], Chicago: University of Chicago Press, 1987.）。而就广义界定而言，特别是菲斯克（Fiske）和泰勒（Taylor）1984年的定义，涉及的则是大众媒介议程和大众媒介的语义内容在影响公众态度方面的重要性，指的是对信息解释和恢复前期背景的效果（参见 Fiske S.T., Taylor, S.E. Social Cognition. Reading, MA: Addison-Wesley, 1984：231.）。转引自罗杰斯，迪林. 议程设置的研究：现在它在何处，将走向何方[A]. 常昌富主编. 大众传播学：影响研究范式（1版）[C]. 北京：中国社会科学出版社，2000.

现事态"令人惊悚"的戏剧性和争议的僵持不下来持续吸引公众的兴趣[36]。因此，媒介对于争议大、索赔数额高昂、诉讼波折多的事件就会格外关注；而且出于同情、保护弱者的社会传统心理的影响，这类事件往往无论学校责任如何都会得到一定的学校经济赔偿／帮助[37]，提起诉讼的事件也由于基层法官认识模糊、同情弱者的心理而常常判决学校给予经济赔偿，学校也可能出于人道主义而提供一定的经济帮助[38]。尽管媒介对这类事件报道的绝对数并不一定多，但每一个有关获得巨额赔偿／帮助的报道客观上都会形成很强的"示范"效应，让更多后来遭遇类似事件的当事人采取模仿行为，而且这类报道往往由于涉及反面性的反常事件而更容易得以传播，反面事件的认知模式更容易对受众的认知、社会信息加工起到重要作用[39]。有信息表明学生伤害事故

36 Downs A. Up and Down with Ecology: The Issue-Atttion Cycle. Public Interest, 1972: 42；转引自格斯顿,拉雷.N. 公共政策的制定——程序和原理[M]，重庆：重庆出版社，2001.

37 有报道提供信息表示："……从以上列举的案件我们可以看出，校方在伤害案件发生后无一例外地承担了经济赔偿责任，有的甚至被推上了被告席。……"（参见戾晶雯 于毅. 学校成为被告——对校园人身伤害赔偿案件的调查与思考[N]. 江南时报，1999.4.7）。在教育部政策研究与法制建设司 2001 年向全国样本地区学校发放的问卷也可看到：在学生伤害事件发生后，无论学校责任都往往向学生提供一定的费用。然而，尽管结果都是学生获得了一定费用，但给予的行为背后却可能有着不同的机理，这在后文中再分析。此处对用语暂时不作区分。

38 教育部政策研究与法制建设司的 W 在访谈中也提及他们在面向全国的大型调研中发现的这个现象。

39 新闻话语有反映问题、冲突等反面事件的偏好，人们也对这类新闻最感兴趣，尽管很多传媒研究都得到这样的初步结论，但对这种现象的解释却仍不清晰，其答案可能要从社会学、心理分析或认知的角度去找寻。从心理分析角度看，新闻中反面性的这些不同表现形式可以看成是我们自己心理恐惧的表达，它们和其他事物的不协调（incumbance）给读者提供了通过代理性参与（proxy participation）形成和释放压力的渠道。这样，反面事件的认知模式和自我防卫的情感系统直接胶合在一起。从认知角度说，可以认为这类事件的信息加工处理过程就像把可能破坏我们日常生活的意外事件模仿了一遍。同时，这些信息又是对普通社会规范和价值观的考验，特别是涉及到不同形式的反常事件时，这些信息给团体核心成员提供了外围团体成员或法外之徒的有关情况，且可运用所属团体一致认可的社会规范或价值观从反面界定和证明自身的正确性。这种解释结合了社会学和认知两种角度来分析新闻中反面性的作用。最后，大多数认知模式都是关于日常生活情境和行为的，反常性和反面性事件的信息提供的则是反常的认知模式，因为其显著性，这类认知模式更容易检索和会议起来。

的相关诉讼案确实在焦点事件报道后存在上升趋势[40]。有人把这归因于社会法律意识的增强，但这一论断仍是令人疑惑的，因为其对于社会法律意识从"专业知识"变成大众"常识知识"的途径语焉不详，事实上，来源于各种零星的直接经验（如亲身经历）或间接经验（如通过媒介对他人经历的知晓和模仿）的学习、认知正是把知识从专业领域转换到生活常识领域的重要途径。

在这里，大众媒介议程通过突出学生伤害事故的诉讼案件，为读者和观众"涂上一层底色"，这些事件不仅仅是使受众感到情况显著，而且大众媒介还把"底色"集中涂在那些由于报刊特别追寻、解释这类新闻事件而提出一整套特定的"事件—问题—因果关系—解决方案"组合上。这种特定的"事件—问题—因果联系—解决方案"关联的选择使得学生伤害事故处理问题的性质、解决方式而不仅仅是一个个分散发生的事件，成为大众媒介报道的中心，同时也容易成为个人思考的中心。而且，这些特定的"事件—问题—因果关系—解决方案"被媒介大力宣传，不是以一种不偏不倚的方法，而是以一种积极的或消极的框框去大力宣传。大众传播者可能是"告诉一些真实情况"，但更重要的是通过积极的或消极的语义内容去保持由"学生伤害事件"所提出的问题在传媒上的强度。"底色"既通过大量的传媒报道向人们展示某问题是重要的（媒介议程设置），又以特定的语义框架强调了一套"成功"的"事件—问题—因果关系—解决方案"组合，并作用于公众态度的形成甚至行为的改变。公众提起诉讼频次增高的行为改变有来源于媒介作用的影响，这种行为改变又反过来增强了学生伤害事故议题在媒介议程中的显著性。大众、媒介互动所形成的媒介议程高潮对抗着既有制度的障碍，使学生伤害事故议题持续保持在政策议程上。

这使得读者在相互之间把这类新闻当故事讲解、传播成为可能，因为日常生活中的故事也有主要冲突这一范畴。也就是，几种互不相互独立的因素促成了反面新闻的大行其道。参见梵.迪克，托伊恩. A. 作为话语的新闻[M]. 曾庆香译. 华夏出版社，2003：127-128.

40 有关于广州的报道显示：1999 年后广州市学生告学校的诉讼案件呈上升趋势，仅海珠区法院，2001 年受理的校园人身伤害赔偿案便超过 10 宗（参见羊城晚报记者. 广州：学生告学校动辄法庭见，为何？[N]. 羊城晚报.2002.1.8）。教育部政策研究与法制建设司的 W 在访谈中也指出：在媒介对焦点事件的集中报道之后，有越来越多的学生伤害事故的处理解决方式从过去的行政体系内部走向了教育外部，2000 年后诉讼量出现明显的增加趋势。

第三节　基于不同知识立场和利益地位的话语分歧及媒介对分歧的放大、扩散

如前所述，尽管学生伤害事故议题由于媒介对焦点事件的塑造而提上议程，又凭借媒介、大众的互动而巩固了议题在议程中的较显著位置，然而政策议程推而不动，这中间遇到的最大阻力就是决策精英的风险顾虑。

决策精英的风险顾虑主要在于：首先，对于专门立法必要性的专业认知不统一，有些专家认为学生伤害事故在既有法律法规已经对当事人的权利、义务划分及处理等作出原则性规定，对处理学生伤害事故完全适用，是有法可依的，没有必要再次进行专门的规制[41]，当前矛盾主要来源于基层认知的模糊和不到位，再专门立法可能会影响法律体系的科学性，持此种观点的主要是决策精英内部的专家型决策者。但大多数基层法官却认为既有法律中的规定对学生与学校间的法律关系不够具体、不够明确，在具体司法实践中争议太大、无法可依；其次，对学校与学生关系界定的认知存在激烈矛盾，作为立法目的要澄清"学校不是学生监护人，只承担过错责任"的观念，与家长的常规认知差异太大，法律规范性认知与社会认知所构成的非正式规则矛盾突出，可能导致非议[42]。而这两大顾虑实际是联系在一起的。

---

41 前述上海市、广州市人大在初期都是因为考虑到学生安全事故问题在《宪法》《民法通则》《未成年人保护法》的相关司法解释及一些有关的治安管理条例中都有所涉及，故都认为制定专门法规没有必要。1996 年教育部动议重新进入蛰伏也是基于这种考虑。

42 信息主要来源于对教育部政策研究与法制建设司 W 的访谈。而据 W 介绍，就教育部出台部门规章，还有一些额外的顾虑，首先学生伤害事故处理规章涉及基本民事权利义务问题，根据《中华人民共和国立法法》第七十一条的规定，教育部只能根据法律和国务院的行政法规、决定、命令，在教育部的权限范围内制定规章，而且部门规章规定的事项应当属于执行法律或者国务院的行政法规、决定、命令的事项，部门规章无权规定民事诉讼中的责任，也就是无权调整平等法律主体的民事关系。民事权利义务问题应该由立法机关制定法律来决定。其次，部门规章的立法层次过低，部门规章在法院判案时只能是参考，并不能作为判案依据，更不能写入法律文书。而事实上，这两大顾虑点在《办法》出台以后确实也成为了招致质疑的原因（参见北京青年报记者. 法律界人士评《学生伤害事故处理办法》[N]. 北京青年报. 2002.8.27；郭战宏. 争鸣：《学生伤害事故处理办法》的不当之处[N]. 新华社，2002.9.16）。然而，也正是出于这两点顾虑，教育部认为出台《办法》的落脚点已经发生转变，从规范法律权利义务关系转化为响应具体教育实践的需求.

这里导致决策精英风险顾虑的两大争议点，前者主要是基于不同知识立场而产生的话语分歧，后者则主要是基于不同利益地位而产生的话语差异。W在访谈中认为：既有法律已具备原则性规定，只要能保证基层法官的素质水平，依靠法官的自由裁量应该是可以处理学校伤害事故的，关键只是中国当前基层法官的素质水平参差不齐，整体水平也不高，因此学生伤害事故处理"好像有法依又好像无法可依"的矛盾才会凸现。这可以作为专业认知差异的一方面解释，而对于"是否有法可依"问题上存在的这种专业理论判断与专业实践判断的差别，其更根本的来源恐怕还在于实践性地方知识与规范性理论知识的差异：因为法律是一个很实用的学科，任何法律，无论讲起来多么天花乱坠，它必须得出一个在普通人看来、在当事人看来合情合理的结果。这种合法性不在书本中，不在"正义"、"公平"这样的大概念中，而在现实的人们心中。因此，在基层法院，面对千奇百怪的事，法官很重要的一点就是在了解基本法律原则的情况下，以各种可能的办法获得各方均能认可的结果。首先，这个结果必须双方当事人基本能接受；其次，这个结果还必须符合当地人们的道德价值判断；再次，法官还要考虑这个结果是否符合法律的要求。这就是朱苏力曾专门讨论过的"纠纷解决"与"规则之治"之间的矛盾[43]。这就意味着受法学院知识体系格式化了的学者与基层法官存在不同的知识关切，前者关注的是规则性知识，是规则的正当性和合法性，是规则在法学知识体系和法律权力结构体系中的正当性，是某种做法是否符合规范性的概念和知识体系；而基层法官则更关注能解决实际问题，关注结果的正当性和合法性，关心这一结果与当地天理人情及与正式法律权力结构体系相兼容的正当性，这种关注点的差别会导致心态上的巨大不同，易斯特布鲁克的研究就认为：纠纷解决是向后看的，是要根据已发生的事件来分配收益和损失；而规则确认是向前看的，目的在于诱使人们知情，并因此改变他们的未来行为[44]。专家型决策精英着眼"规则之治"立场考虑是否有必要制定专门法规，如果已有法规所提供的概念和知识体系已经足够，那么制定专门法规是没有必要的；而大众和基层法官却更着眼于"纠纷解决"提出迫切需要制定专门法规的呼声，基层法官面对的是当事人对于分配损失责任的具体要求，

43　苏力. 农村基层法院的纠纷解决与规则之治. 北大法律评论，1999.2（2）；转引自苏力. 送法下乡——中国基层司法制度研究[M]. 中国政法大学出版社，2000：364.

44　苏力. 送法下乡——中国基层司法制度研究[M]. 中国政法大学出版社，2000：364-365.

是本土传统价值判断与规范性正式法律知识体系的剧烈冲突，其自由裁量权的合法性很可能由于本土价值判断的干预而遭到质疑，因此希望提供更明确、更具体的规制以保障具体司法实践的合法性。

正是从基层法官自由裁量遭遇合法性威胁的角度上说，基层法官对于专门立法的呼声是与大众对学校—学生关系（尤其是学校—中小学生关系）认知的巨大差异相联系的。上海市教委政策法规处曾经在1997年做了一个民意测验，调查问题是"学校对学生究竟该承担怎样的法律责任"，这是家长和学校在纸上的第一次碰撞。调查结果极富戏剧性——作为学生当然监护人的家长，80%以上都认为学校也是监护人；但80%以上的教师坚持"学校不是监护人"的观点[45]。双方之所以围绕着"学校是不是监护人"都不肯退让，是因为这是牵涉双方利益、损失分配的要害：众所周知，中小学生是无民事行为能力或限制民事行为能力的公民，我国《民法通则》明文规定"监护人将承担无过错责任。"也就是说，如果学校一旦被界定为学生的监护人之一，学生只要在校内出事，不管学校有无过错都要完全承担责任。监护本身是一种权利和义务的结合体，但如此一来，学校似乎还没享受到什么权利，义务倒要承担不少，因此学校是不可能在这上面让步的。而家长却非常希望凭借学校是学生监护人而保障学生的在校安全。不仅一般大众由于不同的利益地位对学校—学生关系持不同认知，就连法律专业领域内部由于知识认知的不同也对此颇有争议。上海市人大、教育部院政策法规司都曾对教育教学期间学校—学生关系法律性质的看法进行过调研，调研表明基本有四种观点：一是监护关系论（有委托监护、部分监护等提法）。持此观点者认为，一般而言，父母是其未成年子女的法定监护人，学生与其父母之间存在着监护关系。但在教育教学活动期间，学生实际上处于学校的管理控制之下，父母对其子女的监护权已经转移给学校，学校与学生之间存在着事实上的监护关系，学校应为未尽监护义务所造成的后果承担无过错责任。1980年代很流行的一本法官大专自考教材采取的正是"学校是学生在校期间监护人"的提法，这对于一些在那个时期通过自考提升了职称的基层法官而言，更是形成了根深蒂固的观念，这使得部分司法判例中援引的正是学校是学生在校期间监护人的说法[46]；二是准行政关系论。持此观点者提出，虽然学校不是行政机构，学校与

---

45 顾嘉健. 7年等待 《学生伤害事故处理条例》终出台[N]. 新民周刊，2001.9.4.

46 这一事实来源于教育部政策研究与法制建设司W在被访中转述的调研结果。

学生之间不完全是行政管理关系，但也不同于一般意义上的民事关系。学校对学生承担着教育、管理和保护的职责，这是一种社会责任，在由国家提供经费的义务教育阶段，这一责任的社会性尤为明显，类似于行政管理，属于准行政关系；三是特殊民事关系论。因为学校与学生及其家长都是平等的民事主体，他们之间的关系应为民事法律关系。但是在义务教育阶段的中小学教育，是一种以国家承担教育经费、适龄儿童必须接受的国民教育，学校赔偿在某种意义上就是国家赔偿，因此，学校与学生及其家长间的关系，就是一种具有特殊性的民事关系。四是教育、管理和保护关系。这种观点认为，在教育教学活动期间，学校对学生负有进行安全教育、通过约束指导进行管理、保障其安全健康成长的职责[47]。而这四种看法从根本立场的分歧而言仍在于"学校是监护责任"还是"教育管理责任"[48]。

透过困扰决策精英的这两大观念冲突和话语分歧，我们可以看到隐藏的本质原因：话语分歧是不同知识立场、不同利益地位以复杂、迂回形式交叉作用的产物（如图4-2）。

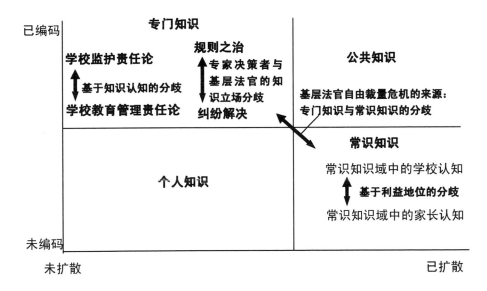

图4-2　学生伤害事故处理议题面临的话语分歧形成机制

47 甘光华. 上海：校园伤害事故处理有法可依（二等奖）——我国首部中小学校学生伤害事故处理条例出台始末[N]. 中国人大新闻，2002.9.6.

48 教育部政策研究与法制建设司研究室. 关于我室于1999年3月9日-11日在深圳召开"学校事故处理办法研讨会"的会议汇报，1999.3.25.

对比第二、三章基于利益分析对国家助学贷款议题演化过程中不同话语框架的阐释，本章案例则可以看到话语分歧更丰富、更多样的来源，话语分歧有着更加复杂、交互的产生机理。而《办法》出台后关于其利与弊的话语争议也主要与知识立场的分歧而非利益地位的差异有关，法学界专家从规范法律权利、义务的角度来质疑《办法》出台的合法性及恰当性，重点遵循的是理论逻辑，主要在"专门知识"的领域内判断《办法》的意义；而教育部却从响应具体教育实践需求的角度坚持出台《办法》的价值及意义，重点遵循的则是实践逻辑，主要在"常识知识"的领域内找寻《办法》的定位。

媒介在具体学生伤害事件报道中不免要呈现相关法律问题的解释框架，专业领域基于不同知识立场的话语分歧及大众常识领域基于不同利益地位的话语差异由此获得了"登台"的机会。媒介对于"争议僵持"等反面性框架的关注偏好更使其偏向于放大话语分歧的程度。媒介作为大众信息传播渠道的特殊优先地位，使原本陷于专业领域内部及具体当事人的话语分歧迅速扩大到广泛的社会范围。而媒介报道不仅可以增加学生伤害事件当事人、知情人之外的大众对认知学生伤害事故问题的关注，同时可能影响甚至设立大众心目中判断学生伤害事故处理准则的标准。而对于学生伤害事故这样专业性极强的问题，专业领域和一般大众之间存在着非常显著的信息地位不对称，专业领域话语比一般大众话语具有更强的信息控制力。如果专业领域存在统一的认知与话语，消除一般大众中基于不同利益地位而存在的常识认知差异并不会如此困难。关键是，媒介通过援引专业界的不同阐释和观念，在放大、扩散专业领域话语分歧的过程中，把专业界的这种话语分歧"复制"、"再生"到缺乏专门知识的一般大众中去，一般大众中的话语分歧因此而得到巩固。

【报道片断4-2】："⋯⋯在校园人身伤害案件中，校方到底承担的是一种什么责任呢？承担责任的前提是什么？怎样来确定承担比例的大小？有无明确的免责条件呢？带着这一系列的疑问，我们走访了山东大学民法教研室的刘保玉副教授。刘保玉说，学校在这里承担的是一种临时监护人的责任。⋯⋯学生从家里来到学校，这里存在着一种监护权转移的问题，监护人由家长转移到学校，学校就应当保证学生在校期间的人身安全。学校承担责任的前提根据有关的司法解释，应当理解为学校有过错；从另一方面讲，学校免除责任的前提条件是学校无过错。法官对过错的界定，应当从严掌握，也就是说不要轻易免除学校的责任。……至于学校承担责任的大小、赔偿数额的多少，目前的法律还没有也不可能细化到如此地步，只能就具体个案而定。这里面还包含着一个法官自由裁量权的问题。"[49]

【报道片断4-3】："……自小玉川到京后，一直为其提供法律援助的某律师事务所的一位律师在接受记者采访时称：目前还没有法律、法规对学校应负的责任做出明确而具体的规定，……但根据学校对无民事行为能力学生承担责任以有过错为前提的精神，可以推出对限制行为能力学生承担赔偿责任，也应以学校有过错为必要条件，……"[50]

【报道片断4-4】："……2001年12月，对出走女孩小静及家长诉北京21世纪实验学校赔偿一案，北京海淀法院认为，未成年人的监护人仍是家长而非学校，驳回了原告的诉讼请求。"[51]

【报道片断4-5】："北京大学法学院王小能副教授就一起家长起诉学校的案件发表观点时认为，"从法律的角度规定了，除了家长是孩子的监护人外，未成年人所在的学校、幼儿园也都属于孩子的监护人。"[52]

【报道片断4-6】："……未成年人法律专家佟丽华认为，学校与未成年人之间是一种监护代理的服务性契约关系，家长是学生的监护人，学校是监护人的代理人，而学生依然是被监护人。也就是说，学校不是学生在校期间的监护人，学校和未成年人之间是监护代理的法律关系"[53]

---

49 昊晶雯 于毅. 学校成为被告——对校园人身伤害赔偿案件的调查与思考[N]. 江南时报，1999.4.7.

50 莫江兰. 女学生被推下五楼以后[N]. 江南时报，2000.3.10 第4版.

51 中国教育报记者. 校园说"法"：稍不留神起官司. 中国教育报.2002.3.3 第4版.

52 2000年中央电视台《今日说法》节目。

53 中国教育报记者. 校园说"法"：稍不留神起官司. 中国教育报.2002.3.3 第4版.

在上述报道中，关于学生在校期间学校—学生关系的论断呈现出明显的话语分歧，"临时监护"、"监护"、"监护代理"等一般大众不具备辨识能力的专业名词可以像"子弹"一样射向"不设防的大众"，在专业知识和常识知识的壁垒之下，媒介对大众具有完全占优的信息控制力。即使在同样来自江南时报的报道片断 4-2、4-3 中可以看到有关学生—学校法律关系的阐述不仅互相矛盾而且用词模糊，专业人士内部的话语分歧被媒介复制到报道分析中并予以扩散。而且，在媒介作为传导途径把专业知识具象化为大众常识知识的这一转化过程中，一般媒介作为信息途径其所具备的知识往往处于"公共知识"和"个人知识"的范畴，媒介知识范畴的约束决定了其在涉及"专业知识"的信息传导中可能发生误传或对新意义的附加，这些都可能最终带来受众所获取"常识知识"与"专业知识"的差异，这一"误识"还可能通过媒介在信息传播中所具备的优先地位而进一步在大众中得以扩散（如图 4-3 所示）。

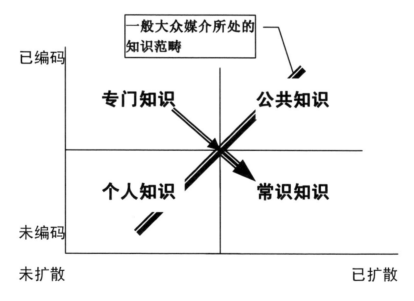

图 4-3 媒介在"专业知识"向"常识知识"传导过程中的信息筛选和再生产

比如在报道片断 4-2 中，媒介报道把学生在校期间的学校—学生关系界定为"监护权转移的临时监护关系"，既然是"监护关系"，那么学校应该承担的就是无过错责任，而此片断后文的分析却又指出学校只有在有过错情况下才承担责任，呈现出一种混乱的法律逻辑关系；然而媒介却以"引述专业人士观点"的方式赋予此模糊观点以肯定的信息合法性，信息来源的合法性使不确定信息得以转换为确定性信息，个人知识领域内的见解借助媒介的合法性确认作用上升为专门知识，并企图通过大众传播扩散到公共知识的范畴。报道者还常常会提供类似这样的模糊信息："……从以上列举的案件我们可以看出，校方在伤害案件发生后无一例外地承担了经济赔偿责任，有的甚至被推上了被告席。……"[54]，而从上下文看此处的"承担经济赔偿责任"主要泛指学校给予学生一定费用的行为，尽管各种不同事件的结果可能都是学生获得了一定费用，但给予行为却可能基于完全不同的机理，常识知识中相似的行为在专门知识域（法律含义）却存在显著差异，基于学校过错而给予的经济赔偿和学校在无过错情况下基于人道主义原则给予的经济帮助是存在法律意义上的根本差异的，经济帮助和民法的公平归责原则也属于完全不同的范畴[55]，但一般受众并不具备充分的"专业知识"来对媒介所模糊传导的事实及话语进行辨识和判断，媒介报道模糊使用的"承担经济赔偿责任"等用语就可能导致专业知识到常识认知的筛选或信息再生产。这些被"误传"的信息作用于大众态度并积累形成集体性的认知时就会反作用于媒介，通过媒介进一步使"误传"扩大化，媒介与大众的互动作用将形成一种不断互相加强的"信息膨胀（information puffing）"[56]正反馈机制。

第四节 议题推进的中低层主导与创新中间扩散

尽管决策精英基于对政策风险的顾虑而不愿继续推进学生伤害事故处理议题，但专业领域、大众群落及媒体借助"误识"、"误传"的交互作用机制而产生的"分歧放大"机制促使现实矛盾激化。既有法律中原本被默认为"白色地带"（意义清晰的法律领域）的领域由于实践现实的发展和解读、

---

54 昃晶雯 于毅. 学校成为被告——对校园人身伤害赔偿案件的调查与思考[N]. 江南时报，1999.4.7.

55 教育部政策研究与法制建设司. 学生伤害事故处理办法——释义及实用指南[M]. 中国青年出版社，2002：107.

56 信息膨胀（information puffing）通常的表现是夸大或者扩大特定类型的信息（Downs A. Up and Down with Ecology: the Issue Attention cycle. Public Interest, 1972（28）:38-50）；转引自 Srinivas Emani. Framing, Agenda Setting, and Response: A Case Study on the Organizational Amplification and Attenuation of Risk[D]. Ph.D dissertation of Clark University，2001.

阐释的模糊性增强而演变为令人瞩目的"灰色地带"（意义模糊有争议的法律领域）。也就是说，知识领域存在灰色信息是内在本质的，要把连续的现实离散化为自然语言的表述，法律语言与自然语言的非对位、语体转换的主观性渗入及社会现实的无限复杂性都是造成法律灰色信息的原因[57]；而知识灰色地带凸现的时间、方式却是由实践现实的变化而决定的。更重要的是，知识灰色地带凸现又会以话语分歧的形式表征出来，通过改变人的预期而影响到人的具体行为。这种由于话语分歧矛盾激化而带来的实践行为改变对决策精英构成了更为根本的压力。

学生伤害事故案如"恶魔缠身"的集体性记忆使学校纷纷采取"谨慎对策"——"卸下吊环、单杠、双杠等运动器械；取消春游、秋游活动，改为放假；规定下课不准上操场，只能在教室和走廊，而且不许奔跑；午间在校的学生不得在校内随意活动，只能在教室内静坐自修；早晨不临上课，不开大门；放学铃声一响，学生必须立即离校；诸如擦窗、攀高打扫卫生，学校宁可雇人来干……"[58]。如果在传统教育模式下，学校基于风险回避而产生的这种行为转变并不会引起对政策议程产生太大的影响。然而，在焦点事件激发学生伤害事故处理议题列上议程的同时，一场以素质教育为核心目标的全面性教育改革正进入一个新的阶段。面向素质教育的改革要追溯到1985年第一次全教会；1993年，党中央和国务院发布《中国教育改革和发展纲要》，指出："中小学要由'应试教育'转向全面提高国民素质的轨道"；1994年《中共中央关于进一步加强和改进学校德育工作的若干意见》明确指出："增强适应时代发展、社会进步，以及建立社会主义市场经济体制的新要求和迫切需要的素质教育。"1996年《中华人民共和国国民经济和社会发展'九五'计划和2010年远景目标纲要》重申："改革人才培养模式，由'应试教育'向全面素质教育转变。"1997年党的十五大报告中指出要"使经济建设真正转到依靠科技进步和提高劳动者素质的轨道上来"。李鹏在九届人大一次会议的《政府工作报告》中提出"实施全面素质教育，加强思想品德教育和美育，改革教学内容、课程体系和教学方法，以适应社会对各类人才的需要"。朱镕基在九届人大二次会议的《政府工作报告》中明确提出："大力推进素质教育，注重创新精神和实践能力的培养，使学生在德、智、体、美等方面

---

57 聂莉娜. 法律语言中的灰色信息探因[J]. 湖北社会科学，2003.0.
58 顾嘉健. 7年等待 《学生伤害事故处理条例》终出台[N]. 新民周刊，2001.9.4.

全面发展"。1999 年 6 月 13 日颁布的《中共中央、国务院关于深化教育改革全面推进素质教育的决定》希望把素质教育推进到一个新阶段，《决定》指出："……实施素质教育，必须把德育、智育、体育、美育等有机地统一在教育活动的各个环节中。学校教育不仅要抓好智育，更要重视德育，还要加强体育、美育、劳动技术教育和社会实践……学校教育要树立健康第一的指导思想，切实加强体育工作，使学生掌握基本的运动技能，养成坚持锻炼身体的良好习惯。确保学生体育课程和课外体育活动时间，不准挤占体育活动时间和场所……"1999 年 6 月 15 日，李岚清又在《深化教育改革，全面推进素质教育，为实现中华民族的伟大复兴而奋斗》的讲话中重申："……实施素质教育根本要靠法治、靠制度，各级领导和教育工作者要严格履行保护少年儿童和学生身心健康发展的法律职责……"外部教育大环境、改革大方针的转变，与学校风险规避型的行为改变呈现出激化的矛盾。"妨碍素质教育的全面推进"也成为了议题推动者最有力的论据，并最终出现在教育部基础教育司于 2000 年 6 月 12 日就制定专门办法向主管副部长提起的请示上："……中小学生伤亡事故仍不断发生，特别是在校园内诸如上体育课、集体活动中、同学间玩耍、学生违纪及校园设备设施存在事故隐患等占较大比例。这类事故不仅造成不良影响，而且由于起因复杂、处理难度大、拖延时间长，给学校正常工作和教学秩序带来很大干扰，经济上也造成损失，已经成为阻碍全面推进素质教育的一个因素。出现这种被动局面，主要原因还是至今无一个较完善、有权威的处理办法作为依据，较合理地处理这类事故。这项工作早在数年前已被政策法规司重视并纳入工作议程，曾委托部分高校和研究机构进行研究并着手起草，由于各种原因，至今未能出台。当前素质教育深入人心，各地教育改革不断深化，但一些地方和学校被发生的事故拖累，严重影响正常工作和改革。不少地方通知强烈呼吁，希望我部尽快出台这方面文件，否则将严重影响素质教育的实施。为此，建议请政策法规司牵头，我司配合，在原来工作基础上尽快制定有关文件可，争取今年内出台。"

推动学生伤害事故处理议题持续保持、甚至在政策议程上显著度增加的力量是外部的舆论和基层行政组织的呼声，基层呼声高涨与决策精英风险顾虑的矛盾又在全面推进素质教育的社会背景下被激化、被凸现，使决策精英不得不对学生伤害事故处理议题在议程中的重要性、必要性进行重新考量；同时，由于该议题涉及专门知识的特殊性，政策议题演进的实质基本是由底层呼吁、中低层协商的过程而主导其发展方向的，主导着政策议题商议及决策过程的力量只是地方立法机构和中央的中层决策精英，相比国家助学贷款政策议题演进过程中决策精英领袖的高度注意和持续主导，在此案例中顶层的决策精英领袖对议题基本处于较低的关注度和涉入程度。这种议题列上议程方式及在议程中推进方式的差异是与议题内容的性质相关的，如表4-1所示。

表4-1　政策议题所属政策类型差异对政策议程过程的影响

议题	政策类型	主要行动者	行动者关系	关系稳定性	决策可见性
国家助学贷款	再分配政策	决策精英领袖及最大利益团体	意识冲突或利益冲突	稳定	高
学生伤害事故处理	保护性规制政策	外层决策精英、立法部门、执行官员、政策目标团体	协商、妥协	不稳定	中等，让决策精英作为整体涉入的可能性小

决策精英领袖影响	外层决策精英影响	地方决策精英影响	涉及目标团体反应
高	—	相对较低	高（作为利益团体的外层决策精英和再分配的受益者）
中等	中等	中等	相对较高

　　由于国家助学贷款属于再分配型政策[59]，涉及决策精英领袖基于统治合法性而对旧有利益格局进行调整（由于信用体系的缺失，金融系统至少在短期利益上是受损的，客观上是把中央政府解决教育系统问题的经济成本让渡一部分给金融系统，这可以说是利益格局的暂时调整），因此决策精英领袖的关注、涉入程度都很大；而学生伤害事故处理则属于保护性的规制政策[60]，其并

59　再分配型政策的特点是"试图对财富、财产权、人权、公民权或其他有价值的东西在不同社会群体间的分配进行控制"，它涉及把一些利益从一个群体转移到另一个群体（参见Birkland Thomas A. An introduction to the policy process : theories, concepts, and models of public policy making[M]. Armonk, N.Y.：M.E. Sharpe，2001：140.）.

60　保护性规制政策通常倾向于保护大部分公众，使其从某些私人行为而造成的负面效应中解脱出来（参见Birkland, Thomas A. An introduction to the policy process :

不涉及某个特定的较大利益团体的受损，因此并不需要决策精英领袖给予特别大的关注，而且规制主要针对大众群体权利、义务的界定，在外层决策精英中不会触及利益的重新划分，不涉及分割部门的直接权利，因此在外层决策精英中不会遭遇阻力[61]。

因此，一个政策的关键主导力量未必都是最顶层的决策精英领袖，由于政策议题类型的差异，只需要"恰当层次"的主要行动者就可以充当政策的"转换器"，比如在学生伤害事故处理议题转化为现实政策的过程中起到主要导向作用的只是决策精英群体的中低层。决策精英领袖注意力空间的有限性决定了其必然只能对某些类型的政策议题给予高关注，而对其他议题则采取相对疏离和"放任"的态度，因此决策精英领袖并非在所有议题中都能起到关键和恰当的作用；而决策精英群体的中低层承担着对议题提供具体界定和制定解决方案的任务，这一交办任务的过程通过"解释权"的下放而赋予中低层决策精英较大的议题影响力，中低层决策精英对议题所产生的实质性权力又由于决策精英领袖的疏离态度而得以顺利通过行政合法化程序，由此以局部的话语获得整个决策精英群体的权威性。

同时，由于议题所涉及的专门知识在专业学术界尚是争议集中的"灰色地带"，在经过较长时间的公共论辩后，话语分歧并未出现自发性的归一趋势倒相反进一步加剧，决策精英所面临的知识不确定性并没能通过话语网络的相互劝服机制而降低，因此决策精英只能出于规避风险的需要，更倾向于采取"局部试错、以观后效"的试验方式，于是让地方决策精英抢先进行政策试验就成为了中央决策者的上策，地方决策精英对政策话语的影响力因此拥有了作用空间。

事实上，地方（如上海、山东）在起草或计划起草有关地方法规或政府规章时都曾与教育部进行过协商，并就法规相关的诸多细节问题详细交换过意见，地方希望教育部规章能尽快出台，由此对地方相应的立法工作提供指导与借鉴作用；而教育部则希望地方先出台，以便在局部试验后总结经验[62]。

---

theories, concepts, and models of public policy making[M]. Armonk, N.Y.: M.E. Sharpe, 2001: 139.）.

61 《办法》征求意见稿在外层决策精英中很快就得以通过，没遇到阻力，这一点也由教育部政策研究与法制建设司 W 所证实.

62 信息来源于张天保对教育部政策研究与法制建设研究室关于1999年3月9日-11日在深圳召开"学校事故处理办法研讨会"会议汇报的批示，1999.3.29.

因此，最后的政策创新是从地方开始的，这就是上海市人人于 2001 年 7 月 31 日审议颁布的《上海市中小学校学生伤害事故处理条例》[63]。

《条例》的出台过程就是不同话语以达成妥协、共识为目的而进行的激烈协商过程。在草案初次露面时就已出现了程度不小的争议：2000 年 12 月，上海市人大常委会对《条例》草案进行一审，委员们在立法的宗旨、条例草案的定位、责任的界定、事故处理的程序、赔偿项目及其标准、赔偿经费来源等方面意见出现了较大的分歧。这份草案在最终表决中没有被通过。随后，市人大常委会立即决定成立由市人大教科文卫委员会、法制委员会、市人大常委会法工委、市政府法制办和市教委有关人员联合成立"修改工作小组"，对草案重新修改，这也是破例的。

作为第一个吃螃蟹者的上海市人大，在面临争议僵持不下而可能导致的政策风险时，通过选择争议最少的立论、建立充分协商程序等方式来相对降低了政策合法性可能遭遇的威胁。首先是采纳"教育、管理与保护"这一易于为社会各方接受的提法来界定学校—学生关系。这一提法据说是受某期《中国教育报》上最高人民法院一位同志意见的启发，这篇报道在谈及"五十四中学失足事件时"避开"监护"一词，专门提出一个"学校必须育护学生"的概念，这一概念没有引起太多的争议。于是上海市教委法规处又在"育护"的基础上总结出"保护"的概念，归纳为"学校与学生之间，在法律上是教育、管理和保护的关系"。而此说法竟然非常顺利地得到了相当一部分民法专家的认可。郑挺处长在回忆这段细节时，惊讶之情也溢于言表[64]。这种观点还以这种相对"中庸"的提法消除了学生家长对于《条例》是否在为学校免责的担忧，同时也因有《教育法》、《义务教育法》、《未成年人保护法》等法律、法规为依据，相对而言争议较少[65]。再考虑到学校可能承担的赔偿过重，上海市教委决定由自己出钱统一为各中小学购买'学校责任险'，每生每学年投保 3 元，保障每生每年可获得赔最高 20 万元的保险金，这样就平息了校方的异议[66]。论战告终，得

---

63 为简化分析和突出重点的需要，本节关于创新扩散的分析不考虑立法体系与行政体系的复杂关系问题，由此避开对地方人大、中央部委关系的冗长讨论，也不涉及地方法规与部门规章的效力层次问题.

64 顾嘉健.7 年等待 《学生伤害事故处理条例》终出台[N]. 新民周刊，2001.9.4.

65 甘光华. 上海：校园伤害事故处理有法可依（二等奖）——我国首部中小学校学生伤害事故处理条例出台始末[N]. 中国人大新闻，2002.9.6.

66 顾嘉健.7 年等待 《学生伤害事故处理条例》终出台[N]. 新民周刊，2001.9.4.

到全社会宽容的这一"定性关系"也就写进了最终施行的《条例》第五款。

上海市人大还通过"立法听证会"的方式建立《条例》的程序合法性，以此降低由未来争端而带来的合法性风险。2001 年 5 月 18 日，上海市人大在人民大道 200 号召集了来自家长、学校、司法部门、法律界和教育界的 50 多位代表，就草案的修改建议稿听取全民意见。这是上海市首次召开的立法听证会，允许新闻单位全程报道。"听证会很有针对性，自己孩子身上出过事故的家长、事故多发的学校，大多到场了，就是要让他们把话都说出来！"市教委法规处的张惠红亲自选定听证会代表的名单。听证会最终长达 5 个多小时。《条例》也最终在二审表决时通过。无论如何，这都是具有历史意义的[67]。这意味着政策创新的首次突破成功，而创新的突破无论如何都将从客观上降低后来各地方乃至中央创新扩散的阻力、减少成本，也就是议题在局部的成功转化将大大增加该议题在其余地方列上议程的可能性，并降低其他局部创新及整体创新的进入成本。媒介在《条例》出台后对于学生伤害事故处理议题再次掀起关注高峰（见图 4-1 中的高峰区三），这客观上促进了局部地方创新向更大范围进行扩散。

上海市人大对《条例》的颁布及实施反馈，向各地的议题倡议者赋予了更多推动议题的信心和热情，也减少了各地决策精英的政策风险顾虑，并由此加速教育部部门规章的出台及各地方法规的出台、立法进程。继《条例》之后，教育部在 2002 年 6 月 25 日以教育部令的形式颁布了《学生伤害事故处理办法》；2002 年广州市第十一届人大五次会议上，数十位人大代表提交了 4 份建议，希望广州市早日出台中小学生伤害事故处理法规[68]；2002 年北京市第十一届人大五次会议和市政协第五次会议上，许多代表和委员再次对中小学校园伤害事故给予极大关注，呼吁制定这方面的地方性法规，此次北京市人大会议共收到相关议案 5 份，支持议案的代表多达 107 人[69]；2002 年广西自治区九届人大五次会议上也由南宁地区卢大等 13 名代表提出要求制定《校园安全条例》的议案，以明确学校应履行的责任[70]。2002 年后出台校园伤害

67 顾嘉健. 7 年等待 《学生伤害事故处理条例》终出台[N]. 新民周刊，2001.9.4.

68 广州日报记者. 穗学生安全事故法规可望出台[N]. 广州日报. 2002.4.11.

69 陈晓蓓. 107 位代表的关注——代表、委员、专家呼吁：为中小学生伤害事故立法[N]. 中国教育报. 2002.3.5 第 3 版.

70 牛微，邱璇，实习生陈柳良. 广西：人大代表直面问题提建议 保护古民居保护在校生[N]. 南国早报，2002.1.31.

相关地方法规的地方数激增，成功完成初次突破的政策创新开始在各地扩散开来。

这种在政策创新在各地开花的"累积效应"对中央层次上的政策创新也构成了推动力量。2002 年全国九届人大四次会议期间，700 多名人大代表、21 件议案共同关注学生意外伤害事故和校园安全的立法问题，指出在我国校园安全、学生伤害事故已经成为一种新类型的案件出现，如此集中的关注程度是全国人民代表大会历史上前所未有的，这件议案得到了全国人大和国务院有关部门的高度重视，重点督促办理[71]。全国人大代表、福州市市长练知轩等 31 名代表又于 2003 年联名向十届全国人大一次会议递交了《关于制定处理中小学生伤害事故法的议案》，建议国家尽快出台在校学生伤害事故处理的法律或法规，提升其法律位阶，以便更积极地预防、妥善处理学生伤害事故，切实保障学生、学校的合法权益[72]。全国人大教科文卫委员会教育室副主任卢干奇在此次人大会议上表示："在制定《学生伤害事故处理办法》过程中，也一直在讨论提高立法层次的问题。但启动立法程序，要考虑与其他法律的关系等诸多问题，困难也比较多。因此下一步要先推动各省制定细化的地方性法规，使全社会尤其是家长树立正确看待学生伤害事故的观念"[73]。从最高层立法者的考虑来看，政策创新朝向权力中心的扩散确实要取决于局部地方创新所奠定的基础，需要依靠地方创新营造更合适的政策环境、创造更充足的政策条件，最顶层的政策创新才能成为可能。2003 年 9 月 23 日，最高人民法院在网上公布《关于审理侵权人身损害赔偿案件适用法律若干问题的解释（征求意见稿）》，向社会征求意见，其中对学生在学校受侵害这一法律界一直未明确的问题作了明确规定，该司法解释认可了《条例》、《办法》所界定的学校—学生责任关系原则[74]。从总体过程而言，学生伤害事故处理议题既不是从上（权力中心）获得突破口，也难以从下（微观行为主体）取得现实可能性，而是从局部的地方决策精英获得了转化为现实的途径；局部的创新突破又得以在地方决策层次持续扩散，并因此增加创新向上扩散的可能性；最

---

71 武侠. 议案追踪听回音[N]. 人民日报. 2002.3.10 第 4 版.

72 中国人大新闻／十届全国人大一次会议／议案集粹／关于制定处理中小学生伤害事故法的议案。

73 来自人民网报道。

74 赵中鹏. 高法公布新司法解释：学生受伤害学校责任分 3 种[N]. 北京晨报，2003.9.24.

顶层权力中心在此并未成为创新的倡导者，而是地方创新的事后追认者，政策呈现出一种创新的中间扩散方式[75]。

同时，创新扩散也带来了媒介对相关议题关注高峰的再次到来，而且呈现出更加高涨、绵延的趋势，在此阶段，主要是政策议程的推进影响了媒介议程（见图 4-1 中的高峰区四）决策精英希望能够借助媒介的传播扩散作用，促使尚停留于专门知识领域内的"政策精神"更快地扩散为更广泛人群认知中的公共知识，因此仍旧采取了行政系统组织动员与外部媒介宣传相结合的方式推广政策，教育部办公厅关于做好学习宣传、贯彻实施《办法》工作的通知中指出："教育行政部门要认真学习《办法》，各级各类学校要把宣传、贯彻实施《办法》作为学校的重要工作来抓；要认真组织学生对《办法》进行学习；教育行政部门还可将学习与法制宣传教育结合，将其作为教育系统'四五普法'的重要内容，通过举行学习班、培训班、讲座等形式组织学习，还可主动邀请专家、教师、学生、家长撰写、发表相关文章，积极引导新闻媒体进行正确、全面的宣传，为贯彻实施《办法》营造良好的社会环境；为保证实施，各地还可制定具体实施措施……"（教政法厅函【2002】23 号）这种来自行政强制力的宣称动员活动会顺次产生媒介报道的集中高潮。因此，就形成机制和时序排列形式而言，高峰区四所表征的这个议程子阶段与国家助学贷款案例呈现出较多的相似之处。

第五节 本章小结

在第二、三章案例中，主要是决策精英领袖从内部启动、并作为主导者推进了议题的不断深入。而学生伤害事故处理议题在议程中的凸现则与此不同，它的提上议程突如其来且显著度变化剧烈，相关决策精英群体与其说是主动提出政策动议，不如说是迫于外部突变的形势而作出应急反应。二者议程过程存在差异的部分原因来源于议程触发方式的不同，使学生伤害事故处理问题列上政策议程的触发因素并不是国家助学贷款案例中的问题指标渐变，而是"焦点事件"。94 万索赔案之所以成为触发学生伤害事故处理议题登上议程的焦点事件，是几个综合因素共同汇合的结果：采取诉讼方式、诉讼标的额空前高昂、媒介对问题的"塑造"作用及计划生育政策后独生子女

---

75 对于"创新中间扩散方式"的分析受到杨瑞龙关于"中间扩散"制度变迁方式分析的启发，见杨瑞龙，1999：353-379

成为普遍现象的社会环境，而媒介的问题塑造作用则是最重要的。94 万索赔案成为政策催化剂，其触发机制的价值来源于三个因素的相互作用：范围、强度和触发时间。然而，是此案而非彼案成为焦点事件，是在此时而非彼时成为焦点，这并没有内在根本的必然性，焦点事件作为公共政策问题的起点，不仅其产生难以预测，其对公共政策的影响也同样无法预料，但其突然出现为那些发现自己很难推进其议题的团体提供了最重要的动员机会。焦点事件作为一种反面性的非常规现象，能够打破常规状态下问题不能进入制度化、日常化信息渠道的制约，以非正式的信息沟通方式快速完成从地方到中央、或者从大众到精英的知识传递，传递时间也可能相当短，并迅速成为议程上的重要问题，这种作用是缓慢变化的问题指标所不具备的。媒介把一度是私人的问题转化为公共问题，扩大了受众的数量，因而改变了政策制定过程的动力。正是从这一意义而言，学生伤害事故处理议题采取的是与顶层精英创始的国家助学贷款政策非常不同的外部创始方式列上了政策议程。

焦点事件报道之后，各地内部大众对学生伤害处理议题的参与热度大幅度上升，大众媒介对此方面事件及讨论的报道热情也进一步高涨，媒介扩大、强化了内部大众对学生伤害事故严重形势的认知，吸引更多的内部大众关注此议题，并由此使得相关倡议行动持续出现甚至强度增加；而大众媒介与内部大众的相互呼应又会把这一种"共识"向更广泛的大众群体中扩散。然而，从现实因素看，学生伤害事故现象并未出现明显的恶化趋势甚至还在某些方面出现好转。媒介确实在一定程度上起到了议程设置的作用。大众媒介不仅通过议程设置功能提升社会心理对学生伤害事故的认知，还通过为大众认识现实情况提供"底色"（priming）的方式对大众认知甚至行为产生影响，这种影响的积累又将会反作用于媒介的话语框架，媒介与大众之间就会呈现出话语框架交替互动、相互加强的关系，其互动所形成的媒介议程高潮对抗着既有制度的障碍，使学生伤害事故议题持续保持在政策议程上。

尽管学生伤害事故议题由于媒介对焦点事件的塑造而提上议程，又凭借媒介、大众的互动而巩固了议题在议程中的较显著位置，然而政策议程推而不动，这中间的最大阻力就是决策精英的风险顾虑。导致决策精英风险顾虑的两大争议点，前者主要是基于不同知识立场而产生的话语分歧，后者则主要是基于不同利益地位而产生的话语差异。本章在第二、三章基础上对话语分歧的产生机理进行了拓展，发现话语分歧是不同知识立场、不同利益地位以复杂、迂回形式交叉作用的产物。

本案例还发现了与国家助学贷款案例有所区别的"媒介—大众"关系。在专业知识和常识知识的壁垒之下，媒介对大众具有比较占优的信息控制力。而且，在媒介作为传导途径把专业知识具象化为大众常识知识的这一转化过程中，一般媒介作为信息途径其所具备的知识往往处于"公共知识"和"个人知识"的范畴，媒介知识范畴的约束决定了其在涉及"专业知识"的信息传导中可能发生误传或对新意义的附加，这些都可能最终带来受众所获取的"常识知识"与"专业知识"的差异，这一"误识"还可能通过媒介在信息传播中所具备的优先地位而进一步在大众中得以扩散。

基层呼唤政策的意愿高涨与决策精英风险顾虑的矛盾在全面推进素质教育的社会背景下进一步被激化、被凸现，使决策精英不得不在议程中对学生伤害事故处理议题的重要性、必要性进行重新考量；同时，由于该议题涉及专门知识的特殊性，政策议题演进的实质基本是由底层呼吁、中低层协商的过程而主导其发展方向的，主导着政策议题商议及决策过程的力量只是地方立法机构和中央的中层决策精英（外层决策精英），相比国家助学贷款政策议题演进过程中决策精英领袖的高度注意和持续主导，在此案例中顶层的决策精英领袖对议题基本处于较低的关注度和涉入程度。这种议题列上议程方式及在议程中推进方式的差异与两案例议题内容的不同性质相关。决策精英领袖注意力空间的有限性决定了其必然只能对某些类型的政策议题给予高关注；而决策精英群体的中低层承担着对议题提供具体界定和制定解决方案的任务，这一交办任务的过程通过"解释权"的下放而赋予中低层决策精英较大的议题影响力，中低层决策精英对议题所产生的实质性权力又由于决策精英领袖的疏离态度而得以顺利通过行政合法化程序，并由此以局部的话语获得整个决策精英群体的权威性。因此，一个政策议题的关键主导力量未必都是最顶层的决策精英领袖，由于政策议题类型的差异，只需要"恰当层次"的主要行动者就可以充当政策的"转换器"。

最后，由于议题所涉及的专门知识在专业学术界尚是争议集中的"灰色地带"，在经过较长时间的公共论辩后，话语分歧并未出现自发性的归一趋势倒相反进一步加剧，决策精英所面临的知识不确定性并没能通过话语网络的相互劝服机制而降低，因此决策精英只能出于规避风险的需要，更倾向于采取"局部试错、以观后效"的试验方式。政策创新在地方局部的首次突破成功，将从客观上减小后来各地方乃至中央创新扩散的阻力和成本，也就是议题在局部的成功转化将大大增加该议题在其余地方列上议程的可能性，并降低其他局部创新及整体创新的进入成本。因此，从总体过程而言，学生伤害事故处理议题既不是从上（权力中心）获得突破口，也难以从下（微观行为主体）取得现实可能性，而是从局部的地方决策精英获得了转化为现实的途径；局部的创新突破又得以在地方决策层次持续扩散，并因此增加创新向上扩散的可能性；最顶层权力中心在此并未成为创新的倡导者，而是地方创新的事后追认者，政策呈现出一种创新的中间扩散方式。同时，创新扩散也带来了媒介对相关议题关注高峰的再次到来，而且呈现出更加高涨、绵延的趋势。在此阶段，主要是政策议程的推进影响了媒介议程，决策精英希望借助媒介的传播扩散作用，促使尚停留于专门知识领域内的"政策精神"更快地扩散为更广泛人群认知中的公共知识，因此仍旧采取了行政系统组织动员与外部媒介宣传相结合的方式推广政策。这种来自行政强制力的宣称动员活动将产生媒介报道的集中高潮，就形成机制和时序排列形式而言，这一时期的媒介议程子阶段与国家助学贷款案例呈现出较多的相似之处。

第五章　被掩盖的话语与议程隐蔽：作为对照的Q省Z市某中学搬迁政策议程过程

　　前三章所描述的案例尽管表现出两种不同走向的议程过程典型，但二者仍有着共同点，就是案例存在着分明、可见且有时间跨度的议程设置过程，那么决策精英意志完全压倒一切的极限情况又将呈现为怎样的图景呢？这正是本章案例所力图揭示的议程隐蔽现象，在这一类现象中决策精英的意志阻碍了其他意图和表达进入议程的可能，不同议题的博弈过程被屏蔽，观察者甚至看不见外显的议程过程。事实上，这类现象的可贵就在于它折射出了转型前中国社会一种相当典型而普遍的极权社会特征，而更宝贵的是这类现象由于过程的被隐匿而常常只是处于人们的猜测而非观察视野中。

　　Z市是Q省省会城市，是国家推进西部大开发和西南某经济带重点依托的中心城市，是西南地区重要的交通通讯枢纽和航空港之一。然而，特殊地理环境对城市发展的限制随着Z市社会经济的进一步发展而逐渐凸现：Z市处于一个山间盆地之中，外延扩张的平面与宽间制约很大，而Z市中心区每平方公里人口密度已超过2.5万人，市区高楼林立，人口稠密，交通拥挤，在一定程度上影响了城市品位形象的提升，也对城市现代化的发展构成了日益严重的制约。因此，Z市于2000年开始启动J新区建设项目，目标是在Z市城区的西北部逐步建立一个城市新区[1]，规划至2010年Z市城区将由中心区及

1　2000年6月2日，国务院批复的Z市城市总体规划明确提出："城市今后发展的方向，是在城区西北部的金华、阳关一带，建设一个城市新区。"

周围八个片区组成，构成"众星捧月"的组团式空间布局形式，严格保护片区间绿色隔离带，强化"城中有山，山中有城"的城市特点；远景的 Z 市城区将形成以旧城市中心区及 J 新区为市级中心的双中心城市结构。2002 年，Z 市党委机关报于新春伊始，刊发了一条"Z 市某中学将搬迁 J 新区"的消息，消息来源于 Z 市党委会扩大会议上某市主要领导的讲话中。这一消息在 Z 市某中学激起了千层浪，也一时成为 Z 市百姓茶余饭后的谈论话题。一则学校搬迁消息本不足为奇，为何会引起学校如此激烈的反应，并成为百姓们一时谈论的话题？

第一节　城市现代化发展战略与教育作为经济发展的筹码

事实上，Z 市要拓展城市空间的动议要远远早于 2000 年。曾经担任过 Q 省省委书记处书记、中共中央宣传部部长、中共中央农业研究办公室著名学者的 H，在 1990 年代初期就基于对 Z 市的长期观察和深入调研提出要以建立新区拓展 Z 市城市发展空间的想法。但建设新区是一个城市长期远景规划的一部分，需要以巨额经费支持等复杂条件的充分满足作为必要条件，而 Z 市作为西部贫困省份的中心城市，当时根本无法从有限的财政中划出额外经费投入新区建设。时任 Z 市市委书记的 L 认为 H 关于建立新区的想法和动议虽然很符合 Z 市长远发展需要，但该政策动议投入过于高昂，基本条件尚不成熟，因而无法在其任期内进行启动。

2000 年国家西部大开发战略开始实施，该年 4 月，西部开发总体规划作为国家"十五"计划的重点专项规划启动编制工作，西部地区水利、交通、能源、通信等基础设施建设在 2000 年明显加快[2]，这一战略也启动了向西部倾斜的积极财政政策[3]，这给作为西部城市的 Z 市带来了一个财力来源迅速增加的机会，建立 J 新区的议题重新列上 Z 市议事日程并正式成为 Z 市城市发展的实际行动。国务院于 2000 年 6 月在对 Z 市城市总体规划的批复中肯定了建设城市新区的目标。Q 省省委、省政府也明确提出："城市基础设施建设要重

2　新华社. 我国西部大开发迈出实质性步伐[N]. 2000.10.28. 新华社. 国务院关于实施西部大开发若干政策措施的通知[N]. 2000.12.27.

3　新华社. 国务院关于实施西部大开发若干政策措施的通知[N]. 2000.12.27.

点启动 J 新区开发和一批中心城市基础设施，支持 Z 市瞄准面向新世纪现代化大都市的目标，努力建设成为西部大开发的一个重要增长极。" J 新区在 Z 市城市总体规划修编中，被界定为"为疏解中心区人口压力，提高中心区环境质量及基础设施服务水平，完善中心区职能，减轻中心区繁杂功能而提出的重点发展的城市新区"，其性质是城市的拓展空间，是以行政办公、居住、文化科研和高新技术用地为主的新区。Z 市对 J 新区建设的深远意义是这样界定的："J 新区建设是拓展城市新空间的必然选择，是提高 Z 市现代化水平的需要，也是推进 Z 市经济快速发展和改善人民生活质量的需要，又是实施西部大开发战略的载体和实现 Z 市'强市升位'及跨越式发展的需要。J 新区的建设对 Z 市自身的发展和 Q 省产业带城镇群的形成，对促进全省城市化发展将产生深远的影响。"[4]Z 市市委书记在一次讲话中也强调："J 新区建设是 Z 市经济社会发展中的一个非常重要的战略问题，而不是战术问题；是全局性的工作，而不仅仅是一项具体工作。……进一步加快 J 新区建设步伐，是提高 Z 市城市化水平的需要……"[5]从这些官方界定可以看出，J 新区建设是 Z 市以"城市化"为目标向周边进行拓展的核心策略，政策背后的基本逻辑就是"J 新区建设 = 城市化"。

而 Z 市的城市现代化发展战略又如何引出了 Z 市某中学搬迁的动议呢？据对知情人士的访谈，Z 市某中学搬迁新区之事还需要追溯到 Z 市的教育局长招聘。Z 市于 2001 年向全国公开招聘市教育系统一把手，后通过多重考核从省外聘来教育局长 B。刚上任的 B 很希望能够做出点重头事情以展示其上任给教育带来的改变，最后选择了处理基础教育均衡及效率问题作为首要突破口，他把视野投向了 Q 省教育水平最高、声誉最好的 Z 市某中，认为 Z 市某中"一支独秀"的局面不利于基础教育均衡和高中办学效率的提高（Z 市某中只办高中教育），因此动议要建一所新的现代化学校与某中"抗衡"。Z 市人大对此动议提出了不同意见，认为首先从 Z 市财力状况出发，新建一所中学的投入过大，会在一定程度上、一定时期内挤占其他学校的教育投入，相比"增加对薄弱校的关注"方案，如此激进的改革方案不是最恰当的选择；其

4　关于 J 新区的功能定位及意义来源于 Z 市政府网站，因为涉及信息比较敏感，因此隐去相关的具体网址。

5　此段文字来源于人民日报，因涉及信息敏感，因此隐去相应出版时间。

次，Z市某中也是Z市教育局的隶属学校，"抗衡"的提法似乎把Z市某中排除在市教育局管辖范围之外，顶多只能讲促进"竞争"，"抗衡"的说法不妥。由于存在不同意见及经费上的障碍，B关于新建学校的动议没有得到通过。J新区建设方案启动后，B从中发现了可以另一渠道实现自己动议的机会，产生了把Z市某中搬迁到J新区的想法，并将此设想向市的主要领导汇报。时任Z市市委书记的X也认为如果把全市最好的学校和医院搬到J新区[6]，就可以吸引居民到J新区购买房子、向新区搬迁，这样就可以推动新区建设。两者的想法有了结合点，于是X就在Z市2002年年初的全委扩大会讲话中提出了"Z市某中搬迁新区"的规划。本来，"Z市某中搬迁"也未必是件坏事，关键是此动议涉及的社会因素复杂，可能带来的政策后果不确定性强，因此如果在党内会议上提出设想、然后加以周密论证，就便于把政策的风险控制在允许的范围内。然而，"Z市某中搬迁新区"尚处于X设想阶段时，X就将这一未经论证的设想作为市委常委会通过的决议在全委会上予以公布，而且这一消息还由出席会议的新闻媒体进行了披露，甚至党委机关报还充当了"报道先锋"的角色。于是，一个未经周密考量的个人决策首先以市委常委会通过决议的名义、通过全委扩大会议的宣布获得行政上的合法性，然后作为一个既成事实的论断借助"媒介"巨大的传播功能迅速地向公众扩散，以期在大众中获得足够的社会合法性。

在这一由个人设想迅速上升为现实行为的过程中，提出动议的地方决策精英领袖首先屏蔽掉决策体系与大众尤其是政策目标团体之间的信息，跟议题建构相关的信息都只封闭在很小的精英圈子中，在决策结果从决策体系内向外部单向传输之前，政策所涉及的目标团体毫无觉察，更缺乏渠道对决策所针对的议题提供意见并进行协商。同时，地方的决策精英领袖还利用既有的组织规章制度，屏蔽掉行政决策体系内部可能存在的不同声音：首先，B在全委扩大会议上称"市委常委会集体决议"并进行正式宣布，即使市委常委内部存在不同意见，但也被这"正式宣布"之举逼到必须默认的地步，否则每一个市委常委成员都可能面临着相当大的政治风险；其次，如果某中搬迁只是地方政府的决议，那么地方人大可对此具有理所当然的询问权，Z市人大本来准备就某中搬迁的各种具体事宜要求政府提供进一步的调查考量资料，

---

6 作为Z市促进新区建设的搬迁工程还包括由Z市四大班子构成的行政中心、Z市最好的脑科医院。

但现在既然已经成为市委集体通过的决议，而按照《中华人民共和国宪法》对于根本政治制度——人民代表大会制度的相关表述，只明确规定了人大对"一府两院"所具有的监督权，对于党委决策、政府执行的决策监督，宪法则没有明确的具体规定[7]，因此也不便直接询问某中搬迁新区事宜。于是，出自领导者个人设想的动议就通过利用规章制度等屏蔽相异话语进入可能性的方式，而迅速成为现实行动的纲领。

第二节　教育政策问题性质的模糊性及话语策略

"Z 市某中搬迁 J 新区"的消息在 Z 市党委机关报上登载以后，在该政策最直接的目标群体 Z 市某中内立刻掀起轩然大波。

反应最为强烈的是该校的退休教师，他们于 2002 年 2 月 20 日发出公开信"Z 市某中学校址搬迁值得商榷"，提出不宜搬迁的三大理由，一是该校建校已近百年，是 Q 省文化教育历史上首次出现现代学校概念的见证，是一处独特的历史文化遗产，应予保护，对于这种不可再生资源，在处置时必须慎而又慎，轻率决策可能带来地方社会文化的巨大损失[8]。

二是学校与该省母亲河 N 河息息相关，是 Z 省母亲河文化的重要象征，已经成为 Z 市地域文化的一个组成部分，每所学校都有自己的历史和有个性的育人环境，"搬家"搬掉了，必将造成无法弥补的损失[9]。

三是发展经济要尊重教育规律。首先，对于 Z 市这样一个经济落后的西部城市，发展经济要重实情，不可攀比，尽量做到少花钱、多办事。不要按照先进地区沿海城市的模式，在城区盲目建很多广场、绿地，更不应该把一个全省教育条件最好的学校改建为考虑并不十分成熟的绿地，同时还要又花几个亿去新建一个豪华校区，这是对 Z 市本就相当有限的教育经费的巨大浪费；其次，Z 市某中搬迁新区后的建设目标是 5000 高中生规模，这一数字基本是目前 Z 市

7　尽管从理论而言，党是国家政权的领导核心，各级人大和人大代表都要在党的领导下，而且由于根本目标一致，所以维护党的领导和发挥权力机关作用是一致的；但是实际操作中尚存在党政不分的情况，一般是党委作出决定、政府去组织实施，不少地方是党委和政府联合发文对一些工作进行安排部署，有的地方党委不是从政治上、思想上、方针政策上去实施领导，而是直接介入经济和社会生活，因此对党委和人大的关系问题还存在很多模糊及争议的认识。

8　Z 市某中退休教师.Z 市某中校址搬迁值得商榷，2002.2.20：1-2.

9　Z 市某中退休教师.Z 市某中校址搬迁值得商榷，2002.2.20：2-3.

某中办学规模的翻倍，很大程度上是领导出于政治示范性意义确立而未加充分论证的轻率决定，而一个地区的高中办学规模大小，与地区的社会经济发展状况、未来社会经济发展规模、人口状况等密不可分，Z 市某中作为地区精品学校的定位决定了其规模的扩充必须适度，如果不慎重考虑教育规律，忽略了基础软件条件的配备，教育质量就很可能成为规模大跃进的牺牲品：

> "新区需要好学校、好医院，而老城区也同样需要。学校搬迁后将建成 5000 高中生规模的学校，理由是为了适应社会发展需要，为了满足更多家长对优质教育的需求，……这在搬家之前是否经过严密的论证？首先，从教育布局而言，对比 Z 市主要两城区的重点中学，我校所在区只有两所重点中学，如果搬走 Z 市某中，就只剩下一所重点中学，与另一区相比严重失衡；再从 Z 市某中的长远发展看，要办精品学校、保持名牌效应，学校规模必须适当，比较上海、北京许多重点中学的规模，再扩大我校目前的规模无疑有很大风险（本部 45 个班，分校 30 个班）。办中学不是越大越好，这是教育的规律。硬件设施建设容易，但扩大规模后的师资数量、质量，学生的质量是否能够保证？硬件设施可以搬走，但良好的校风、教风和学风能那么轻易地被搬走吗？拆迁容易修复难，诸多迁校事例证明，把整个学校迁走不一定是好办法，很可能会葬送一所好的学校，这就是为什么上海浦东建立新区时，没有把浦西的老牌重点中学格致中学迁到浦东；北京修建平安大道也没有让古老的北京四中名校拆迁的原因。"[10]

针对 Z 市某中退休教师的强烈反应，为进行政策动员，Z 市政府领导于 2002 年 3 月 1 日下午 4：30 专门到 Z 市某中召开会议，向教职工宣讲将 Z 市某中学拆迁至筹建中的 J 新区的设想，说某中搬迁不仅可以推动新区发展，而且搬迁后新校的校园面积和硬件设置都会上个大大的台阶，可以解决某中面积拓展受限制的问题，也是有利于某中发展的。然而，会后教职工们认为此次宣讲与其说是讲设想，不如说是讲决定，反应更加强烈。

紧接着，Z 市某中的 62 名在职教师在 2002 年 3 月 8 日联名向 Z 市各级领导发出"搬迁某中应权衡利弊"的谏言书，署名者中不少是特级教师和高级教师，是 Z 市的教学带头人和中青年骨干。他们提出"某中搬迁要慎重权衡"的六条理由，除前两条与前文相同外，还增加了四条。一是改善生态环

---

10 Z 市某中退休教师.Z 市某中校址搬迁值得商榷，2002.2.20：4-5.

境固然应该，但必须应地制宜，广建草坪并不是很适合 Z 市环境保护的举措；从绿化带的布局看，Z 市某中所在场所附近已经建立了多个绿化广场，也不必把 Z 市某中现有校舍改造为草坪；而且 Z 市某中经过多年建设，投资至少数千万元，是全省唯一一所配备了实验楼、室内体育馆、图书馆、塑胶跑道和室外标准游泳池的学校，电化教育设施及网络配置也相当完善，是教育信息化示范校。现在却要花几亿、十几亿去拆迁，用以扩充一个并不十分需要扩充的广场，得不偿失，更何况 Z 市周围还有一些贫困区镇，市内也有一些条件较差的学校急需资金资助，这实在是对教育资源的浪费[11]。

二是建设新区不能把搬迁名校作为经济发展的诱饵，制约经济发展的因素是多样的，不能单用一个学校做砝码：

> "Z 市领导决定要建立 J 新区，这是 Z 市发展的需要，但经济发展要尊重规律。3 月 1 日市领导的宣讲中可揣摩出搬迁某中的目的有二：一是因特殊国情（独身子女，父母特别看重子女教育），新区要搞热房地产，周边就得有好学校、好医院，于是搬迁某中便成了炒热房地产的'诱饵'；二是市四大班子（市委、市政府、市人大、市政协）要搬迁，不解决班子成员的子女就读问题，搬迁工作就不易推动，无疑某中又成了一个'诱饵'。制约经济发展的因素是多样的，不能单用一个学校做砝码，况且房地产的发展总是有限的，若只顾眼前就耗资上亿去搬迁一个学校，实在不是明智之举。"[12]

三是 Z 市教育确实需要发展，尤其是城市拓展以后确实需要相应的教育设施，但教育的发展不是仅有搬迁这一步棋，更不是只有"某中学"这张牌可以打：

> "Z 市的教育确实该发展，但不是只打某中学这张牌。前几年搞 XH 开发区（注：Z 市一个国家级开发区），就把某中分去搞分校；现在要搞 J 新区，又把某中拆迁过去。那以后如果再搞其他开发区、新区，是不是又要把某中一分为三、一分为四呢？这种权宜之计使某中师资分散、管理人员分散、财力分散，长此以往，某中就会只有名牌的'名'，而无名牌的'实'了，这样不仅不能发展 Z 市教育，可能还会葬送一所好学校。"[13]

---

11 Z 市某中在职教职工. 搬迁 Z 市某中应权衡利弊，2002.3.8：2.

12 Z 市某中在职教职工. 搬迁 Z 市某中应权衡利弊，2002.3.8：2.

13 Z 市某中在职教职工. 搬迁 Z 市某中应权衡利弊，2002.3.8：2.

四是 Z 市某中搬迁牵涉到确定学校适度规模、学校合理布局等具有特有教育规律的问题，还将在一定时间内大大增加学生的就学成本，可能会影响某中生源及教育的公平性，领导决策应慎重；尽管城市改造、城市建设是大势所趋，但领导决策要有远见，少一点虚荣心，不要搞重复建设：

"……Z 市某中要保持名牌效应，就必须慎重处理质量和规模扩展的关系。其目前 75 个班的规模已经很大，而且从很长一段时间内的人口变动看，适龄学生人数会逐渐减少，盲目扩大某中规模不利于某中发展。再者，合理布局学校也是教育规律之一，若将某中迁走，NM 区仅存一所重点中学，据 Z 市重点中学的生额看，这并不足以满足社会需要。且老城区的学生必定多于新区，按市政府规划，新区居民规划是 20 万人，而老城区居民却有近百万。搬迁后，某中将实行全封闭教育，要求学生住校，家庭开支增加，这可能会使老城区许多有才华而又经济比较困难的学生失去读某中的机会。传闻某中搬迁 J 新区，很多学生不愿填报某中，将会导致某中生源枯竭。……领导手中虽然有权，但那是人民给的权；领导手中虽然有钱，但那是纳税人的钱。领导决策要有远见，少一点虚荣心。"[14]

教师们还另外举证了几个他们认为以往因 Z 市领导决策不当、重复建设而造成经济损失的例子。一是 Z 市市中心的五层现代化新华书店，2001 年才修好，2002 年就在一声爆炸中化为灰烬，目的只是为了修草坪。1998 年修人民广场，认为 Z 市某中校内一栋 1992 年才修的八层楼、三个单元、54 户住户的教师宿舍方位与广场不协调，就耗资近百万搬迁住户，2001 年才在原址新修了一栋五个单元、五层楼的教师宿舍，只不过像把旧楼调换一个方向。2001 年 9 月底原住户才陆续搬进去，2002 年 3 月，市政府又作出拆迁某中的决定，此楼也在拆迁之列。另外，市政府又准备重建××立交桥，而现使用中的立交桥建成不过十年，建好后也曾夸口是"西南第一桥"，现在却又要拆了重建。教师们对 Z 市这些形象工程提出了质疑："我们不禁要问 Z 市的经济真是这么繁荣吗？政府的钱真是多得花不完吗？真的需要这么建了拆、拆了建吗？政府是人民的政府，我们希望市政府领导能多听听人民的意见，当好 Z 市这个家。"

在这一案例的话语论辩之中，其话语塑造的着眼点并不在于国家助学贷款案例中的"解决方案"，也不是学生伤害事故处理办法案例中的"问题因

14 Z 市某中在职教职工. 搬迁 Z 市某中应权衡利弊，2002.3.8：3-4.

果"，而是政策的"效果"：谁被影响？以什么途径被影响？他们知道这一影响么？等等。"效果"，以政治语言来说，就是无论我们知道不知道都潜在、存在的行动结果；而"利益"则仅仅是"效果"的一个方面，是人们感知到、想像到并企图进行影响的行动结果。只有在"效果"将要转化为"政策需求"时，"效果"才会具有政治重要性，因此，在政策议程设置中要讨论的中心名词是"利益"，中心问题是"'效果'将以何种方式、何种原因、何种原因被转化为政治利益。"[15]。有的政治学家用"客观利益"和"主观利益"来对此进行划分[16]，客观利益是指那些无论人是否意识到都确实与人融合一体的效果，主观利益则是人们相信会影响自己的那些效果。在信息很不充分、不确定性很强的情境下，政策带给每个群体的客观利益是很难判定的，此时不同话语的论辩方都会基于自己对于"主观利益"的界定来为自己的论点提供依据并批判对方，因此界定议题所基于的"利益立场"就成为议程设置中一个相当复杂的策略问题。

已有研究试图对"好的／弱势的利益"及"坏的／强势的利益"进行划分，这种划分常用于描述强势"特殊利益"与弱势"公共利益"中间的争战。表 5-1 是一种典型的"利益"政治论战措辞分类：

表 5-1　"利益"政治论战的措辞特点分类[17]

好的／弱势的利益	坏的／强势的利益
集体的	个人的
分散的	集中的
广泛的	狭隘的
长期的	短期的
精神的	物质的
社会的	经济的
公共的	个别的
大众的	统治者的

15 Stone, Deborah. A. Policy Paradox: the Art of Political Decision Making[M], New York: W. W. Norton & Company，2002：210.

16 Isaac Balbus. the Concept of Interest in Pluralist and Marxian Analysis[J]. Politics and Society ,1971（1）：151-77；转引自 Stone, Deborah. A. Policy Paradox: the Art of Political Decision Making[M], New York: W. W. Norton & Company，2002：211.

17 Stone Deborah. A. Policy Paradox: the Art of Political Decision Making[M], New York: W. W. Norton & Company，2002：228.

由于在规范概念内，政府的职责、定位就是尽量帮助"好的／弱势的利益"得到凸现；因此，某个议题的支持者要想获取官方认可的合法性、使议题争议到更多中间群体的支持，其采取的话语策略往往是把议题所代表的利益归为"好的／弱势的利益"范畴，界定其主张的措辞策略可以是"指责某群体仅仅以自身利益出发塑造议题"，而反对者则"坚持自己是为了更多人、更大群体的利益而努力"；有些措辞策略则是把原本代表狭隘、集中利益的议题说成是大多数人获益的议题。

在 Z 市某中搬迁的案例中，Z 市某中教职工的措辞策略是把"搬迁"的政策目标定位于少数人制造政绩、帮助房地产商牟利的短视经济目的，而保持 Z 市某中旧校址则代表了"保护精神的历史文化遗产、保障教育机会公平和教育质量的公共利益、利于社会健康发展的高瞻远瞩"，隐含的矛头直指地方决策精英"不尽职"，直指精英决策地位的合法性，以扩大社会的不信任。而地方决策精英同样也把"搬迁某中"界定为代表公共利益的议题，认为搬迁某中可以大大改善某中的教育基础条件，扩大学校规模也可以使更多的学生有机会享受优质教育，从而增强议题合法性。

由此可以看到，政策议题（policy issues）并不能完全决定所发生的政治对抗的类型，相反，是政治首先型塑了问题（problems）的性质和政策议题被人们感知的途径。不管愿意不愿意，政策问题从来没有一个内在本质的、固定的本质性质，因此不可能被划归到一个特定的模式中去[18]。而且，大量的政治正致力于对其他人如何感知政策及政策建议产生影响[19]。比如在地方决策精英眼里，"某中搬迁"议题属于成本分散（地方所有纳税人承担）、收益分散（当地老百姓都受益）的政策议题；而 Z 市某中教师则认为该议题属于成本分散（地

---

18 科布（Cobb）和埃尔德（Elder）在关于议题界定的一部经典著作中，划分出议题的五种性质：具体性（concreteness）、社会显著性（social significance）、时间相关性（temporal relevance）、复杂性（complexity）和占优的分类（categorical precedence），并论证议题在每个维度上都能显示出高或低的水平，而因此更大可能或更小可能地动员大众。他们在研究中似乎假定了议题的性质是固定并现在给定的；然而斯通认为人们所感知的议题性质特点其实是由政治所型塑的，可参见 Participation in American Politics. The Dynamics of Agenda-Building, Boston: Allyn and Bacon, 1972, 尤其是第七章；转引自 Stone Deborah. A. Policy Paradox: the Art of Political Decision Making[M], New York: W. W. Norton & Company, 2002: 226-227.

19 Stone Deborah. A. Policy Paradox: the Art of Political Decision Making[M], New York: W. W. Norton & Company, 2002: 224.

方所有纳税人承担，尤其是 Z 市某中及承担上涨教育成本的家长更需被动承受额外的成本）、收益集中（某些领导获得政绩及房地产开发商牟取商业利润）的政策类型，而这两种界定还可能随时间变化而发生变动。同样的，在界定议题时，可以将"经济利益"转化为"社会利益"，把"即时的短期利益"说成是"长期收益"，以获取更大范围的支持和政治合法性。因此，政策问题是在完成政治目标的政治背景中被界定的——是为了冲突双方中的一方进行动员支持的策略。界定一个议题也就是要就"什么是风险？谁受影响？"提供论断，因此它也是在界定利益和联盟的结构，从来都不存在非政治（apolitical）的问题界定[20]。这一案例提供的细节信息，对于国家助学贷款政策案例中视政策问题属性为固定内在本质的传统假定是一个补充性的反思，为议题界定提供了更丰富、更深入的解释视角。

第三节　被遮蔽的话语与隐蔽议程

尽管话语的对立双方都寻找到自己的措辞策略，然而，由于 Z 市市委书记 X 所采取的"封闭信息、私人化讨论"的议程隐蔽策略，Z 市某中教师们对"Z 市某中搬迁新区"议题所提出的不同意见最后只能陷于少数人的议论范畴。Z 市某中教师们轰轰烈烈的联名上书由于"社会冲突信息放大"的渠道被截断而逐步趋于私人化、分散化；而一般大众对"Z 市某中搬迁新区"议题对自己利益影响的认知非常不确定，对该议题也缺乏持续的关注与兴趣，因此质疑搬迁最后基本成为了 Z 市某中内部教师们的小群体话题，个人化、小群体化的不满也随时间逐渐偃旗息鼓。

首先，由于 Z 市市委对于市内媒介报道具有很强的行政控制力，因此自从"Z 市某中搬迁新区"的消息刊发后，Z 市乃至 Q 省省内的媒介从未登载过对"Z 市某中搬迁新区"议题持不同意见的相关报道，甚至在提及"Z 市某中搬迁新区"问题时只是作为 J 新区建设日常化进程报道的很小部分，常常聊聊一笔、匆匆带过，也就是只作为"确定事实"而根本不作为"可供讨论的话题领域"。2002 年 3 月 22 日，Q 省政协主办的《QS 周刊》（第 58 期，总第 832 期）发表了 Q 省社科院一研究员 LSB 的文章《Z 市某中搬迁有必要吗？》，该文从历史文化、教育规律、穷省省情等方面详细阐述了 Z 市某中不宜搬迁的理由，

20　Stone Deborah A. Policy Paradox and Political Reason[M]. W. W. Norton & Company, Inc., 1988：183.

但据知情人士在访谈中提供的信息,《QS 周刊》后来因为这篇报道而遭到了来自 Z 市市委的内部严厉批评,相异话语凸现的零星机会也就此被遏制。

其次,Z 市某中教师还尽量动员可能力量从制度化的信息渠道发表意见。2002 年 2 月,一位省政协常委在省政协会议上提出提案,认为"Z 市某中搬迁"是一个涉及因素复杂、造成社会影响重大的问题,要求对这样的重大问题决策实行听证。该提案被转交市政府,市政府又转交教育局,教育局有关同志则打电话问该提案人"这个听证会该怎么开,你来设计主持一下?",末了还补充一个私人解释:"搬迁这件事情主要是上面的决定,我们也没有办法",最后回信一封阐述"某中搬迁新区校址是为了发展某中"的理由,听证会一事则不了了之。Z 市某中联名上书还曾经直接提交到全国人大,而按照常规的组织办事程序,这类地方决策事件只有地方比较了解信息,因此又重新发回 Q 省要求处理,Q 省又发回 Z 市,问题转了个圈又重新回到原地。制度化的信息渠道也未对议题产生变化的压力。

在这种制度化的下情上传过程中,可以看到基本是基层教师跨越中间多级行政而寻求顶层援助,公立学校校长的环节从下情上达的链条中被删除,这是由公立学校校长在层级化控制(hierarchical control)体系中的位置设计所决定的,公立学校的校长更像是底层的经理人,而不是领导者,他仅仅是对公共机构负责的一个官员而已,多数重大的决策由高层管理者决定——由他们设定目标,校长仅负责贯彻这些决策,校长被各种正式的规范约束——学校的真正管理者不是校长,而是科层控制的威权[21]。尽管人们呼吁校长拥有领导权,但是高层领导者往往将校长列为层级管理制度中的科员而不是领导者。事实上,校长的职位是科层制管理中的一个级别。校长的这种工作性质必然会产生下面的后果:希望通过校长工作获得晋升的人必然遵守科层制的种种规范,按照上级要求办事,成为决策精英的代理人对教职员工中的不同意见者实施劝服和控制,而倡导、支持与上级不同意见的人则有可能遭受到制度的警戒和惩罚。出于技术上的需要,学校和教职员工需要拥有一定自主权,但事实上学校工作的各个方面都受到细化的法律规定和管理调控制度的干预,学校的自主权大大缩减。学校里的专业化人员云集,但是学校的教职员工却没有掌握他们成为专业化人员所需要的自主权。从表面上看,学校拥有独立性,但它们实际上只是"隔

---

21 丘伯, 约翰. E. & 默. 政治、市场和学校[M]. 蒋衡等译. 教育科学出版社, 2003: 62.

绝"（insulation），而不是"自主决策"（discretion）[22]。学校作为一个组织，当组织领袖从组织话语的代表中删除时，基层话语往往缺少有机的整合和组织影响力，这也客观上制约了学校话语的话语权力强度，尤其在信息交流、话语权力作用仍然主要借助组织制度和行政体系的当代中国，基层教师话语要对决策产生效力确实有着制度上的弱势与缺陷。

事实上，对某中搬迁持不同意见的群体不仅都举出各种证据论证了"某中搬迁决策尚需商榷"的论点，同时都根据对现实条件的分析提出了修正方案，也就是把"Z 市某中搬迁新区"改为"保留某中并建立另一所新校"、或者"建立 Z 市某中分校"。在 Z 市某中退休教师的公开信中，在列数 Z 市某中搬迁需慎重商榷的数条依据之后，提出了"某中搬迁 J 新区"的替代性方案——"用某中搬迁新区的资金在 J 新区另建一所现代化中学"：

> "……此所中学建设可以依靠 Z 市整个教育系统的支援，Z 市某中也可以选取最得力的领导班子、骨干教师进行支援，甚至在全国招聘优秀教师。也可以将现 Z 市某中的分校全部移植到新校，或者引进北京、上海的名牌中学办分校。新建校完全可以做到软硬件一流，还可与现 Z 市某中相竞争，相得益彰，促进教育效率的提高。如果确实想利用现 Z 市某中的名牌效应，可以把新建校称为 'Z 市某中新校' 或 'Z 市某中 J 分校'。为使现 NM 河两岸的景观保持统一，可以把现 Z 市某中河边的房子拆掉一部分以进行绿化，同时增添老 Z 市某中的一些传统景点，如'入德之门'、'渡船码头'、'读书亭'、'读书长廊'、'Z 市某中名人塑像'或'Z 省文化名人塑像'等。这不仅使 NM 河案的景色增添了文化特色，而且可以把 Z 市某中变成全 Z 省的文化旅游景点学校。"[23]

Z 市某中在职教职工的联名上书中也提出：

> "与其斥资几亿拆迁一所学校，不如在新区再建一所名牌现代化中学，与某中竞争，这样花同样甚至更少的钱却可以获得两所'名牌'"。[24]

---

22 丘伯，约翰.E.＆ 默. 政治、市场和学校[M]. 蒋衡等译. 教育科学出版社，2003：63.

23 Z 市某中退休教师. Z 市某中校址搬迁值得商榷，2002.2.20：5.

24 Z 市某中在职教职工. 搬迁 Z 市某中应权衡利弊，2002.3.8：2.

　　LSB 在署名文章《Z 市某中搬迁有必要吗？》中亦提出"借助现有教育资源在新区建立新校"的替代方案：

　　　　"J 新区要发展，大可不必实施 Z 市某中整体搬迁之豪举。只须从现有市属中学中选拔抽调部分骨干教师另组班子即可。这所中学不妨定名为'J 中学'。省市政府若重视，亦不妨在办学理念、办学方针甚或在办学经费上给予更多的优惠，使之成为迅速崛起的又一品牌。这样，J 中学与 Z 市某中学比翼齐飞，岂不是两全其美？"

　　这些替代性修正方案的基本思想都是：Z 市某中整体搬迁的方案过于激进、过于劳民伤财，应该选取更能节约有限教育资源、更保险的政策选择。暂不论这些替代性方案是否真的就比原方案好，但其所提出的视角至少可以帮助地方决策精英更好地估计政策不确定性和控制政策风险。然而，Z 市某中教师们的强烈反应、地方行政决策和监督体系内部的不同意见等与政府规划相异的信息不仅被地方决策精英领袖所有意忽视，而且这些信息还从一般大众的视听域中消失隐匿，媒介作为社会冲突扩散化、显性化的渠道被屏蔽，Z 市某中教师们曾提出修正政策方案等与政府规划相异的议题无法成为媒介议程所关注的问题，也无法制造影响而在公众议程中占据显著位置，更无法通过"问题化"而列上决策精英的议程。据对内部人士的访谈信息，Q 省省委书记也曾经对 Z 市市委关于 Z 市某中整体搬迁新区的决策表示过批评，认为严重地浪费教育资源，也支持在新区建立 Z 市某中分校的方案。省委书记的这一建议曾经在 Z 市市委机关报 2004 年 2 月关于新区建设进展的报道中得到过微妙的体现，报道只是悄悄地把"某中 J 新校"改为了"某中 J 分校"，一般大众基本不会注意到这种微妙而隐蔽的变化。但此议题在省委书记关注议程上的排序、省委书记认为干预力度何为适宜、省委书记是否能从 Z 市获得足够及时的进展信息等因素都使议题产生转向的可能性变得不确定（事实上省委书记的这一批评意见最后也的确未对议题的最终方向产生实质性影响）。另一方面，Z 市某中 J 新校址的建设却已经在热烈的进行着，并且从媒介上宣称 Z 市某中 J 新校计划将在 2004 年秋季开始招生。

　　在这里，"隐蔽的议程"受到了决策精英群体中主要领导人的扼制。尽管这种议程中包含着某些对公共政策当局最具潜在激发性的问题，但这些问题却很少提出来或者根本没有提出的机会。为了尽量减少资源或政治威望的重新分配，强势的个人立场就要左右重大决策，少数被挑选出的人处于有影响的地位上，这使得他们能够随心所欲地策划议程[25]。

值得注意的是，决策者决定不根据问题来采取行动，并不一定支持隐蔽议程的存在。惟有公共当局设法忽视一个问题，或有人想方设法阻碍公共当局提出一个问题，这种故意的无所作为才会为"隐蔽议程"提供体制基础。换言之，这个看法的重要因素是密谋，"密谋意味着一小群权力掮客沆瀣一气，他们能够小心翼翼地控制公共议程上出现的问题"。而"隐蔽议程"理论的支持者相信，这是那些与公共政策过程有关的人所共有的行为[26]。有关"隐蔽议程"的一切之所以如此令学者感兴趣，是因为常常缺乏必要的系统证据来确定不可见之物的存在，但在 Z 市某中搬迁的案例中，我们却可以通过内部人的信息找到有关"隐蔽议程"发生机制及其特点的些许证据，可以在案例中看到被地方决策者所有意忽视的意见和方案，可以看到形成信息封闭的策略机制。

在许多人心目中，"隐蔽议程"的争论之所以重要，不仅是因为它潜在地限制从政府出台的东西，而且因为担忧少数人可能会威胁到公共利益，所以我们必须确定，在何种程度上政策议程反映着公众或私人的利益。但这事实上是很困难的[27]。人们向一定政治制度所提出的政策诉求到底在何种程度上反映了公众对公共问题的反应，到底是偏袒还是不具有代表性，这些问题在充满了价值分歧的话语网络中其实是很难判断的，因为或许根本不存在完全抽身在外、价值中立的分析和判断。而且一些研究已表明：关于公众目标和私人目标的不一致并不一定是由恶意的目标支配的，更多的是受到政策制定者与公众之间、以及公众内部一系列不同感觉认知的支配，比如政治领导人感知问题的眼光常常与一般公众不同，对问题的关注程度也不一样[28]。然而，

---

25 此观点由 John J. Harrigan 在《黄粱美梦，囊中如洗》(Empty Dreams, Empty Pockets)提出，转引自格斯顿,拉雷.N. 公共政策的制定——程序和原理[M]，重庆：重庆出版社，2001：72.

26 其例证见 Terence："大规模传媒对公共议程的作用"，被收入由 Michael Margolis 和 Gary A. Mauuser 编《操纵舆论》(Manipulating Public Opinion. Pacific Grove, CA: Brooks/Cole, 1989: 151-153；转引自格斯顿,拉雷.N. 公共政策的制定——程序和原理[M]，重庆：重庆出版社，2001：72.

27 格斯顿,拉雷.N. 公共政策的制定——程序和原理[M]，重庆：重庆出版社，2001：74.

28 例如，由西蒂.韦伯和罗曼.奈尔（Noman Nie）对参与性所作的研究表明，领导人及其属下不一定用相似的角度观察问题（或非问题）。同时，他们得出的结论也基

即使是"公共政策过程很少由恶意目标所支配"这样的论断，也并不意味着"议程隐蔽"的讨论就是毫无意义的。相反，正是基于"议程隐蔽"的讨论，我们才可以看到信息及信息渠道运用的策略对于政策风险性具有重要的影响作用。话语的被遮蔽和议程的隐蔽在屏蔽不同意见、提高决策效率的同时，也显然增加了决策的风险性。比如在 Z 市某中整体搬迁新区的案例中，由于仓促决策，对相关的师资配备、后勤保障、资金到位等问题都缺乏周密的策划，尤其是 2003 年底由于加快搬迁步伐而又缺少建设资金，因此原本承诺由 Z 市市委、市政府向 Z 市某中 J 新校投资的 3 亿人民币[29]，最后实际是由 Z 市某中校长作为学校法人代表与银行签订协议，贷款 2.5 亿人民币作为该校迁址的资金。而据 2004 年两会期间 Z 市提交给人大审议的上年财政决算报告，Z 市全市在 2003 年的教育事业费只有 17,509 万元人民币，实际支出 17,416 万元人民币。也就是说，Z 市全市一年的教育经费也只有 Z 市某中搬迁预算资金的一半，2.5 亿贷款每年仅利息都要几百万，Z 市某中作为非生产性的教育部门，如何承受如此沉重的还款负担？而且，为了完成 Z 市"退高进初"高中扩招任务的规划，除了 Z 市某中、Z 市三中将实现 J 新区搬迁，Z 市其余三所示范性高中新校也将开工建设[30]。如此范围庞大的新校建设，是 Z 市财政根本无法承担的，资金又将来源何处？这无疑使搬迁名校这一决策的风险性进一步增大。同时，值得关注的是，2003 年 Z 市行政中心首先搬迁新区，这导致在短短几个月中 Z 市行政日常费用翻倍；在 2004 年 Z 市政府向人大提交的财

本不支持这一断言——为了否定公众的应得利益，公共议程已被私有化和蓄意曲解："如果政治领导人对激进分子人群予以证实的话，对当今问题采取的消极选择，也许就不会被积极者的选择所取代。或者毋宁说，当今问题的选择，无论是什么事，都是以忽视那些不善表达的人群的方式来进行的"（Sidney Verba, Norman H. Nie. Participation in America. New York: Harper and Row, 1972: 271.）。类似的，斯蒂文.罗森斯通（Steven Rosenstone）和约翰.马克.汉森（John Mark Hansen）从资源而不是权力的观点解了领导人及其下属之间的不均衡：由于教育、健康和人际关系所形成的价值，"那些资源充裕的人比资源较无充裕的人更多地参与政府的政治"（Steven J. Rosenstone, John Mark Hansen. Mobilization, Participation and Democracy in America[M]. New York: Macmillan, 1993: 80.）。这些研究得出的推论是：公共政策的过程很少由恶意的目标支配。转引自格斯顿.拉雷.N. 公共政策的制定——程序和原理[M]，重庆：重庆出版社，2001: 72.
29 由市委、市政府投资搬迁的信息来源于 Z 市某中主页，并得到了知情人士的确认。
30 杨源. 更多初中生有望读高中. Z 市晚报[N]. 2004.1.3.

政预算报告中，2004 年行政费用预算开支激增近亿，大约是 2003 年的 190％，即使这样，Z 市财政局局长私底下仍然表示这一预算可能仍然无法完全贴补 2004 年的行政开支。Z 市财政负担在短时期内的急剧增加，也从客观上增加了学校搬迁的风险。

第四节 议程隐蔽的社会情境因素

Z 市某中整体搬迁 J 新区作为一个可商榷的议题，在 Z 市 J 新区建设这一城市化整体战略中被限定为不可探讨的受制约话题，政策行动者对于政策议程可能产生的影响完全被隐匿和屏蔽。这一隐蔽议程之所以成立，也有当前社会情境大走向的影响。事实上，这一案例在中国的其他省市地区具有一定普遍性和典型性，是一个时代生境（niche）中的代表样本点而已。

在现时的中国，从政界、学界到大众传媒，"城市化"都是一个备受瞩目的大话题。如果说这个话题与其他话题有什么突出的区别，那么首先可以列出的就是：它拥有着无可置疑的正当性。"城市化"在今天的中国，不仅是由政府规划并倡导实施的一项国家目标，它还是一种意识形态（所谓意识形态在这儿主要是指具有一贯性及逻辑性的表象，主张的体系），它由国家及各级政府组织所担当，并被广大社会成员所内化。客观上，作为意识形态的"城市化"一方面作为国家目标的"城市化"提供了思想资源，另一方面又在国家目标与社会成员的行为态度之间架起了桥梁。陈映芳曾经在 2004 年第 2 期中对这个时代中国社会中普遍存在的"城市化"潮流提出了质疑[31]。

说到"城市化"的正当性，就不能不提到它在思想、理论上的主要源流之一——发展主义。在近代以来的中国社会中，发展主义一直担当着驱动社会、引领思潮的动力源泉的重要角色。由"落后—挨打"的民族记忆沉淀凝练而成的"朴素真理"——"发展是硬道理"，早已成为中国人广泛认同的观念意识。虽然不是没有人对蛰伏于这种发展主义背后的民族主义、社会进化主义有所意识，但如同"富国"、"强国"当初曾被面对敌人入侵的弱国的人们认为无可选择的目标一样，在今天，"提速城市化"也被人们看作为解决中国"三农"问题、同时让经济更上一个台阶、实现现代化大目标的无可选择的选择。我们今天所看到的关于"城市化"的概念注释、观念被简单

---

31 陈映芳．"城市化"质疑．读书，2004.2：34-35.

地解释为人口学的过程，被等同于产业化，或者被解释为城市的扩展和再开发。而人、社会以及生活、意识等方面的内容就很容易被忽略。

与此同时，在现实中，"城市化"被演绎成一场自上而下的、规模空前的经济性运动。在这场运动中，许多事物获得了意义：农民进城打工成了"非农化"的主要内容，城市改造及城市规模的扩大成为各级政府最重要的政绩，城市的经济产出被视为国家发展的主要指标……但是这样一种被赋予了毋庸置疑的必要性和合法性的运动，其实施过程中又会发生些什么？它可能给社会带来些什么样（多样性）的结果？等等问题，决不会因为其命题被赋予的合法性而不再存在、不再发生。

在今天的城市改造中，政府官员的政绩需要和房地产商的利润最大化原则成为许多旧城改造运动的最主要动力源泉。二者的联手使得城市改造运动势如破竹。城市中的社区迁移本来是一种生态过程，它们与经济、交通、文化等演变过程息息相关。而如今的城市大改造，政府既对建设相应的交通网络（轨道交通）缺少规划，大部分外迁市民也缺乏必要的交通手段（自备车）。而且，郊外也并没有形成相应的下层劳动者的就业市场和商业网络。在这种情况下，城市改造的直接后果一方面是中下层城市居民生活结构的遭破坏，另一方面是城市交通压力的增大和市民生活、工作、消费场所的分离。这种负效应在 Z 市 J 新区搬迁的早期阶段已经有所凸现。而且，影响居民搬迁的因素并不仅仅是教育，还有诸如工作地点、居住条件、公共设施等因素，教育的吸引力还具有阶段性的特点，为了三年优质教育就选择搬家似乎并不是理性预期下的可能选择，如果把这些因素统统考虑进来，搬迁的经济费用和付出的个人代价其实相当高昂；因此，低质量的或者质量下降的学校教育并不一定就会让所有想搬入该地区的住户望而却步，更不会促成让现有的住户离开；高质量的教育对于居民搬迁的推动力也是相当有限的。

如果我们不是从"城市化"被赋予的合法性出发来对这场运动的必要性之类作出评价，而是从对社会事实的确认出发来考察目前这场城市化运动，那么，这些问题其实是很容易被注意到的[32]。当一种社会发展目标被赋予了毋庸置疑的合法性时，那伴随它的实施所出现的问题就往往很难被问题化，因为目标本身的合法性源泉会构成它被问题化的屏障。在城市化问题上，这样的逻辑显然正在起作用："城市化"目标被赋予的压倒一切的必要性、迫切

---

32 陈映芳. "城市化"质疑. 读书，2004.2：36.

性等等，使得决策精英对许多问题视而不见，或者在很多问题面前放弃了基本的判断准则[33]。作者通过著名的搜索引擎 google 对中国城市化进程中的迁校事件进行搜索，发现与此相关的信息大部分都是作为当地建设的功绩或者将来的业绩，伴随的热门话题是如何融资、如何进行资产置换、如何招标等等，而学校不仅作为经济现象更作为文化现象的问题却极少有人谈及。《人民日报》、《中国教育报》、《中国青年报》分别于 1996 年 11 月 6 日、2002 年 2 月 11 日及 2002 年 3 月 13 日曾先后发表《16 万元买来的教训（调查汇报）》、《学校搬家应慎重》、《城市不需要"包装" ——周干峙委员痛斥城市建设十大歪风》的文章，对各地搬迁名牌老校所伴随的问题及大搞政绩工程的负效应予以抨击。而这些声音未免过于微弱，在汹涌澎湃的"城市化业绩"的和声中完全被淹没。在本章案例中，与 Z 市某中整体搬迁新区相异的话语声如此轻易地被掩没、被隐匿，不能不说与整个国家压倒一切的"城市化"运动潮流相关联，"社会生境"这只看不见的手以一种隐性的逻辑作用于问题被"问题化"而走上议程的过程。

第五节　本章小结

Z 市是 Q 省省会城市，其特殊地理环境对城市发展的限制随着 Z 市社会经济的进一步发展而逐渐凸现。因此，Z 市于 2000 年开始启动 J 新区建设项目，目标是在 Z 市城区的西北部逐步建立一个城市新区 J。J 新区建设是 Z 市以"城市化"为目标向周边进行拓展的核心策略，政策背后的基本逻辑就是"J 新区建设＝城市化"。这个经济政策引发了把"全市最好的学校'Z 市某中学'搬迁至新区"的政策议题，因为如此不仅可以改善 Z 市某中办学条件，还可以吸引居民到 J 新区购买房子、向新区搬迁，就可以推动新区建设。

在这一个由地方决策精英中核心人物的个人设想迅速上升为政策议题并要付诸现实行为的过程中，提出动议的地方决策精英领袖首先屏蔽掉决策体系与大众尤其是政策目标团体之间的信息，跟议题建构相关的信息都只封闭在很小的精英圈子中，在决策结果从决策体系内向外部单向传输之前，政策所涉及的目标团体毫无觉察，更缺乏渠道对决策所针对的议题提供意见并进行协商。同时，地方的决策精英领袖还利用既有的组织规章制度，屏蔽行政

---

33 陈映芳. "城市化"质疑. 读书，2004.2：39.

决策体系内部可能存在的不同声音。由于 Z 市市委书记 X 所采取的 "封闭信息、私人化讨论" 的议程隐蔽策略，Z 市某中教师们的强烈反应、地方行政决策和监督体系内部的不同意见等与政府规划相异的信息不仅被地方决策精英领袖所有意忽视，而且这些信息还从一般大众的视听域中消失隐匿，媒介作为社会冲突扩散化、显性化的渠道被屏蔽，Z 市某中教师们曾提出修正政策方案等与政府规划相异的议题无法成为媒介议程所关注的问题，也无法制造影响而在公众议程中占据显著位置，更无法通过 "问题化" 而列上决策精英的议程。Z 市某中教师轰轰烈烈的联名上书、对议题所提出的不同意见都由于 "社会冲突信息放大" 的渠道被截断而逐步趋于私人化、分散化；而一般大众对 "Z 市某中搬迁新区" 议题对自己利益影响的认知非常不确定，对该议题也缺乏持续的关注与兴趣，因此质疑搬迁最后基本成为了 Z 市某中内部教师们的小群体话题，个人化、小群体化的不满也随时间逐渐偃旗息鼓。

本章案例还通过 Z 市某中搬迁议题的性质界定成为对抗话语重点进行事实分析，发现：政策议题并不能完全决定所发生的政治对抗的类型，相反，是政治首先型塑了问题的性质和政策议题被人们感知的途径，大量的政治正致力于对其他人如何感知政策及政策建议产生影响。比如在地方决策精英眼里，"某中搬迁" 议题属于成本分散（地方所有纳税人承担）、收益分散（当地老百姓都受益）的政策议题；而 Z 市某中教师则认为该议题属于成本分散（地方所有纳税人承担，尤其是 Z 市某中及承担上涨教育成本的家长更需被动承受额外的成本）、收益集中（某些领导获得政绩及房地产开发商牟取商业利润）的政策类型，这两种界定还可能随时间变化而发生变动。同样的，在界定议题时，可以将 "经济利益" 转化为 "社会利益"，把 "即时的短期利益" 说成是 "长期收益"，以获取更大范围的支持和政治合法性。因此，政策问题是在完成政治目标的政治背景中被界定的——是为了冲突双方中的一方进行动员支持的策略。界定一个议题也就是要就 "什么是风险？谁受影响？" 提供论断，因此它也是在界定利益和联盟的结构，从来都不存在非政治（apolitical）的问题界定。这一案例提供的细节信息，对于前三章两个案例中视政策问题属性为固定内在本质的传统假定是一个补充性的反思，为议题界定提供了更丰富、更深入的解释视角。

尽管已有研究曾提出 "公共政策过程很少由恶意目标所支配" 的论断，但这并不意味着 "议程隐蔽" 的讨论就是毫无意义的。相反，正是基于 "议程隐蔽"的讨论，我们才可以看到信息及信息渠道运用的策略对于政策风险性具有重要的影响作用。话语的被遮蔽和议程的隐蔽在屏蔽不同意见、提高决策效率的同时，也显然增加了决策的风险性。

　　在本章案例中，与 Z 市某中整体搬迁新区相异的话语声轻易地被掩没、被隐匿，政策行动者对于政策议程可能产生的影响完全被屏蔽，这一隐蔽议程之所以成立，不能不说与整个国家压倒一切的"城市化"运动潮流情境相关联。"城市化"在今天的中国，不仅是由政府规划并倡导实施的一项国家目标，它还是一种意识形态（所谓意识形态在这儿主要是指具有一贯性及逻辑性的表象，主张的体系），它由国家及各级政府组织所担当，并被广大社会成员所内化。如果不是从"城市化"被赋予的合法性出发来对这场运动的必要性之类作出评价，而是从对社会事实的确认出发来考察目前这场城市化运动，那么，许多问题其实是很容易被注意到的。然而，当一种"城市化＝发展"这一话语模式被赋予了毋庸置疑的合法性时，那伴随其实施所出现的问题就往往很难被问题化，因为目标本身的合法性源泉会构成它被问题化的屏障。在城市化问题上，这样的逻辑显然正在起作用："城市化"目标被赋予的压倒一切的必要性、迫切性等等，使得决策精英对许多问题视而不见。"社会生境"这只看不见的手以一种隐性的逻辑作用于问题被"问题化"而走上议程的过程。

第六章 中国教育政策议程设置的特殊性及行动者网络视角下的议程设置理论逻辑

本章将沿着从具体事实发现逐步上升到理论抽象的路径，层层递进地总结中国教育政策议程设置过程的基本特征和实质，并试图描摹其在转型社会中所体现出来的、与西方议程设置理论存在差异的特殊性，以提供关于中国教育政策议程设置过程及"精英—大众—媒介"话语／信息互动关系的一个原型，供更多的后续案例研究进行比照和修正。

第一节 多案例教育政策议程设置过程研究中主要事实发现的对比

案例研究的理论抽象、概括是建立在对具体个案事实的总结、比照基础之上的，因此首先对本书三个议程设置过程分析案例的主要发现总结为下表：

表6-1 多案例教育政策议程设置过程研究中的主要发现

	国家助学贷款政策议程	学生伤害事故处理政策议程	Q省Z市某中学搬迁政策
参照理论模型	从上至下的议程设置	由下至上的议程建构	议程隐蔽
创始方式	内部启动	外部启动	核心人物启动

创始因素	问题指标变化作为先导	焦点事件触发作为先导	先导时间极短,几乎无明显先兆
议程创始的主要信息来源	行政体系制度化、常规化的内部信息渠道	非制度化、常规化的外部媒介影响	非制度化、非常规化的人际网络
议题演进推动方式	决策精英领袖层主导	中低层主导	决策精英领袖主导
公众可辨识程度的关注所出现的阶段	主要凸现于政策议题生命周期中后期的动员阶段	在政策议题生命周期的全过程中都凸现	被限制于私人化、隐匿化范畴,在政策议题整个生命周期中都没有明显凸现
议程动员的主要渠道	内部的行政组织动员与外部舆论动员双轨并行	以行政号召组织外部舆论	行政强制力
政策议题的性质	再分配政策	保护性规制政策	反思、拓展原有关于议题具有内在固有性质的认识:政策议题的性质在不同行动者的认知中存在极大差异
媒介的角色	主要作为决策精英进行议程动员的工具;但市场化改革客观上促成了行政化媒介与市场化媒介的分化,媒介有约束的自主性主要是媒介市场化改革的"非意图结果"	前期主要是媒介通过对关键事件的塑造、底色作用影响政策议程,中期媒介主要作为话语分歧扩散放大的工具,后期媒介仍然呈现出决策精英动员手段的作用	媒介信息渠道被行政强制力所封锁,话语争论被隐匿
精英的角色	决策精英群体内部分割,决策精英领袖出于统治合法性需求而给予高度关注,分割的决策精英权威因为行政约束力而出现暂时合作	决策精英领袖关注程度低,中层通过常规化的调研、规章制定工作响应大众呼声	核心人物给予高度关注,一方面借助既有组织规章屏蔽决策精英内部分歧;另一方面封闭外部媒介信息渠道,屏蔽大众话语分歧

大众的角色	大众群体分层，只有内部大众拥有制度化的信息渠道进行社会表达。大众总体是决策精英动员话语的受体，同时也接受来自日常生活直接体验的影响，对由决策精英确定的政策议程具有隐性、长期的反作用	私人化话语被媒介集聚、放大，成为影响政策议程的重要因素；之后政策出台只是转移了话语分歧的重点，但并未降低话语分歧程度，仍持续提出政策要求	话语被私人化，被迫沉默、接受政策实施
话语策略集中的议题组成部分	问题解决方案	问题因果关系	问题性质
主要的话语策略	象征符号塑造（特定语义框架的一种）	一是利用"频度攻势"产生议程设置功能，二是以特定的语义框架强调了一套特定的认知，放大话语分歧	通过封闭话语通道而隐蔽话语争议，使之私人化、分散化
话语分歧的主要来源	利益地位	利益地位与知识立场的交互产物	对问题性质／效果的主观认知差异
社会情境的作用	增加议题对决策精英领袖的效用；对决策精英的动员策略产生隐性约束	被行动者直接引用为话语论据，增加议题附加于决策精英的压力	对某些议题赋予无可置疑的合法性，从而阻碍其他对抗性议题的"问题化"过程

第二节　多案例折射的"精英—媒介—大众"角色

本研究是对极权社会中"精英—大众—媒介"关系断言的一种审视和反思，从研究折射出来的中国转型社会"精英—媒介—大众"三者之间的关系显然要远比理论框架简约化的预言更为复杂和迂回。"决策精英把大众媒介尤其是行政化媒介作为舆论工具，对'不设防的大众'予以认知操纵，'中国媒介就是精英的喉舌和传声筒'"这样的理论抽象框架，相比案例所体现出来的丰富而曲折的事实显然过于简约和单向化了，尤其把理论放置到中国特定的转型社会背景下就更呈现出决定论的缺陷。

首先，在中国当代社会中，尽管决策精英群体在与大众区分的意义上可作为价值一致的群体，媒介在与精英、大众同等讨论时也往往被当作内部统一的整体，但在三个群体内部实质都存在制度性的分化子群体。决策精英可视为这样的分化结构：最核心是决策精英领袖群体，代表着党政的最高领导层；再外一圈才是若干存在着分割部门利益的外层决策精英群体。中国的大众群体内部实际也是分层的，尽管人大代表、政协委员或者外层决策精英的基层隶属组织属于人民大众的一部分，但其却是制度框架中大众最接近决策精英群体的部分，拥有制度化、常规化的与决策精英群体进行信息互动的渠道，可称之为"内部大众"，与缺少社会表达渠道的其他"外部大众"相区别。随着中国媒介的市场化改革，尽管国家仍然能够很大程度上监控和操纵媒介，但政治因素的色彩有所淡化，随着政治因素对媒介影响的适度调整，媒介自身的经济利益驱动被快速地释放和体现出来，这直接促使政治命令统治媒介话语的局面逐步过渡为市场动力、政治命令两大基本逻辑并行形塑媒介，中国当前的大众媒介都成为了行政和市场混合化的产物，报纸成员在政治和市场的二重拉力中分别呈现出不同的偏向，受行政控制力影响较大的媒介称为"行政化大众媒介"，受市场影响较大的媒介称为"市场化大众媒介"。当然中国媒介的市场化改革仍具有中国渐进性改革的整体印记，也就是"保持政治和主流意识形态连续性前提之下进行的改革"，因此所谓"市场化"也只是在决策精英愿意进行让渡的空间内进行的，总体而言行政仍有较大的控制力，"市场化"只是一个相对的概念，表示可以打擦边球的空间相对大。

在党政体系中占据关键位置的决策精英是社会公共利益及"国家"决策的一般代表者，他们在政策制定的权力结构中处于政策中枢的特殊地位，这赋予他们对整个社会资源进行权威性分配的权力，对于社会公共问题能否进入政策议程具有决定性影响。在某些特殊情况下，为了尽量减少资源或政治威望的重新分配，甚至可以由决策精英领袖强势的个人立场左右重大决策，少数被挑选出的人处于有影响的地位上，这使得他们能够比较随心所欲地策划议程。同时，由于中国所采取的"保持主流意识形态连续性前提"下进行渐进式改革的路径，精英仍然并且还将在很长一段时期内保持作为中国政策议程设置过程中最重要的肇始者和推动力。但中国从"总体性社会"向"后总体性社会"的转型使得部分政策议程已不再是哪一个精英或者是哪个部门精英完全单方面理性设计的结果，多方互动产生了不为任何一方所预期和控制的"非意图结果"，行动的非意图结果可能不同程度地反映了许多行动者独立决定的总体效应，然而他们各自追求的目标却未必都反映在结构性的后果之中。一些由决策精英发起、并由政府扮演核心角色的变革，在发展过程中已经产生了不同于最初设想方式的新内容。

从媒介与精英的互动关系上来看，大众媒介在精英行政控制下仍然具备有约束的自主性，甚至在特定场合中它们可以集合大众私人化、分散化的表达，进而对精英的政策议程产生决策"软约束"；而其所提供的社会表达的可能空间则很大程度上是媒介市场化改革的"非意图结果"，其本质来源于大众媒介要获取实际商业效益这一目的的推动。由于"市场化大众媒介"与"行政化媒介"受行政和市场两种力量的影响不同，使媒介尤其是"市场化大众媒介"把更多注意力转向与普通大众日常生活息息相关的事件，从而使得"市场化大众媒介"中更有机会出现与决策精英群体预期不相符合的声音。加强舆论监督成为了媒介走向市场的助推器，政治精英人物则握有启动（或制造）新闻事件的能力，可供媒介在商业竞争环境当中，寻找新闻事件藉以吸引读者受众。同时，由于媒介握有可供政治精英人物传达、强化、引导公众视听的"通路"，更可使他们在最短的时间内直接"接近"最多的大众，因此媒介也是精英不断控制和利用的"动员"工具。这种持续性的互动关系，使得精英与媒介在这个过程中，对把议题推上或排下公共讨论分别拥有自己的一部分资源，掌握"谁控制议程、讨论什么议题、议题对话方式、时机与内容"等攸关议程设定的重要权力。媒介符号／话语空间的构成，是一个由政府义理性、领导认可、行政控制、市场利润、个人名声、组织荣誉、社会评价等多重因素构成的复合空间，或者说是为多种权力所制约和决定的空间，这个空间使媒介在话语网络中的位置关系不断变化与断裂。

对于涉及到较高深专业知识的议题，在专业知识的壁垒之下，媒介会对大众具有比较占优的信息控制力。而且，在媒介作为传导途径把专业知识具象化为大众常识知识的这一转化过程中，一般媒介作为信息途径其所具备的知识往往处于"公共知识"和"个人知识"的范畴，媒介知识范畴的约束决定了其在涉及"专业知识"的信息传导中可能发生误传或对新意义的附加，这些都可能最终带来受众所获取的"常识知识"与"专业知识"的差异，这一"误识"还可能通过媒介在信息传播中所具备的优先地位而进一步在大众中得以扩散。然而，大众也并不仅仅是受媒介宣传摆布的"无知的群体"，他也有自身独立的逻辑。只有个人对一个议程问题的直接经验很少时，他才会比较依赖于大众传媒，以获得对该议程问题的信息和解释。而对那些与大众生活息息相关的议题而言，大众从生活体验和人际交流中获得的直接经验将大大弱化、干扰其接受"间接经验"的影响，这样大众就可以从媒介所提供的"间接经验"攻势中解放出一定的自主意识。

第三节　多案例折射的当前中国教育政策议程设置过程的基本特征

一、议题列上政策议程的决定函数

分析本书三个案例，发现中国教育政策议程设置过程的讨论基本是围绕着 "决策精英偏好序列" 及 "信息关注空间" 而展开的。当代中国的议程设置（即政策输入）过程表现出较强的政府整合性和组织化一体性，也正基于这一点可以认为当代中国的教育政策议程过程大多呈现出明显的"内部输入"特征，党组织和政府在政策问题提出和政策议程确立过程中的权威地位和主导作用，使得很多问题常常不经过公众议程而直接进入政策议程。这一特征使中国政策问题的提出更多地使用内在创始和动员模型，而较少使用外在创始模型；亦使中国公共政策制定过程中的决策更多地呈现出"单方案决策"特征而不是多方案的择优。因此政策输入成功与否在当代中国公共政策制定过程中扮演着举足轻重的角色，而西方语境中作为核心的决策与政策合法化环节反而显得没有多少实质意义。

可构建一个决定决策精英是否把某个议题列入政策议程的决策行为的函数如下：

IIEA = F（Pref，Info）[1]

首先从"偏好序列"因素来看，简化地说，追求部门利益、遵从决策精英领袖意志从而谋求政治升迁是影响外层决策精英行为的两大主要效用；而政治合法性则对决策精英领袖有着更优先的效用次序。当决策精英领袖对某一政治目标表现出强烈偏好时，这一政治目标就会压倒各个外层决策精英群体的部门利益目标，决策精英领袖就会借助行政科层权力对外层决策精英群

1　IIEA 表示决策精英把议题列入议程（issue in the elite's agenda）的决策行为，Pref 表示偏好次序（preference），Info 表示信息关注的空间（Information），F 表示函数。

体的局部权威进行约束、管制，资源分配中离散化的权威会在决策精英领袖
的强力主导下出现暂时的互相妥协和聚合，某些触及外层决策精英部门利益
却有利于增强政治合法性的议题就会在决策精英领袖的强力推动下走上议
程。这样，社会环境所构成的合法性约束通过对决策精英领袖的强力影响，
并借助行政体系的行政强制力而间接传递、形成为外层决策精英的行为约
束。当然，精英领袖对外层决策精英群体进行利益、话语争夺的约束是一个
变化的空间，约束空间是可生成、可扩大的，在此，权力并不是固定的被占
有物，它是可以被经营、增殖、可以在互动的过程中再生产出来的，受具体
政策议题相关的精英领袖强硬程度、外层决策精英群体谈判力及特定社会情
境的影响，不同政策议题下决策精英领袖对于外层决策精英话语分割及争夺
的约束空间大小不同。

　　但无论是外层决策精英所偏好的部门利益、政治升迁，还是决策精英领
袖所偏好的统治合法性，在现阶段很大程度上都取决于经济的发展程度，再
加上发展主义思想的广泛影响，经济因素在中国当前公共政策决策中具有压
倒性的偏好优先权。同时，由于中国社会特殊的转型路径是从经济领域转型
开始、然后向其他领域扩散，国家对经济、社会、政治三领域的职能让渡在
数量上是非均衡性的，国家在经济领域中让渡的权力最多，社会领域次之，
政治领域最少，而经济问题是社会问题和政治问题的交界面，因此教育政策
议题往往由经济因素引发，或者相当程度上是由财政压力驱动，往往是决策
精英内部在财政压力下所发生的"甩包袱—退包袱"矛盾才直接触动了决策
精英群体寻找新解决方案和新制度创新的动议：比如国家助学贷款政策议题
最初的产生来源是教育财政压力之下进行的高校收费制度改革；学生伤害事
故处理政策议题列上议程是家长的巨额经济索赔影响了学校运行；Q 省 Z 市
某中学搬迁新区政策议题更是在经济发展"城市化"战略的一个连带决策。
然而，因经济因素而生发的议题创新动议，却为社会问题向政治问题的转换
提供了宝贵的契机。

　　再从"信息关注空间"来看。一个政策议题演进过程的实质常常是中层
离散权威在决策精英领袖约束框架下的一种组织决策，组织结构和组织规章
的意义不仅仅在于进行权力分配，更重要的是在分配注意力这一问题上扮演
了重要角色，组织规章决定了什么样的信息在什么时候可以进入决策。信息
搜集、加工部门的设置和它们在决策过程中的参与方式及时间性都可以通过

影响决策者的注意力来影响决策过程和结果。决策精英的有限理性又决定了他不得不借助于信息编辑机制来认知外部世界，信息过滤或信息阻滞（blockage）都是通过这一过程对决策结果产生影响的。当前中国能够进入决策精英领袖视野的制度化信息渠道主要有三：内部大众、外层决策精英和行政化媒介，这些信息渠道都属于受行政影响较大的内部渠道。外部大众的诉求要进入决策精英领袖视野，一般通过这样的途径：通过非常规化的信息通道（提供新闻线索和记者主动采访）影响市场化媒介，再通过市场化媒介与行政化媒介的议程间设置作用影响行政化媒介的关注点，最后通过后者制度化甚至是行政化的信息渠道间接反映至决策精英领袖；或者先通过非常规化的信息渠道（社会氛围对内部大众隐性影响或者内部大众的主动调查）进入内部大众的视野，再通过后者制度化渠道（提案、议案、批评建议或者部分内部大众在外层决策精英中的主管代表）影响决策精英领袖。信息很大程度上是通过行政科层结构向上传送至决策精英群体，能够凭借官方正式渠道进行话语表达的大众只是大众群体的很小一部分代表——内部大众；同时，尽管官方一般都有常规、日常的信息简报部门和信息编辑工作，但被列入信息整理范畴的媒体文本也大多来源于精英性质的媒体部门，而这些精英层次的大众媒体部门具有"高度组织化"的政府整合特征，实际就是行政体系的一部分，这种信息编辑范畴必然决定了多数非精英层次的媒介文本不具备制度化的进入决策精英视野的途径。也就是说，按照中国当前的制度设计，总体上在行政化的信息通道之外对流入决策精英视野的信息设置有比较严格的封闭式程序，外部大众的诉求要进入决策精英领袖视野需要比较长的信息链，而且信息链的通畅还很大程度上取决于那些非制度化、非常规化的初始信息环节能否生效。也就是，当代中国的政策议程创始／输入过程表现出高度的政府整合性和组织化一体性，正是从这一含义上说，中国当前的教育政策议程设置主要采取的是内部创始／输入机制。

当然，由于"进行创新的紧迫性到底有多强、在何种程度上可以进行创新"等问题只能通过"做中学"（Learning by Doing）的方式来予以回答，决策在决策精英群体那里充满了不确定性和模糊性，而决策精英的学习行为则很大程度上受反馈信息的影响。因此，在政策变迁的多个微观议程过程中，包括决策精英领袖在内的决策精英群体有主动性去自上而下地主动策划、实施相关调查和信息搜集工作。"内部调查报告"、"内部信息简报"等类似文本也因此成为中国决策精英群体获取信息的一个"特色渠道"。尽管决策精英领袖主动实施的专项调查这一渠道，可能实现从外部大众到决策精英领袖的快捷、直接信息联系，但专项调查项目的提出却取决于决策精英领袖对社会现实的察觉和自省，具有一定偶然性，同时专项调查实施人员往往由外层决策精英指派，也在一定程度上难以避免外层决策精英部门利益的影响；而与外层决策精英部门利益不符的那部分外部大众诉求却只对决策精英领袖有着相对较高的效用，这就隐含着一种信息链与效用偏好链不相匹配因而导致传递不畅的危险性。

再者，"信息"和"偏好"两个自变量还是相互联系的。一方面，信息的非中性决定了注意力空间是行动者阐释的函数。不同角色、地位的行动者将凭借自己不同的偏好策略性地形塑信息渠道、给予信息不同的主观阐释。另一方面，正由于决策精英领袖注意力空间的有限性，决策精英对于信息的处理和接收会在一定程度上影响其偏好的形成。当其预估的政策风险过高（如舆论意见存在重大分歧或者专业性较强的领域）、政策不会带来显著的政治收益预期（如议题与当时社会情境下精英团体的主流关注不符或者政策收益对于增进统治合法性贡献不大）、或者政策议题推进难度不大（如议题不属于再分配性质，不会触及某个较大利益团体的部门利益）时，他们会更偏好于采取较低的关注、涉入程度，倾向于采取"局部试错、以观后效"的政策试验方式。因此政策的关键主导力量未必都是最顶层的决策精英领袖，由于政策议题类型的差异，只需要"恰当层次"的主要行动者就可以充当政策的"转换器"。决策精英群体的中低层常常承担着对议题提供具体界定和制定解决方案的任务，中低层决策精英可以凭借这一交办任务的过程通过"解释权"的下放而被赋予较大的议题影响力，对议题所产生的实质性权力又由于决策精英领袖的疏离态度而得以顺利通过行政合法化程序，并由此以局部的话语获得整个决策精英群体的权威性。而政策创新在地方局部的首次突破成功，却将从客观上减小其他地方乃至中央创新扩散的阻力和成本，也就是议题在局部的成功转化将大大增加该议题在其余地方列上议程的可能性，并降低其他局部创新及整体创新的进入成本。此时议题既不是从上（权力中心）获得突破口，也不是从下（微观行为主体）取得现实可能性，而是从局部的地方议程突破中获得了转化为现实的途径；局部的创新突破又得以在局部决策层次持续扩散，并因此增加创新向上扩散的可能性；最顶层权力中心就可能并不是创新的倡导者，而是地方创新的事后追认者，政策将呈现出一种创新的中间扩散方式。

二、政策议程的触发机制

尽管动议群体可以通过增加问题的影响尤其是负面影响来获得议程变迁的机会，但动员并不仅仅如此简单，动议群体有时需要一些帮助才能把议题推上议程。"问题相关指标的变化"、"由焦点事件制造快速关注"是使议题分配到决策精英较多的信息关注空间、并最终走上政策议程最主要的两大途径。

问题指标变化通常从统计上表明一个问题变动的轨迹，但数字本身是不会对议题是否吸引更大注意或被人遗忘产生影响，指标变化要真正推动议题列上议程往往需要利益集团、政府代理机构和政策主理团体的宣传，他们会利用数字来阐释、完善其偏好的政策思想。行动者对于问题指标的使用及阐释权是与其所处的地位、角色相联系的，对于问题指标阐释的意义之战折射出行动者背后的资源与权力之战。但行动者并非完全独立自主的话语阐释者，他们对于问题指标如何认知、如何阐释，会受到特定社会情境的约束；而那些能够匹配特定社会情境需求、取向的阐释方式，则更容易在"问题指标变化"的话语之战中取胜，进而更有可能进入决策精英的信息关注空间，更有可能被决策精英利用于其对"议题"的特定阐释方式。例如国家助学贷款政策案例中，假如不是恰逢1990年代中期后，中国社会整体市场化进程已经引起公众心理的强烈震动，"社会稳定"成为决策精英领袖的首要偏好，"贫困生人数"这一问题指标的变化也很难构成相应的议程触发机制。

而焦点事件作为一种反面性的非常规现象，能够打破常规状态下问题不能进入制度化、日常化信息渠道的制约，以非正式的信息沟通方式快速完成从地方到中央、或者从大众到精英的知识传递，传递时间也可能相当短，并迅速成为议程上的重要问题，这种作用是缓慢变化的问题指标所不具备的。媒介有能力将一度是私人的问题转化为公共问题，扩大了受众的数量，因而改变了政策议程设置过程的动力。此时，政策议题就可能采取与内部创始、顶层精英推动议题演进完全不同的外部创始方式列上政策议程。

焦点事件成为政策的催化剂，其触发机制的价值来源于三个因素的相互作用：范围、强度和触发时间。这三个因素共同构成要求政治变化的核心因素。每一个因素的出现与其他因素结合起来，形成触发机制对公共政策过程的潜在过程以及发生变化的可能性产生影响。所谓范围是指受到触发机制影响的人的数量。如果一个事件对社会的相当大的部分有普遍意义，那么采取行动的要求就会有广泛的基础。但是，如果触发机制改变了少数人的生活，那么对他们来说，要"有所例外"，则是困难的，要获得具有有效改变能力的从政者认可也是困难的。确定触发机制影响的第二个因素，是公众感觉的事件的强度。如果焦点事件的发生作为一个预料之外的事件，却得到公众宽容的接受，那么随后人们对此事件的态度就不是要求改变政策。但是，此事件引起了关注，特别是引起人们以担心或愤怒的形式关注，因此决策精英就可能要对舆论的哗然予以重视。焦点事件展开的时间段，是确定作为政策催化剂的触发机制的第三个重要因素。有些事件很快就广为人知，而另一个事件则要经历一段酝酿过程。触发机制产生的时间与事件的效力并没有一定的关系；很快就广为人知的事件可能与某些经过了萌芽期的事物一样有力量。范围、强度和触发时间解释了触发机制对政策制定过程的影响。这三种因素可能在各种力量中相互作用，所牵涉的问题的总量对于政治行为多少会产生有力的诱因，我们可以三个因素为维度画出一个三维空间，每一个触发事件都可在这个空间中找到对应的一点，显示出三个因素不同特征的组合。但这三者的效力大小是同时受特定社会情境的影响与约束的。

触发机制在问题感知和政治行动的要求之间构成了重要的联系。焦点事件作为公共政策问题的起点，不仅其产生难以预料，其对公共政策的影响也同样无法预料。尽管焦点事件作为政策议程的触发机制具有不确定性，但它应该得到正确的评价，因为它们的确起到了组织政策问题、使问题在公众议程中显现出来的作用。如果缺少非常规焦点事件的激发器作用，联系到前述当代中国基本由行政体制内部人控制决策精英信息渠道的分析，很多议题很可能限于制度障碍和信息阻滞的约束而陷入长期的蛰伏状态，但焦点事件突发力的巨大使得原本存在的制度障碍很难再让焦点事件远离媒介议程和政策议程。

三、中国转型社会中议程动员的特定策略

在中国当前社会中，决策精英群体仍是三个议程最重要的设置者，但提升一个议题在议程上的位置以达成政策变迁并不总是被精英所抵触。精英阶

层与公众对于各种问题的认知差异，可能会成为一种压力的来源，会导致"精英阶层试图通过直接干预事件或控制媒介渠道来操纵受众的感知"。

中国向着"后总体性社会"的转型，使得决策精英往往要通过"内部组织动员"与"外部舆论动员"的特殊双轨方式进行议程动员和议程巩固，动员方式及效果都沿着两个不同的分岔推进。一方面政策的实际推行最后主要依靠的是行政指示、监督和绩效考核机制，即内部组织动员的方式；而另一方面由于政策的本质是导致"重复性实践"的改变，这涉及人们的惯习和思维模式，因此决策精英同时实施符号／话语的"动员"过程，精英借助大众传媒等媒介手段，通过对话语的塑造和控制，向公众传播各种议题的相对重要性，以影响大众的生活惯习及旧有思维模式，从实质上实现政策改变"重复性实践"的根本目标。

决策精英群体启动媒介议程、推动正面偏向意见（高关注、正面口吻）的 Downsian 动员的主要功能，在于沿着决策精英所建立的政治目标方向，以大众媒介为手段、以制造公共舆论为方法，在一定程度上实现对公众议程的影响，从而教育民众哪些政策是有利的、哪些政策方案是应该关注的；同时，这种在外层大众群体里制造舆论、寻求共识的方式，对于决策精英领袖树立政治形象、增强自身义理性是关键，尤其是在政策效果不确定性较强、见效时间较长的情况下，更需要以宣称和制造象征性事件的方式来表明"政策积极推动的进程"；再者，当决策精英领袖和外层决策精英之间存在分割甚至对立的利益时，决策精英领袖启动媒介议程也是其对抗、约束外层决策精英话语的一种方式，决策精英领袖策略性地越过外层决策精英群体，在更外层的大众群体中扩大议题兴趣所波及的影响面，更重要的是根据自己的政治需求在大众中强化了一个议题的某种阐释方式，即影响了公众议程对该议题的诠释，从而反过来对抗外层决策精英中对该议题所发出的不同声音，与来自行政控制力的直接约束共同作用于外层决策精英，以更顺利地推行自己的政治理想。决策精英启动媒介议程，本质上是延续议题并强化相关各群体对该议题特定诠释方式的理解与认同、进行以巩固议程为目标的动员。

在双轨制的"外部社会舆论动员"过程中，行政化媒介与市场化媒介的作用存在差异。受决策精英意见影响并承担动员任务的主要是行政化媒介。如前所述，中国大众媒介的市场化改革客观上造成了媒介的分割，行政化媒介、市场化媒介所选取的报道重点在大同之下仍存在差异。行政化媒介舆论的主要功能设定受到决策精英较大的控制，目标指向是安定民心，稳定社会，影响大众思维模式及增强政府的义理性，尽管少数情况下也向决策精英提供社会对政策的反馈信息，但主要还是作为决策精英由上至下实施动员的话语通道。而市场化媒介舆论的功能设定受决策精英的控制力则相对为小，其出于追求市场效益目标而无意中形成了客观的"决策软约束"，但由于缺少正规沟通渠道而很少直接进入决策精英的关注视野，市场化媒介只能通过营造社会意见氛围、媒介间议程设置等方式成为隐性、间接的由下至上的话语通道，同时下层话语最终仍是借助内部行政手段的组织动员方式而对政策行为间接生效的。也就是说，市场化媒介中所反映的大众话语基于政府合法性需求而产生软约束，但这种约束主要是针对决策精英领袖而言的。在此可以合理地假定政府合法性只对决策精英领袖有效，外层政策精英行为的约束力则只来源于内部的科层行政控制，因此要把下层意见真正转换为实际行动，就必须通过决策精英领袖对约束力的转换、传递作用，把外部舆论约束力转换为行政约束力，以对实际的集体行动形成完全的整体"约束链"，行政指示、监督和绩效考核的组织动员正是最终完成这一"约束链"的重要部分。

这种双轨动员方式的二重组合是与中国社会结构的转型相联系的。其中内部组织动员方式保留了"总体性社会"的制度痕迹，因为在政治和行政因素对于社会生活的各个领域仍然有着相当大影响的"后总体性社会"中，要对社会资源进行有效的动员，就必须以一定的方式有效地利用已有的体制和组织因素；但在"后总体性社会"中，由于内部组织化动员所依赖的条件已经在一定程度上消失，仅仅借助内部组织化动员对资源动员就出现了一定局限性，对于大规模的社会动员不再适用，因此决策精英利用媒介塑造所需的政治象征和话语框架，希望通过舆论影响的间接方式达到对外层决策精英的约束、对资源的控制和对大众的影响。

四、案例折射的当代中国"国家—社会"关系及对制度变迁动力的一种隐含解释

以往有关"国家-社会"研究多从非国家的社会组织或新生阶级力量的发展角度考察，而本书提供了从话语框架及其形成的角度考察"国家—社会"

的新视角。在国家与社会的关系这一理论框架中，在当代中国的社会结构特点之下，本书中国家助学贷款政策议题、学生伤害事故处理政策议题的议程设置个案可能代表着新出现的一整类案例——尽管其表现的程度存在差异，其特殊性在于它们展现的并不是一般的发生在市场经济领域或者发生在社会领域之中的纠纷和解决的过程，而是涉及到社会成员与国家之间的"对立"和协商过程，当然这种对立和协商具有特殊的表达形式。在当代中国"市民社会"尚未出现或尚未发育成熟，国家与社会间尚缺乏完善的良性互动机制的情形下，这些现象的出现提供了一个非常珍贵的机会，使我们可能考察到一种新的互动方式的出现原因、特点和势态。

然而，在上述两个案例中所体现的、由媒介所承载和建构的公共空间与哈贝马斯（Habermas）所说的"公共领域"（Public Sphere），以及典型的民主制度国家的公共话语空间有很大不同。在此，媒介所具有的这种自主性、自生性是非常有限的，受到决策精英群体及组织规章制度的严格控制。只有其所提供的话语框架暗合决策精英群体的效用需求，默许、保护这种自发话语成为决策者上策时，媒介对话语的建构才较可能成功。媒介的自主性以及对底层舆论的反映，其自由的范畴是"打擦边球"，自主权的来源还是政府对于舆论控制权的部分让渡。中国市场化改革以来，政府对经济、社会、政治三领域的职能让渡在数量上是非均衡性的，即在经济领域让渡的边缘职能最多，社会领域次之，政治领域最少；媒介可以通过把议题塑造成不同形象的问题——经济问题、社会问题还是政治问题？——而获得不同的话语自主空间。在案例中所体现出来的媒介话语的有限自主性并不代表当代中国"国家"与"社会"的分离。因为权利让渡的主体仍是国家，它在很大程度上控制着边缘相异话语发生的可能性，国家（精英）只是在以另外一种组织形式来"管治"经济与社会。尽管市场化往往与非政治化连在一起，但是在中国，"非政治化（nonpoliticizing）"并不等于"与政治无关（apolitical）"，也不一定是"反政治的（antipolitical）"。媒介自身的特性决定了它必然要执行一定的政治功能，中国媒介要脱离的仅仅是原来极权式的全能主义政治，而成为这种意义上相对独立的领域。

同时，以往的"精英—大众—媒介"互动模型为了凸现强调长期的、连续的结构要素的重要性，而往往把"精英"、"大众"、"媒介"分别视为整体的简化抽象，但这种简化在便于揭示结构性的同时也可能掩没了内部所可能存在的流变性。本书的观察表明："精英"、"大众"、"媒介"三个单元的内部整体性及其彼此的分离性都只是相对的，甚至并不固定，"精英"、"大众"、"媒介"内部都存在制度性、较稳定的分化，其内部的分化及内部子群体相互关系的变化为"精英"、"大众"、"媒介"三者网络位置的相对变动制造了机会，这种原有网络关系的松动很可能为制度变迁提供了启动的契机：精英群体内部的利益及权威分割可能促使其把争夺僵持不下的领域让渡出来，允许新行动者的加入；大众群体内部分层使大众—精英的联系呈现非均衡；媒介的分化也营造出更多社会表达的可能空间。换句话说，不仅是"精英"、"大众"、"媒介"三个群体对信息的策略性运用和对话语的塑造、扩散可以成为制度变迁的潜在动力；这三个群体内部所存在的制度性分化本身也可能带来更多的改变其相对关系的机会，并由此成为制度变迁的另一种潜在动力。

第四节　行动者网络视角下的议程设置理论逻辑

一、行动者网络视角下的议程设置过程

我们还可以在"行动者网络"理论视角下对本书所揭示的议程设置逻辑进行进一步的理论抽象。可以说，所有的议程都是行动者建构的结果，文本是行动者进行"转译"的一种中介物，行动者是寻找办法把"文本"／"信息"这种中介物转化为网络中一个"联系"的创造者。尽管不同行动者的"转译"能力不同，可能存在主导性行动者，不同行动者对希望塑造的议程也有不同路径方向，但议程设置不是单方面行动者理性设计的结果；机制（machinery）能够自动产生，因此将由它自身决定要指向何方，多方互动产生了不为任何一方所预期和控制的"非意图结果"。

议程设置过程就是"作为网络结点的各行动者以'文本'／'信息'作为中介物，彼此寻求'转译'的各种策略，以某些人或某些事情的名义说话，驱动某些人或某些事情朝着一个特定方向去移动，以最终逐步使物质和意涵朝着某个方向产生转换和改变的过程"。整个网络最终的物质及意涵分布结构取决于行动者转译影响力及被转译者抵抗力的综合合力。然而这个合力并不是一个简单机械加总的过程，行动者网络建构的过程与条件亦可能是社会行动的副产品或非意图结果。目标、利益、认知上的差异可能促使主导的行动者去组织协调其从属行动者 B 与 C，这通常导致了并非完全处于 A 控制之

下的 B 与 C 之间产出社会关系，而且这种关系还可能进一步发展。某个行动者 A 对其利益的追求，可能是通过它在 B 与 C 子系统或其它相关系统中的政策以及策略性反过程来开始启动的；而从属行动者对不平等的权力分配与剥夺也会作出反应，他们会用公开或隐蔽的方式，联合并动员那些公然反对 A 的势力，迫使 A 在主导性的话语阐释中考虑外在约束。当然，精英们也在加紧学习并调适他们的策略，因而会有助于一个动态的、不可预测的结构的形成。行动的非意图结果可能不同程度地反映了许多行动者独立决定的总体效应，但他们各自追求的目标未必都反映在结构性后果之中。而行动者网络建构的非意图结果又可以建构并重构行动与互动的条件，例如它可以完全改变不同群体行动者的总体机会，从根本上对利润和成本进行再分配。

简而言之，一个"议程设置过程"就是一个行动者网络实施"转译"的过程，它涉及几个相互联系、有所重叠的阶段：① "问题化"（Problematisation），即一个或更多行动者／机构共同作用来界定和探索一个问题；② "利益／兴趣关联"（Interessment），那些相信自己对问题拥有解决方案的行动者努力劝服他人同意自己对问题的界定且达成合作以寻找令人满意的解决方案；③ "加入机制"（Enrolment），建立各种合作机制及程序以加强、巩固网络的运作；④ "动员"（Mobilisation），使用一系列规则和方法来维持现有的网络[2]。

而行动者的"转译影响力"和被转译者的抵抗力是网络关系的产物，也就是"转译"或者"反转译"的影响力力／权力不是可占有的物，不能交换；它们是流动的，没有固定的形态，不存在始终不变的模式。换句话说，"转译"或"反转译"的影响力就像引力，对于任何有质量的物体来说，引力关系都是存在的，但这种存在并不是说这些物体本身"有"一种属性，可以称之为引力，而是说当我们面对两个有质量的物体时，我们可以考虑二者的引力关系。因此，"转译"或"反转译"的影响力总是表现为不同行动者之间的关系，这种关系往往寄寓于一系列事件之中，通过互动过程体现出来。有时它采取一种压制—反抗的形式；有时通过各行动者的共同定义、认同达

---

2 这四个阶段事实上是卡隆（Callon）在描述"转译过程"时所包含的四个有所重叠的阶段（参见 Callon, M. Some elements of a sociology of translation: domestication of the scallops and the fisherman of St Brieuc Bay[A]. Power, Action and Belief: A New Sociology of Knowledge?[C]. Law, J. ed. London：Routledge and Keegan，1986），它们正好与一个理想类型意义上的议程设置过程阶段相同.

成某种"共谋"式的关系模式；而更多的时候它表现为更为微妙的灵活策略。总而言之，不论"转译"或"反转译"影响力采取何种形态，它总是体现为某种关系，并通过一系列事件在网络的互动过程中得以型塑（shaped）。一个行动者网络同时也是一个行动者，其行为同其实体身份（entities）联系在一起，而这些行为又在不断地形成网络。网络的建构既指向以前的制造物（elaboration），又指向重组的进程，社会网络的建构总是以过去的前建构为出发点，比如国家助学贷款案例中所凸现的内部组织动员与外部舆论动员双轨并行的议程动员方式就是作为网络前建构的中国"后总体性社会"约束的产物。

当政策文本作为行动者话语互动网络的产生物而以类似立法的正式形式出现时，仍未最终完成对作为"话语"的政策的建构。政策文本的内容模糊在一定程度上表现出作为行动者的政策制定者的立场模糊；其所代表的意义也时常转变，有时是反映了行动者权力及动机的变化，有时则是在阐释政策方面制造空间，开放给行动者及回应者以赋予文本意义；政策文本的重要性不但在于其所载文本包含了未来的行动，更在于无法预知行动者将如何解读；最后，不能忽视文本作为"话语"而在其背后联系着的对于网络结构物质内涵的作用权力。政策文本通常意味着去推动重新组合、再分配或使现存网络权力关系改变的某些改革，但权力是复杂而互动的，政策文本并不会轻易成功地改变原来的权力关系，结果将进一步加剧原有权力关系的复杂互动。在议程设置的话语过程中，由于对知识的掌握及实践都是竞逐出来的，因而了解谁、通过何种方式在控制及影响政策文本的产生、改动就变得极为关键。

二、议程设置过程中行动者策略的话语／信息网络解释

行动者需要使用话语策略来导向议程设置过程的前提是行动者存在话语分歧，议程设置过程中的话语分歧不是行动者固有个体特性的产物，而是由网络的相互联系所决定的，行动者将由于在网络中所处的位置不同而产生不同的知识立场、不同的利益地位以及对问题性质／效果的不同感知角度，从而产生认知差异，议程设置过程中的话语分歧是知识立场、利益地位及认知天生的主观性三种因素以复杂、迂回形式交叉作用的产物。

行动者通过运用"以特定方式开启或者关闭信息通道"（决定中介物的

存在性和活动区域）、"频度强调"（中介物的议程设置功能）及"突出特定语义框架"（中介物的框架功能）三个具体策略来使作为中介物的"文本"／"信息"产生"转译"作用，也就是使作为网络结点的行动者之间产生协作和协调的机制。如果行动者无法获准介入制度化、常规化的信息通道，无法扩大自己所偏向的话语指向的影响范围、增大影响强度，无法使其希望凸现的语义框架得到普及，那么他所导向的问题就很难进入议程；相反，只要代表特定强势"问题、因果关系和解决方案"的象征和符号能维持在社会中，或者保持高度的可见性和无可置疑性，那么不使用这项象征／符号的群体就很难使自己的问题进入议程，变革就会一直不发生，除非相对弱势的其他行动者所建构的问题能够更普及。如果一个备择选择对于反映政治权力很关键，一个重要的必然结果就是有话语／信息权力的群体会通过使公众、外部群体不意识到潜在问题、备择问题建构或其他解决方案而保持自己的对于议程的控制权力。

这三大具体策略生效机制的实质是：

① 解释和配置意义。话语具有将发言权再分配的效果，故其并不在乎人们说什么及想什么，因为只有某些言论被赋予意义及具合法性权威。比如在 Q 省 Z 市某中学搬迁议题中，当"城市化=社会发展"这种社会话题被赋予了毋庸置疑的合法性时，那伴随它的实施所出现的问题就往往很难被问题化，因为目标本身的合法性源泉会构成它被问题化的屏障，"城市化"话语被赋予的压倒一切的必要性、迫切性，使得决策精英对其他不同的问题侧面视而不见；而学生伤害事故处理政策议程中，当该议题在网络局部的政策议程中取得突破、占据强势位置时，话语的"排除规则"将有助于使类似议题在其他局部网络议程中占据强势，客观上促进了创新扩散；

② 导致信息的强调或中断（punctuating），信息通道的通畅性影响了信息的消长，信息通道的特定路径结构影响了信息的流动方向，行动者的阐释和理解还可以对信息起到放大、缩小甚至再生产的作用，话语框架在选择特定信息时也忽略了其他信息，因此能够导致行动者对特定问题认知的扩大或者忽视、弱化。比如国家助学贷款案例中通过"叙述性故事"、"隐喻、类比"、"提喻法"和"不明确的模糊性"四种方式塑造符号象征，而其运用目的都指向"高校贫困生现状严峻，以国家助学贷款为重点的资助体系带来了光明前景"的叙事推理模式，它们调动、集聚了人们特定的情感因素，通过移情

作用拥有忠诚感，而个人真实观念的特性则相对变得不那么重要。选择恰当的话语框架可以快捷地影响多数，淡化个人意向，模糊局部目的，转移矛盾焦点，抵消分歧，诱使相关者为了他们并不完全理解的目标而行动；

③ 话语与行动者网络所确定的、包含各种形式"关系"[3]在内的权力结构是相联系的，在网络中处于相对权势位置的行动者对话语的物质生产、表达和传达具有主导性的控制力，因而能通过对知识、信念的微妙控制、表达，对抗衡意向的审禁，实行对社会意识形成的控制，而意识再现是社会权势和话语生产、理解及其权势行使的根本社会纽带。文本可以作为"转译"的中介物，通过压制对抗性言论和动员支持者，把话语转化为权力网络结构及资源配置结构的实质影响，从而影响行动者的行为。比如决策精英利用行政强制力对公共媒介进行干预，对制度化、常规化信息通道的建立与封闭进行控制，都是行动者利用他在其他形式关系网络中的权力对信息／话语权力进行控制。

因此构成一个议题的"事实"从来都不是天然生成的，而是人为建构的产物，它们是通过行动者主观认知、既有的规章制度约束、作为前建构的社会情境框架、论述技巧、话语策略等一系列事件、活动而在行动者网络关系中生成的社会产物。

政策问题的内在本质也只能是相对固定的，在更多的场合下，行动者政治可以型塑问题（problems）的性质和政策议题被人们感知的途径，大量的政治正致力于对其他人如何感知政策及政策建议产生影响。但这并不能完全决定行动者在使用话语策略时对问题的界定方式，由于比如在地方决策精英眼里，"某中搬迁"议题属于成本分散、收益分散的政策议题；而 Z 市某中教师则认为该议题属于成本分散、收益集中的政策类型，而这两种界定还可能随时间变化而发生变动。同样的，在界定议题时，可以将"经济利益"转化为"社会利益"，把"即时的短期利益"说成是"长期收益"，以获取更大范围的支持和政治合法性。因此，政策问题是在完成政治目标的政治背景中被界定的。界定一个议题也是在界定利益和联盟的结构，从来都不存在非政治（apolitical）的问题界定。

---

3 话语／信息只是网络关系中的一个类型，其他关系类型还包括资源流、建议、友谊、人事关系、董事会成员互锁等（参见周长城. 经济社会学. 北京：中国人民大学出版社，2003：112）.

附　録　国家助学贷款政策各议题生命分期中国资讯库相关报道频次数据序列的小波分析图

● 议题潜伏／临近期

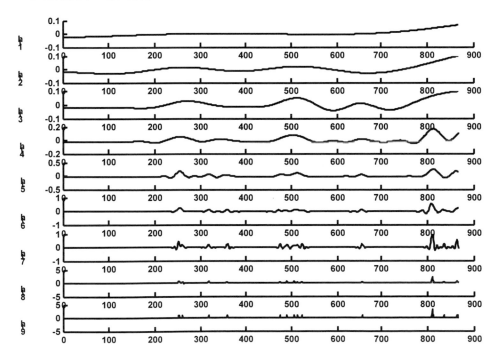

● 议题试验／启动期

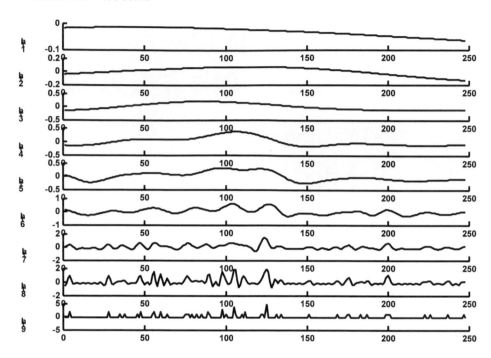

● 议题流传／扩大期

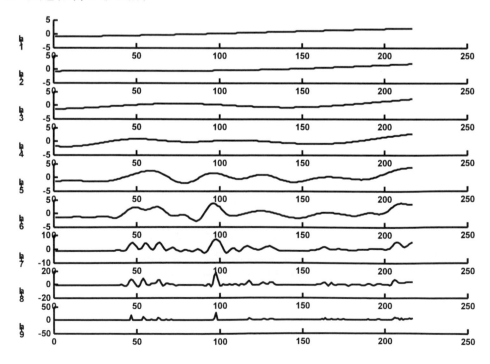

● 議題關鍵期

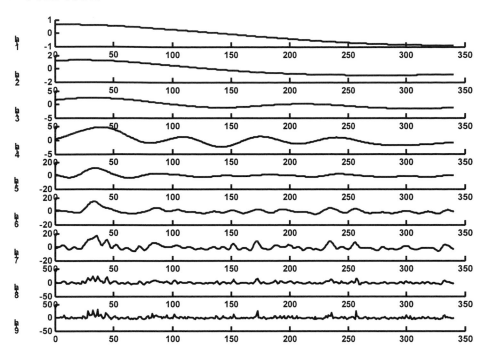

● 議題矛盾漸緩期

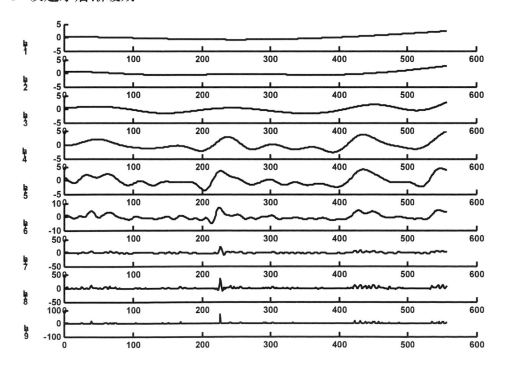

● 议题入眠期

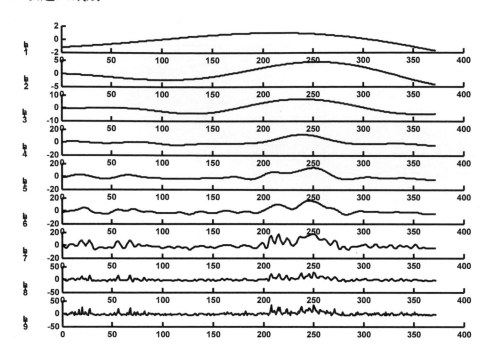

参考文献

（一）中文著作（含译著）

1. 奥尔森，曼瑟尔.集体行动的逻辑[M]. 上海：上海三联书店与上海人民出版社，1995.

2. 鲍尔，斯蒂芬. 政治与教育政策制定——政策社会学探索[M]. 上海：华东师范大学出版社，2003.

3. 保罗.A. 萨巴蒂尔编. 政策过程理论[M]. 彭宗超，钟开斌译. 生活. 读书. 新知三联书店，2004.

4. 北京国家城市发展研究院编. 中国数字白皮书[C]. 中国时代经济出版社，2003.

5. 大岳秀夫. 政策过程[M]. 北京：经济日报出版社，1992.

6. 戴元光，苗正民. 大众传播学的定量研究方法[M]. 上海交通大学出版社，2000.

7. 丹. 因巴（Dan E Inbar）等. 教育政策基础[M]. 教育科学出版社，2003.

8. 丹尼斯·K·姆贝. 组织中的传播和权力：话语、意识形态和统治[M]. 陈德民等译.中国社会科学出版社，2000.

9. 丹尼斯·麦奎尔等. 大众传播模式论[M]. 祝建华等译. 上海译文出版社，1987.

10. 德弗勒，M.，洛基奇，S.D. 大众传播学诸论[M]. 新华出版社，1990.

11. 邓正来.国家与社会：中国市民社会研究[M]，成都：四川人民出版社，1997.

12. 邓正来.市民社会与国家知识治理制度的重构[A]. 市民社会理论的研究[C]. 北京：中国政法大学出版社，2002a.

13. 邓正来.建构中国的市民社会[A].市民社会理论的研究[C]. 北京：中国政法大学出版社，2002b.

14. 梵·迪克. 话语·心理·社会[M]. 施旭，冯冰编译. 中华书局，1993.

15. 梵.迪克，托伊恩．A.. 作为话语的新闻[M]. 曾庆香译. 华夏出版社，2003.

16. 方慧容."无事件境"与生活世界中的真实——西村农民土地改革时期社会生活的记忆[A]. 中国社会学（第二卷）[C]. 中国社会科学院社会学研究所. 上海人民出版社，2003.

17. 费斯克，约翰. 理解大众文化[M]. 王晓钰，宋伟杰译. 北京：中央编译出版社，2001.

18. 福柯.知识考古学[M].谢强，马月译，北京：三联书店，1998.

19. 福克斯，米勒. 后现代公共政策——话语指向[M]. 中国人民大学出版社，2002.

20. 格斯顿，拉雷.N.. 公共政策的制定——程序和原理[M]，重庆：重庆出版社，2001.

21. 郭镇之.北美传播研究[M]. 北京广播学院出版社，1997a.

22. 郭镇之.关于大众传媒的议程设置功能[J]. 国家传播界，1997b，3.

23. 哈贝马斯. 公共领域的结构转型[M]. 学林出版社，1999.

24. 海德格尔. 存在与时间[M]. 三联书店出版社，1987.

25. 贺立平. 让渡空间与拓展空间——政府职能转变中的半官方社团研究[D]. 北京：北京大学社会学系博士论文，2001.

26. 亨廷顿，塞缪尔.变革社会中的政治秩序（中译本）[M]. 北京：华夏出版社，1988.

27. 侯钧生主编. 西方社会学理论教程[M]. 南开大学出版社，2001.

28. 吉登斯，安东尼. 社会的构成[M]. 李康，李猛译. 王铭铭校. 三联书店，1998.

29. 吉登斯，安东尼. 社会学方法的新规则——一种对解释社会学的建设性批判[M]. 社会科学文献出版社，2003.

30. 杰弗里.C.亚历山大，邓正来编. 国家与市民社会——一种社会理论的研究路径[M]. 中央编译出版社，2002.

31. 杰克.富勒. 信息时代的新闻价值观[M]. 展江译. 新华出版社，1999.

32. 杰伊.沙夫里茨，卡伦.莱恩，克里斯托弗.博里克[著]. 彭云望译. 公共政策经典[M]. 北京大学出版社，2008.

33. 柯尔库夫，菲利普. 新社会学[M]. 北京：社会科学文献出版社，2000.

34. 李彬. 符号透视：传播内容的本体诠释[M]. 复旦大学出版社，2003.

35. 李岚清. 李岚清教育访谈录[M]. 北京：人民教育出版社，2003.

36. 李普曼，沃尔特. 公共舆论[M]. 上海人民出版社，2002.

37. 李希光，赵心树. 媒体的力量[M]. 南方日报出版社，2002.

38. 林水波，张世贤.公共政策[M]. 五南图书出版公司，1988.

39. 刘晓红，卜卫. 大众传播心理研究[M]. 中国广播电视出版社，2001.

40. 陆根书. 高等教育成本回收：对中国大学生付费能力与医院的研究[D]. 香港中文大学博士论文，1999.

41. 罗杰斯，迪林. 议程设置的研究：现在它在何处，将走向何方[A]. 常昌富主编. 大众传播学：影响研究范式（1版）[C]. 北京：中国社会科学出版社，2000.

42. 罗杰斯，E.M. 传播学史——一种传记式的方法. 殷小蓉译. 上海：上海译文出版社，2002.

43. 马经. 助学贷款国际比较与中国实践[M]. 北京：中国金融出版社，2003.

44. 麦克洛斯基等. 社会科学的措辞[M]. 许宝强等编译. 生活·读书·新知三联书店，牛津大学出版社，1997.

45. 麦克斯怀特，O.C.. 公共行政的合法性——一种话语分析[M]. 中国人们大学出版社，2002.

46. 马克斯韦尔.麦库姆斯（Maxwell Mccombs）著. 郭镇之，徐培喜译. 议程设置：大众媒介与舆论[M]. 北京大学出版社，2004.

47. 麦克尼，L. 福柯[M]. 贾缇译.黑龙江人民出版社，1999.

48. 诺斯. 经济绩效与制度变迁[M]. 上海：上海三联书店，上海人出版社，1990.

49. 钱蔚. 政治、市场与电视制度——中国电视制度变迁研究[M]. 河南人民出版社，2002.

50. 乔纳森·特纳. 社会学理论的结构（第六版）（上，下）[M]. 华夏出版社，2001.

51. 丘伯，约翰．E. & 默. 政治、市场和学校[M]. 蒋衡等译. 教育科学出版社，2003.

52. 让-马克.夸克. 合法性与政治[M]. 中央编译出版社，2002.

53. 斯蒂文·小约翰. 传播理论[M]. 中国社会科学出版社，1999.

54. 苏力. 送法下乡——中国基层司法制度研究[M]. 中国政法大学出版社, 2000.

55. 孙立平, 晋军, 何江穗, 毕向阳. 动员与参与——第三部门募捐机制个案研究[M]. 浙江人民出版社, 1999.

56. 孙立平. 迈向对市场转型实践过程的分析[R]. 北京大学 2002 年社会理论高级研讨班阅读资料, 2002.

57. 孙英春. 需要与认同——理解大众文化传播的一种系统视野[D]. 北京大学国际关系学院, 2002.

58. 韦伯, 马克斯. 社会科学方法论[M]. 韩水法等译. 北京: 中央编译出版社, 1999.

59. 沃纳·赛佛林, 小詹姆斯·坦卡德. 传播理论: 起源、方法与应用（第四版）[M]. 华夏出版社, 2000.

60. 西蒙, 赫伯特. 管理行为 管理组织决策过程的研究[M]. 杨砾, 韩春立, 徐立译. 北京: 北京经济学院出版社, 1988.

61. 徐孝民. 高校收费和学生资助政策改进的设想[A]. 杨周复编. 高等学校学生资助政策研究[C]. 北京: 高等教育出版社, 2003.

62. 雪莉·贝尔吉. 媒介与冲击: 大众媒介概论（第四版）[M]. 赵敬松主译. 东北财经大学出版社, 2000.

63. 杨亚辉. 高等学校学生贷款发放及其回收机制研究[D]. 北京大学硕士学位论文. 北京大学教育学院, 2003.

64. 杨瑞龙. "中间扩散"的制度变迁方式与地方政府的创新行为[A]. 张曙光编. 中国制度变迁的案例研究（第 2 集）[C]. 中国财政经济出版社, 1999.

65. 余惠冰.香港教师工会的政策话语[D]. 教育政策研究哲学博士论文. 香港中文大学, 2000.

66. 余致力. 民意与公共政策----理论探讨与实证研究[M], 台北: 五南, 2002.

67. 袁连生, 封北麟, 王磊, 李枚玉. 中国义务教育贫困儿童资助制度研究[R]. 天则经济研究所第四期政府体制改革最终报告, 2003.

68. 袁振国. 教育政策学[M]. 江苏教育出版社, 1998.

69. 臧国仁. 新闻媒体与消息来源[M]. 三民书局, 1999.

70. 张静.法团主义[M]. 北京: 中国社会科学出版社, 1998.

71. 张民选. 理想与抉择——大学生资助政策的国际比较[M]. 人民教育出版社, 1999.

72. 赵中建.高等学校的学生贷款——国际比较研究[M]，成都：四川教育出版社，1996.

73. 周长城. 经济社会学. 北京：中国人民大学出版社，2003.

74. 周雪光. 组织社会学二十讲[M]. 北京：社会科学文献出版社，2003.

75. 邹广义. 当代中国大众文化论[M]. 辽宁：辽宁大学出版社，2000.

76. James W. Dearing, Everett M. Rogers. Agenda-Setting. 倪建平译. 复旦大学出版社，2009.

（二）中文学术期刊文章、会议论文

1. 蔡炳青，黄琼仪. 公共政策议题的议程设定研究——以"台北市垃圾费随袋征收"政策为例[R]. 台北：中华传播学会年会，2002.6.

2. 丁小浩. 对中国高等院校不同家庭收入学生群体的调查报告[J]. 清华大学教育研究，2000（2）.

3. 房剑森. 贷款制的理想与理想的贷款制——论我国高等教育贷学金制度的改革[J]. 上海高教研究，1995（3）.

4. 高丙中. 社会团体的合法性问题[J]. 中国社会科学，2000（2）.

5. 郭镇之.关于大众传媒的议程设置功能[J]. 国家传播界，1997b，3.

6. 何增科. 市民社会：民主化的希望还是偶像[J]. 香港：中国社会科学季刊，1998春季卷.

7. 黄琳，王春燕.媒介议程设置与美国外交政策[J].世界经济与政治论坛，2002，3.

8. 郎友兴. 民主政治的塑造：政治精英与中国乡村民主[J]. 浙江学刊，2002（2）.

9. 李艳红. 媒介与当代中国消费者权益话语运动研究[R]. www.CCDC.net.

10. 李文利，魏新. 高等教育规模的扩大与合理的学费水平[J]. 教育发展研究，2000（3）.

11. 李玉霞.对两篇北约轰炸中国大使馆新闻报道的批评性话语分析. www.CDDC.net，2003.6.

12. 廖祥终.发挥议程设置功能，提高政策宣传效果[J]. 现代传播，2001，4.

13. 刘念夏. 语艺框架与论述策略：兼论第三届国民大会中"国大虚级化"的修宪论证[R].国政研究报告，2002.

14. 刘倩. 从议程设置理论看当前舆论引导的不足[J]. 苏州铁道师范学院学报（社会科学版），2002，19（2）.

15. 聂莉娜. 法律语言中的灰色信息探因[J]. 湖北社会科学，2003.0.

16. 彭远方. 典型报道的"议程"——刘文功典型报道的"议程设置"分析 [R]. 上海：第二届中国传播学论坛，2002 年 6 月.

17. 卜卫. 试论内容分析方法[J]. 国际新闻界，1997（4）：57.

18. 孙立平. 总体性资本与转型期精英形成[J]. 浙江学刊，2002（3）.

19. 唐士其. "市民社会"、现代国家以及中国的国家与社会的关系[J]. 北京 大学学报（哲学社会科学版），1996（6）.

20. 王宏鑫. 信息、情报、知识的本质与联系[J]. 信阳师范学院学报（哲学社 会科学版），1994，14（2）.

21. 项飙. 逃避、联合与表达："'浙江村'的故事"[J]. 中国社会科学季 刊，1998，22（2）.

22. 谢维和.社会资源流动与社会分化：中国市民社会的客观基础[J]. 香港： 中国社会科学季刊，1993（3）.

23. 杨亚辉等.贫困学生怎么上大学？——中国高校学生贷款运行机制、案例 分析及国际比较[R]. 北京大学"挑战杯"论文，2002.

24. 尹鸿. 媒介文化研究：知识分子的发言场域[R]. 媒介文化研究网站， 2003.6.

25. 殷晓蓉.议程设置理论的产生、发展和内在矛盾——美国传播学效果研究 的一个重要视野[J]. 厦门大学学报（哲学社会科学版），1999，2.

26. 俞可平.社会主义市民社会：一个崭新的研究课题[J]. 天津社会科学，1993 （4）.

27. 臧国仁，钟蔚文. 框架概念与公共关系策略[J]. 广告学研究，1997（9）.

28. 张洪忠. 大众传播学的议程设置理论与框架理论关系探讨[J]. 西南民族 学院学报（哲学社会科学版），2001（10）.

29. 张晋升.从交互主体性看议程设置理论的实践意义[J]. 暨南学报（哲学社 会科学），2002，24（5）.

30. 张民选，李荣安.高等教育机会均等与大学生资助政策变迁及新的挑战[J]. 高等教育（人大复印资料），1998（2）.

31. 张志安. 试论政经因素媒介管理制度的影响[R]. www.sconline.com.cn ， 2002.

32. 赵中建. 试论我国高校学生资助制度的改革[J]. 电力高等教育，1994（4）.

33. 制度与结构变迁研究课题组. 作为制度运作何制度变迁方式的变通[J]. 香港：中国社会科学季刊，1997，21（冬季卷）.

34. 朱士群.中国市民社会研究评述[J]. 社会学研究, 1995（6）.

（三）英文著作

1. Alain VAS, Marc INGHAM. Towards a Multi- paradigmatic Analysis of Organisational Change Processes: a Case Study Approach[R]. Université Catholique de Louvain.

2. Bagwell, Timothy Clarke. Information and due process of law: Does the mode of information influence the property rights of participants in the federal student loan program?[D]. Ph.D Dissertation of Saint Louis University, 2001.

3. Ball, S.J. Education reform: a critical and post-structual approach[M]. Buckingham: OUP, 1994.

4. Baumgartner, Frank R., Bryan D. Jones. Agenda and Instability in American Politics[M]. Chicago: University of Chicago Press,1993.

5. David A. Rochefort, Roger W. Cobb （Eds.）. The Politics of Problem Definition: Shaping the Policy Agenda[M]. Lawrence: University Press of Kansas, 1994.

6. Birkland, Thomas A.. An introduction to the policy process : theories, concepts, and models of public policy making[M]. Armonk, N.Y.: M.E. Sharpe, 2001.

7. Briab Salter, Ted Tapper. Education, Politics and the State: the Theory and Practice of Educational Change[M]. London: Grant McIntype Limited, 1981.

8. Callon, M. Some elements of a sociology of translation: domestication of the scallops and the fisherman of St Brieuc Bay[A]. Power, Action and Belief: A New Sociology of Knowledge?[C]. Law, J. ed.. London: Routledge and Keegan, 1986.

9. Carmines Edward G., James A. Stimson. Issue Evolution: Race and the Transformation of American Politics[M]. Princeton: Princeton University Press, 1989.

10. Cobb R.W., Elder C.D. Participation in American Politics: The Dynamics of Agenda-Building[M]. Boston: Allyn & Bacon, 1972.

11. Cobb R.W. , Elder C.D. Participation in American Politics: The Dynamics of Agenda Building[M]. Baltimore: the John Hopkins Press, 1975.

12. Cobb R.W., Elder C.D. Participation in American Politics: The Dynamics of Agenda Building（2nd.edition）[M]. Baltimore: The John Hopkins University Press, 1983.

13. Cobb R.W., Ross M. H. Cultural Strategies of Agenda Denial: Avoidance, Attack, and Redefinition[M]. University Press of Kansas, 1997.

14. Goffman Erving. Frame analysis : an essay on the organization of experience[M]. New York: Harper & Row, 1974.

15. Conway S. Informal Boundary-Spanning Links and Networks in successful Technological Innovation[D]. PhD Dissertation of Aston Business School, 1994.

16. Cook T. E. Governing with the News: The News Media as a Political Institution[M]. Chicago: University of Chicago Press of Kansas, 1998.

17. Danielian L.H., S.D.Reese. a closer look at Intermedia influences on agenda –setting: The cocaine issue of 1986[A]. P.J.Shoemaker（ed.）. Communication Campaigns about Drugs: Government, Media and the Public[C]. Hillsdale, N.J: Lawrence Erlbaum, 1989.

18. Dearing J. W., Rogers, E. M. Agenda-Setting[M]. Thousand Oaks, CA. : Sage,1996.

19. Dominic Strinati, an Introduction to theories of Popular Culture[M]. London : Routledge, 1995.

20. Dye Thomas R. Understanding Public Policy[M]（9th ed.）. Upper Saddle River, N.J. : Prentice Hall, 1998.

21. Edwards Tim. the Sociology of Translation: Technology Transfer & the Teaching Company Scheme[R]. Aston Business School, Aston University, Birmingham, 2000.

22. Elder C. D., Cobb Roger. W.. the Political Uses pf Symbols[M], New York: Longman, 1983.

23. Gurevitch M., J.E.Blumler. Political communication systems and democratic values[A]. J.Lichtenberg（ed.）. Democracy and the Mass Media[C]. Cambridge: Cambridge University Press, 1990.

24. Holsti Ole R.. Content Analysis for the Social Sciences and Humanities[M]. Mass.: Addison-Wesley Pub.Co, 1969.

25.Kingdon J.W.. Agendas, Alternatives, and Public Policies[M]. Brown: Boston: Little, 1994.

26. Kingdon J. W. The Policy Window, and Joining the Streams. Agendas, Alternatives, and Public Policy[M]. New York: Harper Collins College Publishers, 1995.

27. Kingdon J. W. a Model of Agenda-setting, with Applications[R]. the Second Annual Quello Telecommunications Policy and Law Symposium held jointly by The Law Review of Michigan State University-Detroit College of Law and The Quello Center for Telecommunication Management and Law at Michigan State University. Washington D.C., 2001, April 4.

28. Kristian H. Nielsen. Introducing a few methodological rules and some conceptual devices[R]. University of Aarhus, 2000.

29. Kurtt, Sharon Bresson. A Study of an Agenda Setting Model as Applied to the Passage of the National Defense Education Act of 1958[D]. Ph.D. dissertation of the University of Iowa, 1999.

30. Lang Gladys E., Lang Kurt. Watergate: An Exploration of the Agenda Building Process[A]. Mass Communication Review Yearbook2 [C]. Newbury Park, CA: Sage, 1981.

31. Lang G.E, K. Lang. the Battle for Public Opinion: The President, the Press, and the Polls During Watergate[M]. New York:Columbia University Press, 1983.

32. Latour Bruno. Where are the Missing Masses? The Sociology of a Few Mundane Artifacts[A]. Wiebe E. Bijker & John Law （eds.）, Shaping Technology/Building Society: Studies in Sociotechnical Change[C], Cambridge, MA: The MIT Press, 1992.

33. Lester James P., Stewart Joseph JR. Public Policy: An Evolutionary Approach[M]. Minneapolis: West Publishing Company,1996.

34. Madeleine Akrich. the De-Scription of Technical Objects[A]. Wiebe E. Bijker & John Law （eds.）. Shaping Technology/Building Society: Studies in Sociotechnical Change[C], Cambridge, MA: The MIT Press, 1992.

35. Marcus E. Ethridge. The Political Research Experience: Readings and Analysis （3rd） [M]. New York: M.E.Sharpe Inc, 2002.

36. Marsden P.V., Lin N. （Eds）. Social Structure and Network Analysis[M], Sage:London, 1982.

37. McCombs M.E. Setting the agenda for agenda-setting research: An assessment of the priority ideas and problems[A]. G.C.Wilhoit and H. de Bock（eds.）. Mass Communication Review Yearbook[C]. Calif.: Sage, 1981.

38. McCombs M.E. the Agenda-Setting Role of the Mass Media in the Shaping of Public Opinion[R]. University of Texas at Austin, 2002.

39. Michael Hill. The Policy Process in the Modern State （3rd.edition） [M]. Prentice Hall/Harvester Wheatsheaf, 1997.

40. Michael Howlett, M Ramesh. Studying Public Policy: Policy Cycles and Policy Subsystems[M]. Oxford University Press, 1995.

41. Morgan Allison. Beyond Agenda Setting: The Media's Power to Prime[R]. Middle Tennessee State University, 1999.

42. Muthoo Abhinay, Shepsle Kenneth A.. Agenda-setting Power in Organizations with Overlapping Generations of Players[R]. Department of Government, Harvard University, 2003, March 4.

43. Neuman W.R., Fryling, A.C. Patterns of political cognition: an exploration of the public mind[A]. Kraus, Sidney & Perloff, Richard M. （Eds.）. Mass media and political thought: an information-processing approach[C]. Sage Publications. Beverly Hills, 1985.

44. Reese S. Setting the media's agenda: A power balance perspective[A]. Communication Yearbook14 [C]. Newbury Park, CA: Sage, 1991.

45. Rogers E. M., Dearing, J. W. Agenda-Setting Research: Where It Has Been, Where Is It Going?[A]. Communication Yearbook II[C]. Newbury Park, CA: Sage, 1988.

46. Briab Salter, Tapper Ted. Education, Politics and the State: The theory and practice of educational change[M]. Grant McIntype Limited: London, 1981.

47. Scott J. Social network Analysis: A Handbook[M]. London Sage, 1991.

48. Semetko Holli, Jay Blumler, Michael Gurevitch and David Weaver. The Formation of Campaign Agendas: A Comparative Analysis of Party and Media Roles in Recent American and British Elections[M]. Hillsdale, NJ: Erlbaum, 1991.

49. Shaw D.L., McCombs S.E. （eds.）.The emergence of American Political Issue: The Agenda Setting Function of the Press[C]. St.Paul,Minn.: West, 1977.

50. Srinivas Emani. Framing, Agenda Setting, and Response: A Case Study on the Organizational Amplification and Attenuation of Risk[D]. Ph.D dissertation of Clark University, 2001.

51. Stone Deborah A.. Policy Paradox and Political Reason[M]. W. W. Norton & Company, Inc., 1988.

52. Stone Deborah A.. Policy Paradox: the Art of Political Decision Making[M], New York: W. W. Norton & Company, 2002.

53. Stuart N. Soroka. When Does News Matter? Public Agenda-Setting for Unemployment. Nuffield College. University of Oxford[R], 2002.

54. Tuchman G.. Making News[M]. NY: the Free Press, 1978.

55. Wiener Nobert. The Human Use of Human Beings: Cybernetics and Society[M]. DaCapoPress, 1988.

56. Yin Robert K. Case Study Research: Design and Methods（2nd.edition）[M]. Thousand Oaks: SAGE Publications, 1994.

（四）英文学术论文

1. Behr Roy L., Iyengar Shanto. Television news, real-world cues, and changes in the public agenda[J]. Public Opinion Quarterly, 1985, 49（1）.

2. Brosius, Hans-Bernd, Kepplinger, Hans Mathias. The agenda setting function of television news: Static and dynamic views[J]. Communication Research, 1990, 17.

3. Carter R.F., K.R.Stamm, K.Heintz-Knowles. Agenda setting and consequentiality [J]. Journalism Quarterly, 1992,69.

4. Cobb R. W., Charles D. Elder. the Politics of Agenda-Building[J]. Journal of Politics, 1971,33（4）.

5. Crabble R. E., Vibbert, S. L. Managing Issues and Influencing Public

Policy[J]. Public Relations Review, 1985,11（2）.

6. Dery David. Agenda Setting and Problem Definition[J]. Policy Studies, 2000, 21（1）.

7. Flickinger R.S. The Comparative Politics of Agenda Setting: The Emergence of Consumer Protection as a Public Policy Issue in Britain and the United States[J]. Policy Studies Review, 1983, 2（3）.

8. Fombrun C. Strategies for Network Research in Organisations[J]. Academy of Management Review, 1982, 7（2）: 280-291.

9. Gamson W. A., et al. Media images and the social construction of reality[J]. Annual Review of Sociology, 1992（18）.

10. Gilberg S., C. Eyal, M.McCombs, D.Nicholas. The State of the Union address and the press agenda[J]. Journalism Quartely, 1980, 57.

11. Gonzenbach William J. A time-series analysis of the drug issue,1985-1990: The press, the president and public opinion[J]. International Journal of Public Opinion Research,1992,4,（2）.

12. Hainsworth B. E. Issues Management: an Overview[J]. Public Relations Review,1990.

13. Hall P. M. The consequences of qualitative analysis for sociological theory: Beyond the micro level[J]. Sociological Quarterly,1995,36.

14. Hall P. M., McGinty, P J. Policy as the transformation of intentions: Producing program from statute[J]. Sociological Quarterly, 1997, 38.

15. Hays Scott P., Henry R. Glick. The Role of Agenda Setting in Policy Innovation: An Event History Analysis of Living-Will Laws[J]. American Politics Quarterly, 1997, 25（3）.

16. Herriott R.E, Firestone W.A.. Multisite Qualitative Policy Research: Optimizing Description and Generalization. and Generalizability [J]. Educational Researcher, 1983, 12（2）.

17. Iyengar S., M.D.Peter, D.R.Kinder. Experimental demonstrations of the "Not-so-minimal" consequences of television news programs[J]. American Political Science Review, 1982,76.

18. Iyengar Shanto, Adam Simon. News coverage of the Gulf crisis and public opinion[J]. Communication Research, 1993,20（3）.

19. Landorf Hilary. Higher Education Policy in International Perspective[R]. Summary Report. Alliance For International Higher Education Policy Studies Seminar, 2002.6.

20. May Peter J. Reconsidering Policy Design: Policies and Publics[J]. Journal of Public Policy, 1991.11（2）.

21. McCombs M.E., S. Gilbert, C.Eyal. the State of the Union address and the

press agenda: A replication[R]. Boston : the annual meeting of the International Communication Association., 1982.

22. McCombs M.E., D.L.shaw. The evolution of agenda-setting research: Twenty-five years in the markerpalce of ideas[J]. Journalism of Communication, 1993, 43（2）.

23. McKelvey R. D. Intransitivities in Multidimentional Voting Models and Some Implications for Agenda Control[J]. Journal of Economic Theory,1976,12.

24. Page Shapiro. Effects of public opinion on public policy[J]. American Political Science Review, 1983, 77.

25. Pan Z. （潘忠党）, Kosicki G. M. Framing analysis: An approach to news discourse[J]. Political Communication, 1993（10）.

26. Pierre-Benoit Joly, Claire MARRIS . Agenda-Setting and Controversies: A Comparative Approach to the Case of GMO's in France and the United States. European and American Perspectives on Regulating Genetically Engineered Food[R]. Workshop organized by INSEAD and Berkeley University of California, 2001.

27. Shaw D.L., S.E.Martin. The function of mass media agenda-setting[J]. Journalism Quarterly, 1992,69.

28. Shoemaker P.J., E.K. Mayfield. Mass media content as a depend variable: Five media sociology theories[R]. Paper presented at the annual meeting of the Communication Theory and Methodology Division. Association for Education in Journalism and Mass Communication. Gaine-sville,Fla., 1984.

29. Stuart N. Soroka. Agenda-Setting Dynamics in Canada[J]. UBC Press, 2002.

30. Thompson D. R. Framing the news: A methodological framework for research design[R]. Paper presented to the AEJMC convention, Boston, MA , 1991.

31. Van Poucke, W. Network Constraints on Social Action: Preliminaries for a Network Theory[J]. Social Networks, 1980,2.

（五）中文报刊文章

1. 鲍东明. 关注与期待解决高校贫困生问题. 中国教育报. 2003.3.9 第 4 版.

2. 北京青年报记者. 法律界人士评《学生伤害事故处理办法》[N]. 北京青年报. 2002.8.27.

3. 陈晓蓓. 107 位代表的关注——代表、委员、专家呼吁：为中小学生伤害事故立法[N]. 中国教育报. 2002.3.5 第 3 版.

4. 陈亦冰.《上海市中小学校学生伤害事故处理条例》正式施行[N]. 中国教育报. 2001.9.3 第 1 版.

5. 陈映芳. "城市化"质疑. 读书，2004.2.

6. 甘光华. 上海：校园伤害事故处理有法可依（二等奖）——我国首部中小学校学生伤害事故处理条例出台始末[N]. 中国人大新闻，2002.9.6.

7. 顾嘉健. 7 年等待 《学生伤害事故处理条例》终出台[N]. 新民周刊，2001.9.4.

8. 广州日报记者. 穗学生安全事故法规可望出台[N]. 广州日报. 2002.4.11.

9. 郭战宏. 争鸣：《学生伤害事故处理办法》的不当之处[N]. 新华社，2002.9.16.

10. 金志明. 94 万索赔案——公说公有理，婆说婆有理[N]. 中国教育报（社会周刊），1998.1.11 第 1 版.

11. 金志明. 94 万索赔案仍在朦胧中——3.26 庭审纪实[N]. 中国教育报，1998.3.29 第 1 版.

12. 金志明. 不只是一件法律诉讼案——《94 万索赔案》采写后记[N]. 1998c. 7. 16.

13. LSB. Z 市一中搬迁有必要吗？[N]. QS 周刊，2002.3.22 第 1 版.

14. 黎楠. 在校学生的安全谁来管[N]. 中国中学生报.

15. 李术峰、胡涛涛. 中国教育部负责人强调——绝不让一个考上大学的贫困生上不了学[N]. 人民日报. 2003.8.2 第 4 版.

16. 李忠春，江山. 关注：资助贫困大学生（一周视线）之"'绿色通道'提供保障，确保不因经济困难辍学"[N]. 人民日报，2003.1.20 第 3 期第 2 版.

17. 莫江兰. 女学生被推下五楼以后[N]. 江南时报，2000.3.10 第 4 版.

18. 南方周末记者. 公正的路有多长？——大学收费上涨隐忧[N]. 南方周末. 2001.8.4.

19. 牛微，邱璇，实习生陈柳良. 广西：人大代表直面问题提建议 保护古民居保护在校生[N]. 南国早报，2002.1.31.

20. 人民网.部门规章法律效力偏低，学生伤害事故仍难处理，人大代表呼吁通过立法予以保障.

21. 人民日报记者. 国家安排助学贷款 50 亿, 400 万新生无一因贫困失学[N]. 人民日报. 2003.10.13 第 12 版.

22. 田文生. 学校企盼学生伤害事故处理办法尽快出台——重庆一学生溺水身亡 再次引起人们对校园安全事故的关注[N]. 中国青年报. 中国教育和科研计算机网.

23. 王忠民. 学生事故处理办法在帮学校找借口[N]. 南方网. 转引自搜狐教

育频道，2002.8.28.

24. 武侠. 议案追踪听回音[N]. 人民日报. 2002.3.10 第 4 版.

25. 新华社. 我国西部大开发迈出实质性步伐[N]，2000.10.28.

26. 新华社. 国务院关于实施西部大开发若干政策措施的通知[N]. 2000.12.27.

27. 羊城晚报记者. 广州：学生告学校动辄法庭见，为何？[N]. 羊城晚报. 2002.1.8.

28. 杨源. 更多初中生有望读高中. Z 市晚报[N]. 2004.1.3.

29. 戾晶雯 于毅. 学校成为被告——对校园人身伤害赔偿案件的调查与思考[N]. 江南时报，1999.4.7.

30. 曾晓强. 科学的人类学——考察科学活动的无缝之网[R]. 网络文章，2003.6.

31. 张兰，王想平. 我的大学不是梦——北方交通大学实施国家助学贷款工程记事[N]. 人民日报. 2002.7.4 第六版.

32. 赵中鹏. 高法公布新司法解释：学生受伤害学校责任分 3 种[N]. 北京晨报，2003.9.24.

33. 中国教育报编者. 本刊就"94 万索赔案"讨论敬告读者[N]. 中国教育报（社会周刊）. 1998.6.7.

34. 中国教育报记者. 校园安全的范围包括校外吗？[N]. 中国教育报. 2001.3.22.

35. 中国教育报记者.《上海市中小学校学生伤害事故处理条例》正式施行[N]. 中国教育报，2001.9.3 第 1 版.

36. 中国教育报记者. 高校助学贷款为何"两头热中间冷"？[N]. 中国教育报. 2001.10.13 第 2 版.

37. 中国教育报记者. 2001 亮点：教育收费，规范力度不断加大[N]. 中国教育报. 2001.12.25.

38. 中国教育报记者. 校园说"法"：稍不留神起官司. 中国教育报. 2002.3.3 第 4 版.

39. 中国教育报记者. 群言堂：教育收费啥时不再成举报热点[N]. 中国教育报. 2002.4.24.

40. 中国教育报记者.国家助学贷款：三年贷出 30 亿，35 万学子受益[N]. 中国教育报. 2002.8.28 第 1 版.

41. 中国教育报记者. 陈至立强调坚决纠正一切乱收费行为[N]. 中国教育报.

2002.9.7.

42. 中国教育报记者. 教育部 2003 年工作要点[N]. 中国教育报. 2003.1.2.

43. 中国教育报记者. 热点之二：校园伤害事故如何处理？[N]. 中国教育报，2003.7.7 第 22 版.

44. 中国教育报记者. 周济在教育部党组学习贯彻吴官正同志在教育部调研重要讲话精神时强调一定要使治理教育乱收费工作取得明显成效[N]. 中国教育报. 2003.8.29.

（六）讲话、报告和政府文件

1. 陈至立. 提高认识，狠抓落实，努力推进国家助学贷款工作的广泛开展[R]. 在全国国家助学贷款工作电视电话会议上的讲话，2002.2.9.

2. 戴相龙. 采取有效措施，进一步推进国家助学贷款业务发展[R]. 在全国国家助学贷款工作电视电话会议上的讲话，2002.2.9.

3. 教育部办公厅. 每日简讯（第 67 期）[R]，2002.4.15.

4. 教育部办公厅. 每日简讯（第 68 期）[R]，2002.4.16.

5. 教育部基础教育司. 关于学生伤害事故处理问题给王湛部长的请示[R]，2000.6.12.

6. 教育部政策研究与法制建设司研究室. 关于《学校事故处理（暂定名）》的工作汇报[R]，1999.3.25.

7. 教育部政策研究与法制建设司研究室. 关于我室于 1999 年 3 月 9 日-11 日在深圳召开"学校事故处理办法研讨会"的会议汇报，1999.3.25.

8. 廖晓淇. 总结经验，完善办法，进一步做好国家助学贷款工作[R]. 在全国国家助学贷款工作会议上的发言，2001.6.22.

9. 全国助学贷款部际协调小组，全国学生贷款管理中心. 国家助学贷款工作学习材料汇编[C]，2002.4.

10. 全国助学贷款部际协调小组，全国学生贷款管理中心. 中央、国务院和有关部门领导同志对国家助学贷款工作的重要批示（1998.1-2002.3）[C]，2002.4.

11. 张保庆. 统一思想，提高认识，狠抓落实，努力做好国家助学贷款工作[R]. 在全国国家助学贷款会议上的总结讲话，2001.6.22.

12. Z 市一中退休教师. Z 市一中校址搬迁值得商榷，2002.2.20.

13. Z 市一中在职教职工. 搬迁 Z 市一中应权衡利弊，2002.3.8.